LA GRANDE-BRETAGNE
LA BELGIQUE
Calais
Eurostar
le Nord Pas-de-Calais
Lille
Bruxelles
Liège
la Manche
Le Havre
le Mont Saint-Michel
le Cap Fréhel
Brest
Saint-Malo
la Normandie
le Parc Astérix
Paris
Reims
la Champagne
Versailles
la Tour Eiffel
Quiche lorraine
la Lorr
la Bretagne
la Seine
Rennes
Le Mans
le Festival Interceltique de Lorient
Carnac
Orléans
la Loire
Nantes
Tours
Chambord
la Bourgogne
Dijon
Poitiers
LA FRANCE
la Saône
les Francofolies
La Rochelle
Genève
Angoulême
l'Océan Atlantique
le Festival de la BD
Clermont-Ferrand
Lyon
l'Auvergne
LE MASSIF CENTRAL
Grenoble
Bordeaux
Arcachon
l'Aquitaine
la Garonne
Agen
le Rhône
Pont d'Arc
Saint-Martin
le Pont du Gard
Montauban
la Provence
Bilbao
Biarritz
la Cité de l'espace
Toulouse
Saint-Sébastien
Donneville
Nîmes
LES PYRENEES
le pic du Midi
le Canal du Midi
Marseille
Toulon
L'ESPAGNE
ANDORRE
la Mer Médit
Madrid
Barcelone

0
100
200
300 km
LA POLOGNE
Dortmund
Kassel
Leipzig
Cologne
Bonn
apelle
Erfurt
Dresde
L'ALLEMAGNE
Francfort-sur-le-Main
Prague
Trèves
Mayence
Wurzbourg
Mannheim
Sarrebruck
Nuremberg
Karlsruhe
Stuttgart
rasbourg
le Rhin
l'Alsace
Fribourg
Munich
Linz
Vienne
Salzbourg
Bâle
Zurich
Innsbruck
LA HONGRIE
Berne
sanne
LA SUISSE
monix
LES ALPES
Ljubljana
Zagreb
Milan
Venise
LA CROATIE
LA BOSNIE-HERZEGOVINE
Turin
Gênes
la Mer Adriatique
Nice
MONACO
Florence
L'ITALIE
Bastia
ranée
Ajaccio
la Corse
Rome

Tous ensemble 2

von Françoise Economides-Fincke, Bad Zwischenahn; Wolfgang Froese, Oldenburg; Dr. Friederike Gruber, Bochum; Bernd Grunwald, Bad Breisig; Krystelle Jambon, Granada (Spanien); Laurent Jouvet, Tournon (Frankreich); Marceline Putnai, Yvetot (Frankreich); Brigitte Schröder, Freiburg; Gudrun Tegethoff, Hannover; Kerstin Theinert, Schwäbisch Gmünd

Weitere Mitarbeit: Susanne Blasberg-Bense, Hagen; Susanne Carl, Coburg; Catherine Fournet-Fayas, Rostock; Ulrike Hemedinger, Linz (Österreich); Heike Krüger, Vechta; Frank Maurer, Stuttgart; Joseph Müller-Büche, Schwändi (Schweiz); Christiane Neveling, Berlin; Andreas Nieweler, Detmold; Eric Otto, Witten; Elke Pieske, Stockelsdorf; Anita Schulz, Schönewalde; Silke Zacher, Lengefeld

Begleitende Materialien für Schülerinnen und Schüler:

Cahier d'activités, Klettnummer 523923
Grammatisches Beiheft, Klettnummer 523922
Lernkartei zu *Tous ensemble 2,* Klettnummer 924007
Schüler-CD mit Lektionstexten, Ausspracheübungen, Gedichten und Liedern, Klettnummer 523926
Klett Sprachtrainer Französisch (Software für Schülerinnen und Schüler), Klettnummer 523784
Vokabellernheft, Klettnummer 523322
PONS *Wörterbuch* zu *Tous ensemble*, Klettnummer 517674

1. Auflage 1 12 11 10 | 2015 14 13

Alle Drucke dieser Auflage sind unverändert und können im Unterricht nebeneinander verwendet werden. Die letzten Zahlen bezeichnen jeweils die Auflage und das Jahr des Druckes.

Internetadresse: www.klett.de

Redaktion: Bernd Binkle, Marie-Christine Thiébaut

Gestaltung: Birgit Gaab
Illustrationen: Gilles Bonotaux, Paris; Helga Merkle, Albershausen; Myrtia Wefelmeier, Berlin
Umschlaggestaltung: Nikolaus Keller
Layout, Kartographie und Illustrationen: Christian Dekelver, Weinstadt
Reproduktion: Meyle + Müller, Medien-Management Pforzheim
Satz: media office gmbh, Kornwestheim
Druck: Offizin Andersen Nexö Leipzig GmbH, Zwenkau

Printed in Germany
ISBN-13: 978-3-12-523991-3

9 783125 239913

Tous ensemble 2

für den schulischen
Französischunterricht

von
Françoise Economides-Fincke
Wolfgang Froese
Friederike Gruber
Bernd Grunwald
Krystelle Jambon
Laurent Jouvet
Marceline Putnai
Brigitte Schröder
Gudrun Tegethoff
Kerstin Theinert

Ernst Klett Schulbuchverlage
Stuttgart Leipzig

INHALTSVERZEICHNIS

* Die Durchnahme dieses Moduls ist in dem Bundesland Bayern verbindlich.
** Die Durchnahme dieses Moduls ist in den Bundesländern Bayern, Hamburg und Hessen verbindlich.
*** Die Durchnahme dieses Moduls ist in den Bundesländern Hamburg, Hessen und Rheinland-Pfalz verbindlich.
**** Die Durchnahme dieses Moduls ist in den Bundesländern Hessen und Rheinland-Pfalz verbindlich.
***** Die Durchnahme dieses Moduls ist in den Bundesländern Berlin, Brandenburg und Rheinland-Pfalz verbindlich.

Erläuterungen

d'abord	Die *d'abord*-Seite dient der Vorentlastung der Lektionstexte. Sie ist **verbindlich**.
sur place	Das Angebot auf den *sur place*-Seiten ist **fakultativ**. Es beinhaltet u. a. authentische Materialien, Hörverstehensangebote, Projekte und Chansons.
on dit	„Was sagt man, wenn …“: In jeder Lektion gibt es eine *On dit*-Übersicht. Sie fasst **Redemittel** für bestimmte Situationen noch einmal zusammen.
stratégie	Übungen, die durch *stratégie* gekennzeichnet sind, vermitteln Lerntechniken.
⟨ ⟩	Übungen bzw. Übungsteile in Winkelklammern sind **fakultativ**.
	Der Bleistift zeigt an, dass diese Übung **schriftlich** gemacht werden kann oder dass etwas notiert werden soll.
www	An dieser Stelle bietet es sich an, Informationen im **Internet** zu suchen.
S	Der Text bzw. die Übung ist auf der **Schüler-CD** (Klettnummer 523926) zu hören.
L	Der Text bzw. die Übung ist auf der **Lehrer-CD** (Klettnummer 523928) zu hören.
	Diese Übung bzw. dieser Übungsteil wird am besten in **Partnerarbeit** durchgeführt.
	An dieser Stelle bietet sich **Gruppenarbeit** an.
(G 1)	Verweist auf die entsprechenden Ziffern im **Grammatischen Anhang** (S. 92 ff) oder im **Grammatischen Beiheft** (Klettnummer 523922).
	„Entdeckendes Lernen“: ein grammatisches Kapitel kann von den Schülern weitgehend selbstständig erarbeitet werden.
	Eine Übung mit **spielerischem** Charakter.
	Die **Karteikarte** zeigt an, dass Gelerntes (z. B. die Redemittel der *On dit*-Übersichten) auf Karteikarten festgehalten werden sollte.
▽	Diese Übung / dieser Übungsteil ist eher **leicht** und kann zur Differenzierung eingesetzt werden.
△	Diese Übung / dieser Übungsteil ist eher **schwierig** und kann zur Differenzierung eingesetzt werden.
VOC	In dieser Übung (bzw. diesem Übungsteil) ist ein Schwerpunkt **Vokabelarbeit**.
W	**Wiederholung:** Hier werdet ihr an bereits bekannten Stoff erinnert.
Neu!	**Neuer Lernstoff** wird anhand von Beispielen und Regeln dargeboten.

Salut!

Willkommen im zweiten Jahr Französisch mit

Tous ensemble.
Vielleicht seid ihr in den Ferien sogar nach Frankreich gefahren …
Oder in ein anderes Land, in dem man Französisch spricht.

Und … habt ihr euch bereits auf Französisch verständigen können? Ihr wisst ja – mit

Sprachen kommt man überall zurecht und findet schnell neue Freunde!

Euer Band 2 enthält Bekanntes: Wie in Tous ensemble 1 gibt es spannende Texte und gute Übungen.
Neue Lernstrategien zeigen euch, wie man leichter und effizienter lernt. Und am Ende der Lektionen findet ihr wieder die informativen
Sur place-Seiten, die euch direkt nach Frankreich „entführen".

Etwas Besonderes sind die *récré*-Seiten nach den Lektionen 2, 4 und 6: Dort könnt ihr euch z.B. einen Überblick über die französische
Musikszene verschaffen, einen spannenden Text lesen oder einfach mal anschauen, welche Feste und Feiertage in Frankreich gefeiert werden. Ihr seht schon …
Band 2 hat einiges zu bieten!

Liebe Schülerinnen und Schüler – das Autorenteam wünscht euch jetzt im zweiten Lernjahr viel Spaß beim Lernen und
Entdecken mit Tous ensemble!

Notre Tour de France

Saint-Malo

Biarritz

Toulouse

Paris
La Bresse
Paris
Leçon 3
La Bresse
Méribel
Grenoble
Méribel
Leçon 4
Leçon 1
Pont d'Arc
eçon 7
Pont d'Arc

LEÇON 1

d'abord En France, le sport, on adore!

Sébastien rencontre Rémi.

Manon discute avec Sophie.

a *Regardez les photos pages 8 et 9. Puis, faites une phrase pour chaque photo:*
Qu'est-ce qu'on peut faire à Saint-Malo, à …?

! ~~de + le~~ ⇒ du

A Saint-Malo, on peut faire …
A Paris, … A La Bresse, …
A Biarritz, … A Pont d'Arc, …
A Toulouse, … Et à Méribel, …

de

le VTT. le surf.
le canoë. le ski.
la voile. le rugby.
l'athlétisme.

b *Trouvez d'abord les mots qui vont avec les dessins.*
Exemple: *Christina:* Le dessin 16, c'est «le cheval». Et le dessin 7, qu'est-ce que c'est?
Tom: C'est …

l'athlétisme — le shopping
le ping-pong — la danse
la musique — le rugby
le handball — le VTT
le canoë — la natation
le judo — le volley
la rando — le foot
le cheval — le tennis

c **A vous**
– Et toi, Matthias, qu'est-ce que tu fais comme sport?
– Moi, je fais **du** … / **de l'**…
de la … / **de l'**…
– Moi, je déteste faire du sport!
Je préfère faire de la musique. Et toi?

Maintenant, faites une liste de vos sports préférés (Lieblingssportarten) dans votre classe.

Au camp de vacances

1 Sébastien passe ses vacances à Pont d'Arc. Il fait du camping avec des jeunes au camp de vacances. Là, ils peuvent faire du VTT, du foot, du canoë …

2 Mardi matin.

Manon: Regardez! On peut faire du VTT! Ça vous intéresse?

Sébastien: Ah non, moi, je préfère faire du canoë aujourd'hui.

Manon: Alors, moi aussi, je veux faire du canoë!

Sébastien: Et toi, Patrick, qu'est-ce que tu veux faire?

Patrick: Je ne sais pas. Je vais rester ici.

Manon: Rester au camp? Mais ce n'est pas marrant! Vraiment, je ne te comprends pas.

Patrick: Mais le canoë, ça ne m'intéresse pas. Et le VTT, c'est nul. Je vais faire un match de ping-pong avec Rémi.

3 A dix heures, les jeunes commencent la rando en canoë. Il y a 26 kilomètres de Pont d'Arc à Saint-Martin. Dans le groupe, l'ambiance est super! A midi, les jeunes mangent leurs sandwichs au bord de l'Ardèche. Un peu plus tard, ils vont nager. Puis, ils continuent leur rando. Sébastien et Maxime veulent arriver avant Manon et Sophie. Mais elles vont vite, très vite … Ouf! Les garçons arrivent enfin à Saint-Martin. Mais les filles … sont déjà là!

4 A la fin de la journée, les jeunes rentrent au camp de vacances. Sébastien va chercher son pull dans la tente des garçons …

Sébastien: Maxime! Patrick! Rémi!

Les copains arrivent vite et entrent dans la tente.

Rémi: Qu'est-ce qu'il y a?

Sébastien: Regardez ça!

Maxime: Ah! Ah! C'est un maillot de bain … de fille!

Sébastien: Et mon pantalon? Où est mon pantalon?

Maxime: Pfff! Ça, ce n'est pas ma jupe!

Tout à coup, Maxime et Sébastien regardent Patrick et Rémi …

Patrick: Mais pourquoi est-ce que vous nous regardez comme ça?

1 A propos du texte

*Lisez les phrases. C'est **vrai, faux,** ou ce n'est **pas dans le texte**?*

1. Sébastien fait du camping avec ses parents à Pont d'Arc.
2. Dans le camp de vacances, on peut faire du VTT et du volley.
3. Patrick adore le canoë.
4. A midi, les jeunes mangent des quiches au bord de l'Ardèche.
5. Il y a 62 kilomètres de Pont d'Arc à Saint-Martin.
6. Les garçons arrivent avant Manon et Sophie à Saint-Martin.
7. A 18 heures 30, les jeunes mangent à la cantine du camp.
8. Dans leur tente, les garçons trouvent un maillot de bain et une jupe.

So könnt ihr selbst kontrollieren, ob ihr alles richtig habt:

«vrai»:	1 Punkt
«faux»:	2 Punkte
«pas dans le texte»:	3 Punkte

Ihr müsstet auf insgesamt 15 Punkte kommen!

2 Au camp de vacances *(G 3)*

*Complétez avec **me/te/nous/vous**.*

3 Tu veux faire du canoë? *(G 1, 2)*

a *Complétez avec les formes de **pouvoir** et **vouloir**. Regardez d'abord G 1 et 2, pages 92–93.*

1. A Pont d'Arc, les jeunes (pouvoir) faire du VTT, du foot et du canoë.
2. Manon et Sébastien (vouloir) faire du canoë.
3. Patrick (vouloir) rester au camp.
4. Il (pouvoir) faire un match de ping-pong avec Rémi.
5. *Sébastien:* Maxime, tu (vouloir) faire du canoë?
6. *Maxime:* Oui, je (vouloir) bien!
7. *Manon:* Nous (vouloir) aussi faire du canoë.
8. *Maxime:* Seb, tu (pouvoir) aller chercher les sandwichs dans la cuisine du camp?
9. *Seb:* Oui, et je (pouvoir) aussi prendre l'eau.
10. *Sophie:* Et puis, nous (pouvoir) manger au bord de l'eau.
11. *Manon:* Vous (vouloir) nager? Alors, prenez vos maillots de bain!

b A vous – Qu'est-ce que tu **veux** faire **demain?**
– Moi, je **veux** faire du roller.
– On **peut** aller au cinéma, non?

faire du .../ de la .../ de l'...
aller au ... /à la ... / à ...

4 on dit Oui, ça m'intéresse!

Ihr findet etwas gut.

J'aime … / J'adore … le / la / les …
Je préfère …
Je trouve ça cool / super / génial.
C'est sympa / génial / super.
Ça m'intéresse (un peu / beaucoup)!

Euch ist etwas egal.

Bof!
Je ne sais pas.
Ça m'est égal.

Ihr findet etwas nicht so gut.

Je n'aime pas … / Je déteste …
Non, je n'ai pas envie.
Je trouve ça nul. / C'est nul.
Ce n'est pas marrant.
Ça ne m'intéresse pas.

A vous *Posez des questions.*

– Martin, le hip-hop, ça t'intéresse? – Non. Je trouve ça nul. Moi, je préfère le raï.
– Et toi, Lara, est-ce que tu aimes aller au cinéma? – …

5 Les vacances, c'est super!

Trouvez 10 mots au minimum qui vont avec le thème des «vacances» et des «loisirs» (Freizeit). Qui trouve le maximum de mots? Comparez vos résultats.

6 Jeu de rôles: Qu'est-ce que vous voulez faire au camp?

Yann, Malika et Kévin sont dans un camp de vacances à La Bresse.
Choisissez un rôle. Regardez l'exercice 4 et écrivez un dialogue. Qu'est-ce que vous voulez faire au camp: une rando ou du cheval? Vous discutez et vous n'êtes pas d'accord. Puis, jouez la scène.

7 stratégie Selbstständig wiederholen und üben

Vokabular
Ihr habt jetzt schon ca. 400 französische Wörter gelernt! C'est super, non? Wiederholt die Vokabeln regelmäßig, z.B. mit Vokabelnetzen. Wenn ihr später neue Wörter zu einem Thema lernt, könnt ihr eure Vokabelnetze ergänzen. Sie sind auch eine gute Grundlage, um eigene Texte zu schreiben.
Erstellt Vokabelnetze zu den Oberbegriffen «le collège», «faire les courses», «la fête», «le sport», … und vergleicht eure Ergebnisse mit einem Partner.

Tipp
Ergänzt eure Vokabelnetze mit Hilfe der *Liste des mots* (S. 164).

Redemittel
Auch in Zukunft schreibt ihr die Redemittel aus den «On dit»-Kästen am besten auf Karteikarten. Überlegt euch dabei für jede Redewendung eine Situation, in der ihr sie verwenden könnt.
Fangt gleich mit dem «On dit»-Kasten auf dieser Seite an!

Tipp
Am besten fragt ihr euch die Karteikarten regelmäßig in Partnerarbeit ab.

Grammatik
Schlagt im *Grammatischen Anhang* (S. 92) oder im *Grammatischen Beiheft* nach. Formuliert die Regeln mit eigenen Worten und schreibt sie in ein Merkheft. Findet eigene Beispielsätze!
Wie drückt man noch gleich im Französischen die Zukunft aus?

Tipp
Erklärt euch die Regeln gegenseitig. Erst wenn man etwas gut erklären kann, hat man es wirklich gelernt!

Un jeu: La rando de «Tous ensemble» *(pour 2–4 joueurs)*

Départ

1
Quatorze et six font ...?
Quatre-vingt-un et seize font ...?

2
chercher
je ?
nous ?
vous ?
vouloir
tu ?
nous ?
ils ?

3 Qu'est-ce que c'est?

Qu'est-ce que c'est?

4

5
Complète:
A midi, les élè-es vont - -- c-nti-e.
Complète:
Au----d' --i, les c-p--ns vont -- cin-m-.

17 Nicolas prend une photo ? collège, ? salle vidéo et ? infirmerie.
Nicolas prend une photo ? tour Eiffel.

18 Il est quelle heure? Il est

Il est quelle heure? Il est

19

20 Pose la question:
– ...?
– Je suis de Paris.
Pose la question.
– ...?
– Je m'appelle Charlotte.

21 Complète: Ma--t---t, je va-s f-ire mes dev--rs.
Complète: Marine pr-nd un c-c- sur la terrasse.

22

23 Tu veux acheter une baguette. Qu'est-ce que tu dis?
Pose la question:
– ...?
– Ça fait 18 euros.

24
Voilà ? et ?.

Voilà ?, ?, ? et ?.

25

26
Le sport, c'est ?.
J' ? le foot, mais je ? l'école.

27
Le midi, Charlotte et Nicolas mangent à la ?.
Ton emploi du temps: le lundi, j'ai

Spielregeln (für 2–4 Spieler):

Der Spieler mit der höchsten Augenzahl fängt an, der mit der niedrigsten führt ein «Punkteprotokoll».

Setzt eure Spielsteine entsprechend der gewürfelten Augenzahl. Auf jedem Feld habt ihr die Wahl zwischen **leichteren, blauen** und **schwierigeren, roten** Aufgaben:

Für die **blauen** Felder bekommt ihr einen Punkt, für die **roten** sogar zwei Punkte – aber natürlich nur, wenn die Antwort richtig oder die Aufgabe gut erfüllt ist. Darüber entscheiden die anderen Mitspieler. (Wenn ihr euch nicht sicher seid, ob eine Lösung richtig ist, schaut ein Spieler auf S. 193 nach.)

Kommt ihr auf ein **grünes** Feld, habt ihr Glück gehabt! Ihr bekommt einen bis drei Punkte geschenkt, je nach Anzahl der dargestellten Figuren.

Wer zuerst 20 Punkte hat, gewinnt.

Bravo!

Die anderen spielen weiter um den zweiten und dritten Platz.

7
Léo est un ?.

Le gris-gris, c'est un ?.

8
Complète: Lundi, ?, ?, jeudi.

Complète la semaine: Lundi, mardi, ?, jeudi, ?, ?, ?.

9
C'est un

Qu'est-ce que c'est?

10
Mets ton sac sur la table.

Trouve les trois chiffres suivants:
12 => 24 => 36 => ? => ? => ?

11

12
faire
je ?
nous ?
ils ?

trouver
je ?
vous ?
ils ?

13
Complète: J'achète

Complète: Au marché, j'achète un

14
Pour le yassa au poulet, Mme Sakho achète

Dans la salade de fruits, je mets

15

16
Pose la question:
– La Samaritaine, ...?
– C'est un grand magasin.

Pose la question:
– ...?
– C'est Amélie.

28
– Qu'est-ce que tu fais samedi?
– ? (écouter des CD)

– Qu'est-ce que tu fais samedi?
– ? (aller au cinéma / faire les courses)

29
Marine et Charlotte ? sur Internet pour trouver un corres sympa.

Charlotte ne prend pas l'escalier; elle prend ?.

30

31
Lis: «Ça fait 15,20 €.»

Lis: «Ça fait 76,92 €.»

Arrivée

32

Du hast noch keine 20 Punkte? Rücke vor auf Feld 4 und spiel weiter!

Wenn ihr Lust habt, könnt ihr zu den einzelnen Feldern auch eigene Fragen entwickeln und auf Kärtchen schreiben.

LEÇON 2

d'abord Un blessé à Saint-Malo

Lundi matin. Madame Le Gall, commissaire à Saint-Malo, prend son petit-déjeuner avec Yann, son fils.

Un blessé dans les rochers
Samedi soir, des touristes ont trouvé un blessé dans les rochers de Saint-Malo. Ils ont téléphoné à la police. L'enquête a commencé, mais

a *Cherchez d'abord les formes des verbes **trouver** et **commencer** dans les textes. Ecrivez les formes dans votre cahier.*

Deux touristes **ont trouvé** un blessé.
On ? ? un blessé.
Nous ? ? vingt portables.

L'enquête **a commencé …**
J'? ? l'enquête.

b *Comparez les formes de **commencer** et trouvez la règle.*

! Achte auf die Aussprache:
je commence [ə] **aber: j'ai** commencé [e]

Aujourd'hui, je commence l'enquête.
Hier, j'**ai** commencé …

Nous commençons …
Nous **avons** commencé …

c *Complétez les formes de **trouver** dans votre cahier.*

J'**ai** trouvé un portable.
Tu **as** …
Il / Elle / On … *Continuez.*

d *Vous allez entendre (hören) douze phrases au **présent** ou au **passé composé**. Faites une grille dans votre cahier et cochez la bonne réponse. (Kreuzt die richtige Antwort an.)*

	présent	*passé composé*
1		*X*
2		
3		

A l'hôpital

1 Lundi après-midi, la commissaire va à l'hôpital pour interroger le blessé.
La commissaire: Commissaire Le Gall, bonjour! C'est toi, Frédéric Moulin?
Frédéric: Euh, oui. Bonjour, madame!
La commissaire: Alors, ça va?
Frédéric: Non, pas très bien. J'ai mal aux jambes et au dos. Mais ce n'est pas très grave.
La commissaire: Et qu'est-ce que tu as fait samedi soir?
Frédéric: Samedi soir? Ben … j'ai rencontré des jeunes dans les rochers. On a discuté. Puis, il y a eu une dispute et ils m'ont poussé.
La commissaire: Ah? Ils t'ont poussé? Pourquoi?
Frédéric: Ben …, je ne sais pas, moi!
La commissaire: Et le sac avec les portables alors?
Frédéric: Ce n'est pas mon sac! Aïe, j'ai mal!

2 Tout à coup, un jeune entre dans la chambre …
Frédéric: Qu'est-ce que tu veux encore, Alex?
Alex: Où est-ce que tu as mis le sac? – Oh! Pardon!
La commissaire: Mais entre! Tu es un copain?
Alex: Euh oui …
La commissaire: Tu cherches un sac?
Alex: … Je ne veux pas déranger. Au revoir.
La commissaire: Une minute, Alex …

3 Trente minutes plus tard …
Dans sa voiture, la commissaire téléphone à son collègue …

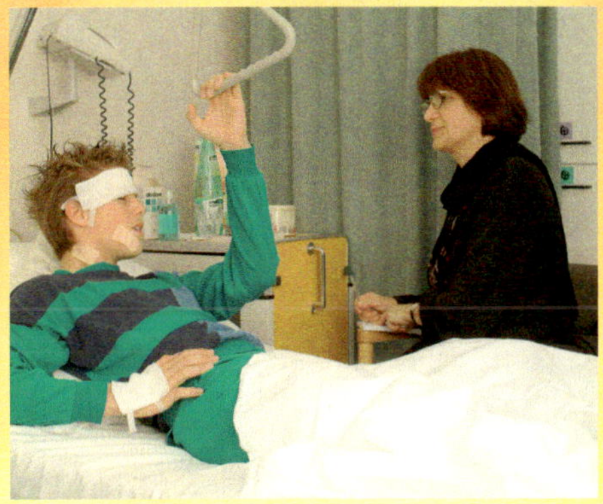

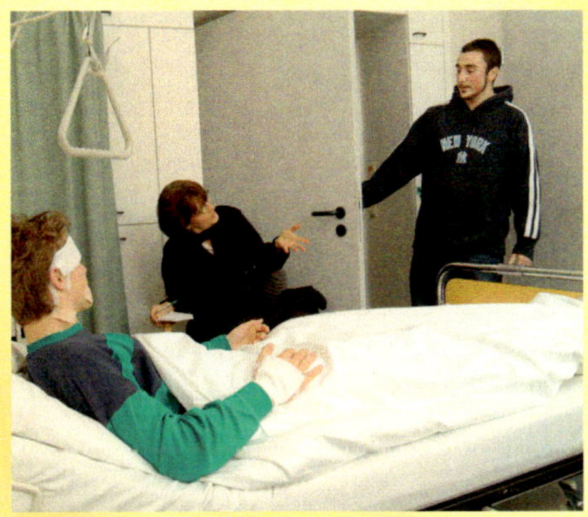

1 A propos du texte

Qu'est-ce qu'ils ont fait? Faites des phrases et racontez l'histoire:

…	Frédéric	a rencontré Alex, un copain de Frédéric.
Lundi après-midi, …	Ils	a téléphoné à son collègue.
Samedi soir, …	les jeunes	ont discuté et ils ont eu une dispute.
Puis, …	la commissaire	a pris son adresse et son numéro de téléphone.
Trente minutes plus tard, …	elle	a interrogé Frédéric à l'hôpital.
Là, …	Elle	ont poussé Frédéric.
…	elle	a rencontré des jeunes dans les rochers.

2 Et les portables? *(G 4)*

a *Relisez le texte. Puis, complétez les phrases avec le passé composé.*

1. Lundi après-midi, la commissaire interroge Frédéric Moulin.

La commissaire: Qu'est-ce que tu ? samedi soir?
– Et qu'est-ce que vous ?, tes copains et toi?
– Mais pourquoi est-ce qu'ils t' ? ?

Fréderic: J' ? des copains dans les rochers.
– Nous ? et il y ? une dispute.
– Mais je ne sais pas, moi!

2. Tout à coup, Alex entre dans la chambre de Frédéric et demande: – Où est-ce que tu ? le sac?

△ **b** Mme Le Gall téléphone à son collègue. *Imaginez trois questions du collègue.*

3 Qu'est-ce que tu as fait aujourd'hui, Yann? *(G 4)*

Mme Le Gall rentre à la maison et discute avec son fils.
Complétez avec ***avoir, apprendre, faire*** *ou* ***mettre*** *au passé composé.*

J' ? ? un 19 en maths. C'est super, non?

En allemand, on ? ? le passé composé.

Au CDI, j' ? ? mes devoirs d'allemand avec Aïcha.

Et puis, Karine et moi, nous ? ? la table.

4 on dit Moi? Ça va super bien!

So fragt ihr, wie es jemandem geht.
Ça va? / Comment ça va?
Comment tu vas? / vous allez?

So sagt ihr, wie es euch geht.
(Ça va) très bien! / super bien! :-)

Pas mal!

Ça va, merci!

Bof! (:--)

Pas très bien! :-(

A vous Tu rencontres un copain dans la rue. Il ne va pas très bien.

Imaginez, puis jouez votre dialogue.

So fragt ihr, wo es jemandem weh tut.
Où est-ce que tu as mal?

So sagt ihr, wo es euch weh tut.
Aïe! J'ai mal

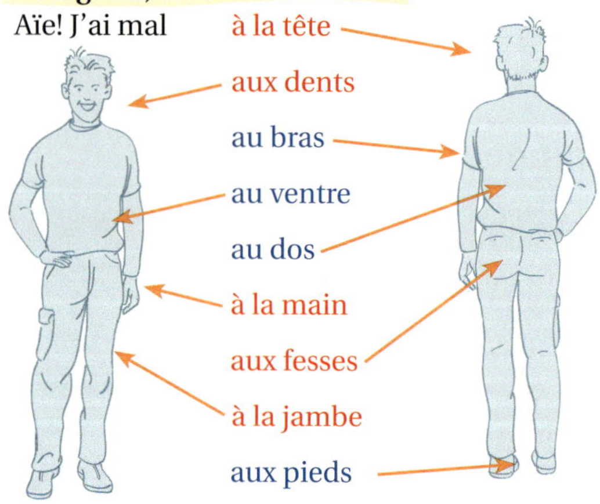

Une lettre anonyme …

Mardi matin, la commissaire trouve une lettre devant la porte du commissariat de police.

> *Samedi soir vers neuf heures, je suis allé au bord de la mer et je suis monté dans les rochers. Un peu plus tard, Frédéric Moulin et Anne Lepic sont arrivés sur la plage. Je suis resté là, derrière un rocher. Frédéric a apporté un sac avec des portables. Ils ont partagé les portables et ont discuté. Puis, il y a eu une dispute entre Frédéric et Anne. Frédéric est tombé. Tout à coup, deux voitures sont arrivées. Anne est vite rentrée chez elle, sans les portables. Arrêtez Frédéric et Anne! Ils ont volé les portables!*
>
> *Un ami de la vérité*

1 A propos du texte

a *Qui a fait ça?* **Ils** sont arrivé**s**.
=> **Frédéric** et **Anne** sont arrivé**s**.

1. **Il** a apporté un sac.
2. **Ils** ont discuté.
3. **Il** est tombé dans les rochers.
4. **Elles** sont arrivées.
5. **Elle** est rentrée chez elle.
6. **Ils** ont volé les portables.
7. **Il** est monté dans les rochers.

b *Discutez en classe.*

1. Qui peut être «l'ami de la vérité»?
2. Pourquoi est-ce qu'il n'a pas mis son nom dans la lettre?
3. «Frédéric et Anne ont volé les portables». Est-ce que c'est la vérité? Qu'est-ce que vous pensez?

2 «Etre» ou «avoir», c'est la question. *(G 4, 5, 6)*

! Achtet auf die Partizipendungen!

*Complétez avec les formes du verbe **être** ou **avoir**.*

1. Samedi soir, des touristes ? allés dans les rochers.
2. Ils ? trouvé un blessé.
3. Ils ? téléphoné à la police.
4. Alors, la commissaire ? arrivée.
5. Elle ? interrogé les touristes.
6. Puis, elle ? rentrée au commissariat de police.

3 Elles sont allées dans les rochers … *(G 5, 6)*

… é / … ée / … és / … ées

1. «L'ami de la vérité» est all ? à la plage. Il est mont ? dans les rochers. Puis, il est rest ? là.
2. Anne est arriv ? avec Frédéric.
3. Ils sont rest ? là pour partager les portables.
4. Frédéric est tomb ? dans les rochers.
5. Tout à coup, deux voitures sont arriv ? .
6. «L'ami de la vérité» et Anne sont rentr ? très tard.

VOC 4 «L'ami de la vérité»

Complétez les phrases avec les prépositions.

1. Mme Le Gall a trouvé une lettre anonyme
2. «L'ami de la vérité» est resté
3. Frédéric a apporté un sac
4. Après la dispute, Anne est rentrée

avec ⇔ sans
devant ⇔ derrière

le commissariat de police.
un rocher.
vingt portables.
les portables.

Enfin la vérité!

1 Trois jours plus tard, au commissariat de police … La commissaire Le Gall n'a pas encore trouvé les voleurs. Elle interroge encore une fois Frédéric, Alex et la copine de Frédéric … Anne Lepic.

2 *La commissaire:* J'ai ici une lettre anonyme: «Arrêtez Frédéric Moulin et A … lex Vanel. Ils ont volé les portables!»
Alex: Mais non! C'est Frédéric et Anne, madame la commissaire!
Frédéric: Qu'est-ce que tu racontes? Ce n'est pas vrai! Je n'ai pas volé les portables!
Anne: Arrête, Alex! Pourquoi est-ce que tu accuses Fred? Il n'a rien fait! Les portables, c'est une histoire entre toi et moi!
Alex: Mais qui a eu l'idée des portables? C'est toi! Moi, j'ai fait ça pour toi. Et toi, tu m'as quitté …
Anne: Pfff! Et qui a poussé Frédéric dans les rochers?
Alex: Je n'ai pas poussé Frédéric! Il est tombé, c'est tout!

3 *La commissaire:* Alors, j'ai compris maintenant: samedi soir, vers neuf heures, toi, Anne, tu as retrouvé Alex dans les rochers pour partager les portables. Un peu plus tard, Frédéric est arrivé. Il y a eu une dispute entre les garçons à cause de toi, Anne. Et toi, Alex, tu as poussé Frédéric dans les rochers. Mais tout à coup, des voitures sont arrivées. Alors, vous avez paniqué. Vous avez laissé Frédéric et les portables dans les rochers et vous êtes vite rentrés chez vous. Et puis toi, Anne, tu as eu peur pour ton copain. Alors, tu as téléphoné au commissariat …
Frédéric: Et la lettre anonyme, alors?
La commissaire: Alors, «l'ami de la vérité» … c'est Alex!

1 A propos du texte *(G 7)*

Vrai ou faux? *C'est faux? Faites d'abord une phrase avec **ne … pas**. Puis, trouvez la vérité et corrigez les phrases.*

1. La commissaire a interrogé Alex, Frédéric et Anne au commissariat de police.
2. Anne et Frédéric ont volé les portables.
3. Frédéric n'a rien fait.
4. Anne a quitté Frédéric.
5. Anne et Alex sont allés dans les rochers de Saint-Malo pour partager les portables.
6. Il y a eu une dispute à cause d'Anne.
7. Frédéric est tombé dans l'eau.
8. Anne et Alex ont paniqué parce que la police est arrivée.

2 Dans les rochers de Saint-Malo *(G 4, 5, 6)*

Racontez au passé composé: Vers neuf heures du soir, Anne …

retrouver / partager — arriver — avoir une dispute

pousser / tomber — arriver / paniquer / rentrer — téléphoner

3 Et toi, qu'est-ce que tu as fait? *(G 4, 5, 6)*

Lundi matin, vous discutez au collège.

a *Posez des questions et notez cinq phrases.*
- Qu'est-ce que tu as fait le week-end? A quelle heure? Avec qui? Où?
- J'ai … / Je suis …

passer le week-end à / chez … – faire une fête – aller au … / à la … – danser – apprendre ses leçons – rentrer tard – faire du foot / de la … – mettre la table – rester à la maison …

b *Présentez les réponses à votre classe:* Samedi soir, Achim a fait la fête avec ses copains et il est rentré très tard. Lisa est allée au cinéma avec sa sœur …

4 Ah! Mes parents … *(G 8)*

ne … rien
ne … pas encore

Alex rentre à la maison. Il est déjà tard … et sa mère pose des questions:

a *Faites des phrases avec **ne … rien**.*

1. Mais qu'est-ce que tu as fait après l'école? – Ben, je n'…
2. Qu'est-ce que tu as acheté au supermarché? – Je …
3. Et alors, qu'est-ce que tu as mangé à midi? – Je …
4. Est-ce que tu as appris ta leçon d'allemand? – Non, …

△ **b** *Faites des phrases avec **ne … pas encore**.*

1. Est-ce que tu as **déjà** mangé? – Non, …
2. Est-ce que tu as **déjà** fait tes devoirs? – Non, …
3. Est-ce que tu as **déjà** téléphoné à Frédéric? – Non, …
4. Est-ce que tu es **déjà** allé à l'hôpital? – Non, …

5 Jeu de rôles: L'enquête de la commissaire Le Gall

Choisissez un rôle et jouez les scènes.

1. Madame Le Gall et son fils prennent leur petit-déjeuner.
2. La commissaire interroge Frédéric à l'hôpital.
3. Enfin la vérité! Samedi soir, vers neuf heures, dans les rochers de Saint-Malo …
4. La commissaire interroge les trois jeunes.

VOC **6** **A la plage**

Regardez et décrivez le dessin. Ecrivez six phrases.

7 stratégie Aus Fehlern lernen (Teil 1)

Lest grundsätzlich jeden französischen Satz, den ihr geschrieben habt, noch einmal Wort für Wort durch. Achtet dabei besonders auf die folgenden Fehlerquellen.

1. Habt ihr die **richtige Zeit** benutzt?

hier → j'**ai écouté** ton CD.
aujourd'hui → j'**écoute** ton CD.
demain → je **vais écouter** ton CD.

2. Passt **die Verbform** zum **Subjekt** des Satzes?

Vous aim**ez** le sport?
Tu va**s** au cinéma samedi soir?
Le**s** jeune**s** pass**ent** les vacances au bord de la mer.

3. Habt ihr beim **passé composé** das **richtige Hilfsverb** (**être** oder **avoir**) benutzt?

Farid **est allé** en vacances en Bretagne.
A Saint-Malo, il **a fait** du VTT.

4. Habt ihr beim **passé composé** mit **être** an die **Angleichung des Partizips** gedacht?

Marine et Charlotte sont rest**ées** à Paris.
Pierre et Manon sont all**és** à Paris.

5. Habt ihr die **Verneinung** an die richtige Stelle gesetzt?

Patrick	**n'**aime	**pas**	le canoë.
Patrick	**n'**aime	**pas**	faire du canoë.
Anne	**n'** a	**pas**	poussé Frédéric.
Frédéric	**n'** a	**rien**	volé.
Frédéric	**n'** a	**pas encore**	quitté l'hôpital.

A vous Diktiert eurem Nachbarn / eurer Nachbarin fünf Sätze aus dem Text B. Korrigiert die Sätze gemeinsam und ordnet die Fehler den fünf Fehlerquellen zu. Tauscht dann die Rollen.

! Schreibt Wörter oder Sätze, in denen ihr häufiger Fehler macht, auf Karteikarten. Schaut euch eure Karteikarten „Aus Fehlern lernen" vor jeder Klassenarbeit an.

⟨Bienvenue en Bretagne⟩

Ecoutez: A Saint-Malo

Morgane est dans un centre de vacances à Saint-Malo. Un soir, elle téléphone à son père …

Ecoutez.

a Qu'est-ce que Morgane a fait depuis son arrivée à Saint-Malo? *Citez trois exemples.*

b *Notez deux activités sportives de Morgane.*

c Morgane a eu un problème. *Expliquez.*

le Mont Saint-Michel

Rothéneuf

le festival interceltique de Lorient

Saint-Malo

Une chanson: «La tribu de Dana» de Manau

Manau, c'est un groupe de rap celtique très populaire en France! Il y a Martial, le chanteur du groupe, Grégor, qui fait les textes et Cédric, le DJ scratcheur qui compose la musique. Ces trois jeunes garçons d'origine bretonne ont connu un énorme succès avec la chanson «La tribu de Dana» (plus de 1 700 000 singles vendus!). Leur musique est un mélange entre rap et folklore celtique.

Si vous voulez plus d'informations, allez visiter leur site Internet. Mettez-vous dans l'ambiance et chantez le refrain avec eux «Dans la vallée oh oh de Dana (la lila la)».

Projet: On prépare un voyage en Bretagne

a *Préparez le voyage. Cherchez d'abord des informations, par exemple dans des catalogues ou sur Internet.*

b *Discutez dans votre groupe: qu'est-ce que vous voulez visiter? Où est-ce que vous voulez commencer votre voyage? Combien de semaines est-ce que vous voulez passer en Bretagne? …*

c *Préparez un poster avec la carte de Bretagne et votre «Tour de Bretagne». Décrivez les étapes de votre voyage. Puis, présentez votre voyage à la classe.*

⟨C'est la récré.⟩

Le calendrier de Yann

JANVIER
1 S Jour de l'An
2 D
3 L
4 M
5 M
6 J Fête des Rois
7 V
8 S
9 D
10 L
11 M
12 M
13 J
14 V
15 S
16 D
17 L
18 M
19 M
20 J
21 V
22 S
23 D
24 L

Bonne Année!

FEVRIER
1 M
2 M Chandeleur
3 J
4 V
5 S
6 D
7 L
8 M Mardi gras
9 M
10 J
11 V
12 S
13 D
14 L Saint-Valentin
15 M

Champs magnétiques
Je suis la plage, tu es la mer.
Je suis le rouge, tu es le vert.
Je suis le pied, tu es la chaussure,
et je t'aime, je te le jure!

MARS
1 M
2 M
3 J
4 V
5 S anniversaire de Christophe
6 D
7 L
8 M
9 M
10 J
11 V
12 S
13 D
14 L
15 M
16 M
17 J
18 V
19 S
20 D C'est le printemps!
21 L
22 M
23 M
24 J
25 V
26 S
27 D Pâques
28 L
29 M

AVRIL
1 V Poisson d'Avril
2 S
3
8 V
9 S
10 D
11 L
12 M
13 M
14 J
15 V
16 S
17 D
18 L
19 M
20 M
21 J
22 V
23 S
24 D
25 L
26 M
27 M

MAI
1 D Fête du Travail
2 L
3 M
4 M
5 J Ascension
6 V
7 S
8 D Fête de la Victoire
9 L
10 M
11 M
12 J
13 V
14 S
15 D Pentecôte
16 L
17 M
18 M
19 J
20 V
21 S
22 D
23 L
24 M
25 M
26 J
27 V
28 S
29 D Fête des Mères
30 L

1945

Bonne fête maman!

JUIN
9 J anniversaire de maman
18 S
19 D Fête des Pères
20 L
21 M Fête de la Musique
C'est l'été!
22 M
23 J
24 V

La Fête des Rois

La Chandeleur

Recette: les crêpes
Mélangez 250 g de farine, deux sachets de sucre vanillé, un peu de sucre et de sel. Ajoutez trois œufs, un peu de beurre fondu, puis mettez ½ de litre de lait.

La Fête de la Musique

Le 21 juin, c'est le premier jour de l'été et tout le monde sort dans les rues pour faire de la musique, pour danser ou pour écouter des concerts: jazz, classique, rock, pop ou rap.

1. *Vous allez entendre six scènes qui vont avec les fêtes françaises. Quelle scène va avec quelle fête?*
2. *Trouvez trois fêtes françaises qui n'existent pas en Allemagne.*

La Fête Nationale

Le soir du 14 juillet, il y a un grand feu d'artifice. On fait la fête et on danse. A Paris, il y a un grand défilé militaire sur les Champs-Elysées et on entend la Marseillaise, l'hymne national. Le 14 juillet 1789, le peuple de Paris prend la Bastille. C'est le début de la révolution française et la fin de Louis XVI. Le 10 août, on proclame la Déclaration des droits de l'homme. La devise de la République, c'est «Liberté, égalité, fraternité».

Le Tour de France

Le Tour de France existe depuis 1903!

Le 24 décembre: Noël

Le 24 décembre, on décore le sapin de Noël et on met les cadeaux au pied du sapin. Le soir, les Français mangent en famille et font la fête tard dans la nuit: c'est le réveillon de Noël. En entrée, on mange des huîtres ou du foie gras, après de la dinde et comme dessert, une bûche de Noël. Après le repas, on ouvre les cadeaux.

Le 31 décembre: Saint-Sylvestre

A la Saint-Sylvestre, c'est le deuxième réveillon de l'année. On fête la fin de l'année avec les amis.

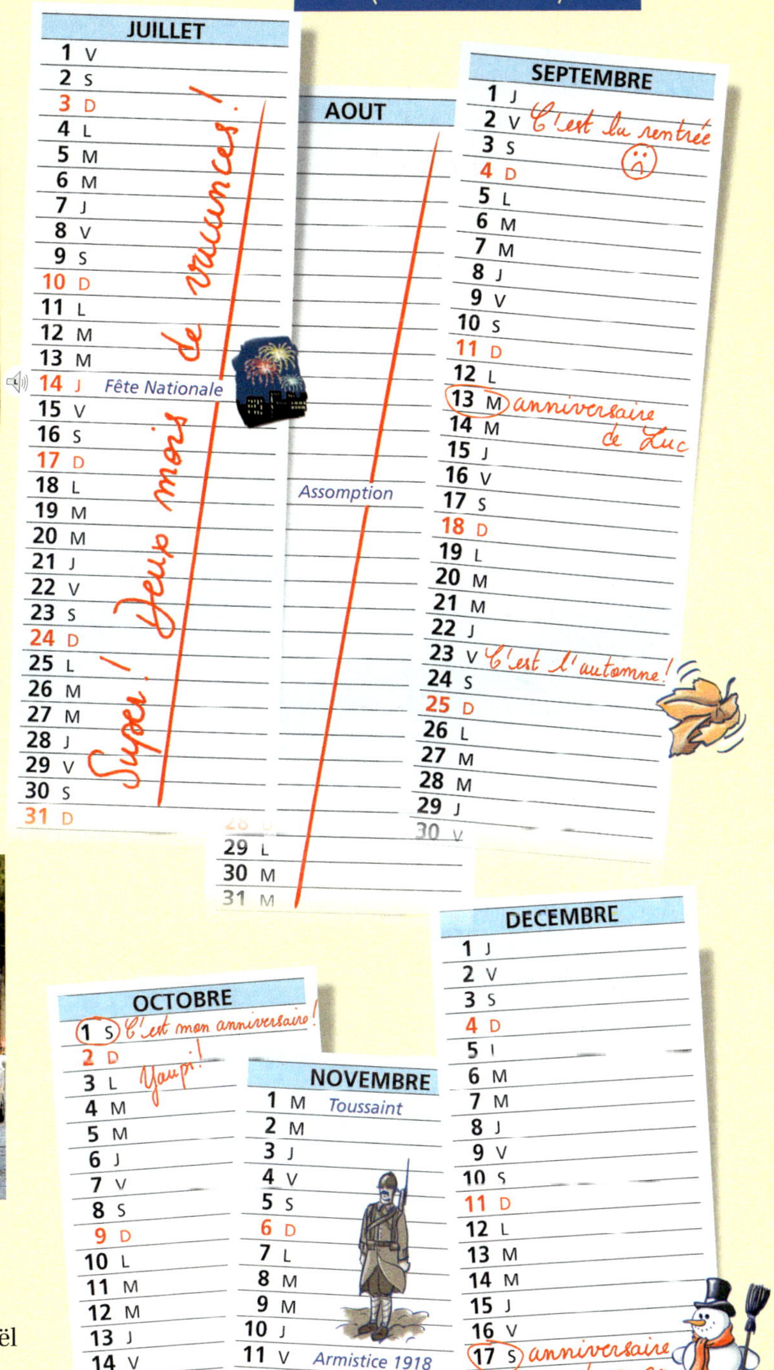

une fève *früher:* eine Saubohne, die im Kuchen versteckt wurde, *heute:* eine Porzellanfigur – **un champ magnétique** ein Magnetfeld – **un feu d'artifice** ein Feuerwerk – **un défilé militaire** eine Militärparade – **la Marseillaise** die Marseillaise (französische Nationalhymne) – **le peuple** das Volk – **la Bastille** alte Pariser Festung, die als Gefängnis diente – **le début** der Anfang – **proclamer** verkünden – **la Déclaration des droits de l'homme** die Erklärung der Menschenrechte – **Liberté, égalité, fraternité** Freiheit, Gleichheit, Brüderlichkeit – **Noël** Weihnachten – **le sapin** die Tanne, *hier:* der Weihnachtsbaum – **le réveillon** (Essen zu) Heiligabend/Silvester – **en entrée** als Vorspeise – **une huître** eine Auster – **le foie gras** die Gänseleberpastete – **la dinde** der Truthahn – **la bûche** französischer Weihnachtskuchen in Form eines Holzscheits

⟨On fait des révisions.⟩

Die Révisions kennt ihr schon aus «Tous ensemble 1». Wiederholt alleine oder mit einem Partner, was ihr in den Lektionen 1 und 2 gelernt habt. Kontrolliert eure Lösungen auf Seite 191.

1 En français

Tu passes tes vacances dans un camp de jeunes à Saint-Malo. Tu discutes avec Arthur …

Faites le dialogue à deux. Puis, changez les rôles.

Toi	Arthur
1. Du begrüßt Arthur.	1. Salut, …! Oh là là, ça ne va pas aujourd'hui?
2. Nein, es geht dir nicht so gut.	2. Mais pourquoi?
3. Gestern bist du Mountainbike gefahren. Du bist hingefallen, und jetzt tut dir das Bein weh. Und der Hintern tut dir auch weh … Aua!	3. Ah, je comprends. Alors, tu ne peux pas faire du cheval avec moi aujourd'hui …
4. Nein, reiten willst du heute nicht. Du möchtest lieber im Ferienlager bleiben.	4. Dommage. Mais demain, on peut faire du canoë de mer ensemble, si tu veux.
5. Kanufahren auf dem Meer? Ja, das interessiert dich (sehr). Das findest du toll.	5. Mais … attention, tu vas avoir mal aux bras … et si tu bouges trop, tu peux tomber dans l'eau.
6. Das ist dir egal. Danach könnt ihr in Saint-Malo shoppen gehen oder am Strand ein Eis essen.	6. D'accord. Alors, je te retrouve demain, à neuf heures, sur la plage.

▽ 2 Qu'est-ce qu'ils font? *(G 1)*

Faites des phrases. Exemple: Les jeunes font du ski.

Richard et Patrice …

David …

Eunice …

Laure …

3 Les mots

VOC **a** *Trouvez les mots et complétez la grille dans votre cahier. N'oubliez pas les articles des noms!*

doran · ritévé · sarimisatcom · roginerter · gepla · sébles · ontitana · rem · inba de lotmail · leurvo · teten · cuserac · trelet nymenoa · pingcam

les vacances	une enquête

△ **b** *Choisissez six mots et écrivez une histoire. Utilisez:* ***d'abord, déjà, mais, puis, souvent, à la fin, …***

4 Ils veulent bien, mais est-ce qu'ils peuvent? *(G 2)*

a *Complétez avec les formes de* ***pouvoir.***

1. Aujourd'hui, les parents de Frédéric n'ont pas le temps. Ils ne ♣ pas faire les courses.
2. *M. Moulin:* Frédéric, tu ♣ aller au supermarché, s'il te plaît?
3. *Fred:* Non, je ne ♣ pas. Je fais mes devoirs.
4. *M. Moulin:* Louise, Jules, vous ♣ aller acheter des légumes et du pain?
5. *Louise:* Non, on ne ♣ pas, papa. On surfe sur Internet.
6. *M. Moulin:* Ah bon? Alors, nous ne ♣ rien manger aujourd'hui!

b *Complétez avec les formes de* ***vouloir.***

1. Mardi après-midi. Léa ♦ faire de la natation.
2. *Léa:* Qui ♦ faire de la natation avec moi?
3. *Charlotte:* Ben … moi, je ♦ faire du shopping avec Marine.
4. *Marine:* Nous ♦ acheter des maillots de bain!
5. *Léa:* Et vous, qu'est-ce que vous ♦ faire, les garçons?
6. *Charlotte:* Pierre et Farid, ils ♦ faire du roller, comme toujours.
7. *Pierre et Farid:* Eh ben, non! Aujourd'hui, nous ♦ faire de la natation avec … Léa!

VOC 5 Pas de vacances pour la commissaire!

Madame Le Gall passe ses vacances en Ardèche. Aujourd'hui, elle a rendez-vous avec une amie.

Choisissez les mots corrects et racontez l'histoire.

1. Les deux amies ont rendez-vous [au bord de] / [derrière] l'eau.
2. Elles veulent faire [une rando] / [un match] en canoë.
3. Mais d'abord, elles mettent leur [jupe] / [leur maillot de bain] et nagent un peu …
4. Au bord de l'eau, il y a beaucoup de [touristes] / [disputes] …
5. Enfin, les amies prennent leurs [jambes] / [sacs] et montent dans le canoë.
6. Madame Le Gall veut encore [téléphoner à] / [interroger] son fils Yann.
7. Mais où est [sa lettre] / [son portable]? Dans le sac, il n'y a rien!

8. Ce n'est pas vrai! On a [volé] / [partagé] son portable – et son portefeuille!
9. Madame Le Gall met tout de suite son pantalon et elle commence [l'enquête] / [l'e-mail]!

6 Les maths? Pas de problème! *(G 3)*

Yann Le Gall rencontre Frédéric et Anne au CDI du collège. Ils surfent sur Internet.

Complétez avec ***me (m'), te (t'), nous, vous.***

Yann: Pardon. Je ♥ dérange?
Frédéric et Anne: Mais non. Tu ne ♥ déranges pas.
Anne: Mais pourquoi est-ce que tu ♥ regardes comme ça, Yann?
Yann: Ben … Je ♥ rencontre souvent au CDI avec Frédéric. Tu es dans sa classe?
Anne: Oui. Je suis en 4e B. Et toi?
Yann: Je suis en 3^eB.
Anne: Ah bon? Alors, tu peux ♥ expliquer un exercice de maths? Moi, les maths, ça ne ♥ intéresse pas vraiment …
Yann: Je ne ♥ comprends pas! J'adore les maths! Si tu veux, je ♥ explique l'exercice tout de suite.

7 Un samedi à Saint-Malo *(G 4, 5, 6)*

Sarah et Philippe Breton sont de Rennes[1]. Samedi, ils vont à Saint-Malo. Ils veulent faire du shopping, et puis, leur père habite à Saint-Malo.
Le soir, ils racontent leur journée à leur mère.

*Racontez **au passé composé** avec **avoir** ou **être**.*

Moi, j'adore les crêpes[2] de papa!

avoir
être

1. *Mme Breton:* Vous — arrivés à Saint-Malo à quelle heure?
2. *Sarah:* On — arrivés vers dix heures.
3. D'abord, nous — fait du shopping.
4. *Mme Breton:* Et qu'est-ce que vous — acheté?
5. *Philippe:* Moi, j' — acheté un super pull.
6. *Sarah:* Mais moi, je n' — rien trouvé …
7. *Mme Breton:* Et l'après-midi, vous — allés chez papa?
8. *Philippe:* Oui. Puis, avec papa, on — allés à l'Aquarium.
9. *Sarah:* Nous — restés deux heures! Je trouve ça cool!
10. *Mme Breton:* Et est-ce que vous — déjà mangé?
11. *Philippe:* Mais oui! Nous — fait des crêpes.* J'adore les crêpes de papa!

8 La journée d'Isa *(G 4, 5, 6)*

a *Lisez d'abord le texte.*

1. Mercredi après-midi, Isa rentre du collège à deux heures.
2. D'abord, elle mange avec sa mère.
3. A trois heures, sa copine Sarah arrive.
4. Les deux filles font du shopping.
5. Puis, elles vont chez Sarah.
6. Elles écoutent le CD de Manau.
7. Sarah et Isa font vite leurs devoirs.
8. A sept heures, Isa rentre à la maison.
9. Son père arrive aussi.

b Le père d'Isa demande:
«Alors, qu'est-ce que tu as fait aujourd'hui?»
Isa raconte: «Ben … Je suis rentrée à la maison à deux heures. Je …» *Continuez.*

! Attention à l'accord du participe passé!

9 Le cadeau de Yann *(G 8)*

Dans deux jours, c'est l'anniversaire de Yann Le Gall. Sa mère cherche un cadeau …

*Répondez aux questions à la forme négative avec **ne … pas** **ne … rien** **ne … pas encore**.*

Exemple: 1. Est-ce que Madame Le Gall est **déjà** allée dans les magasins?
→ Non, elle **n'**est **pas encore** allée dans les magasins.

2. Est-ce qu'elle a déjà trouvé le cadeau de Yann?
3. Est-ce qu'elle est allée au commissariat aujourd'hui?
4. Elle a passé une heure dans un magasin de CD. Qu'est-ce qu'elle a acheté?
5. Après, elle est allée dans une boulangerie. Là, qu'est-ce qu'elle a trouvé?

A la fin, elle a acheté le cadeau de Yann dans un magasin de sport: une casquette Dadidas!

1 **Rennes** – Hauptstadt der Bretagne
2 **une crêpe** – süßer oder herzhafter dünner Pfannkuchen, Spezialität aus der Bretagne

In einem vereinigten Europa sind Fremdsprachenkenntnisse nicht nur in Englisch, sondern auch in einer weiteren Fremdsprache wichtig für eure berufliche Zukunft. Wenn ihr wollt, könnt ihr eure Sprachkenntnisse im Französischen testen und euch auf das **DELF** (**D**iplômes d'**E**tudes en **L**angue **F**rançaise) vorbereiten. DELF ist ein international anerkanntes Diplom.
Auf den Seiten 29, 51 und 72-73 könnt ihr euch auf das DELF A1 vorbereiten. Dabei lernt ihr, kurze Hör- und Lesetexte zu verstehen, euch in französischen Alltagssituationen zu verständigen und euch schriftlich auszudrücken.

1 Enquête: Les jeunes en France

Hören und verstehen

a Vous allez entendre trois interviews trois fois. *Ecrivez la bonne réponse dans votre cahier.*

1. Où a lieu l'interview?
a) devant la banque
b) derrière le collège
c) devant le collège
d) à la poste

2. Qui pose les questions?
a) un élève
b) Radio Jeunes
c) un journaliste
d) deux jeunes

3. Quel est le sujet de l'interview?
a) les vacances
b) les problèmes entre filles et garçons
c) les activités des collégiens
d) les devoirs

b Qu'est-ce qu'ils font après l'école? *Répondez par* ***vrai, faux*** *ou* ***on ne sait pas.***

a) Mélanie fait ses devoirs.
b) Yann fait du sport le mercredi après-midi.
c) Sophie regarde la télévision.
d) Karim fait du baby-sitting le samedi.
e) Guillaume joue de la guitare électrique.

vrai	faux	on ne sait pas

2 Les jeunes et leur temps libre

Verstehen und sprechen

Choisissez un sujet. Puis, cherchez des idées et prenez des notes. Enfin, présentez le résultat à l'oral.

1. Qu'est-ce que tu fais après l'école?
2. Où est-ce que tu es allé(e) en vacances la dernière fois? Qu'est-ce que tu as fait?
3. Est-ce que le sport, c'est important pour toi?
4. Est-ce que tu aimes passer tes vacances avec tes parents? Pourquoi?

3 SMS et carte postale

Verstehen und schreiben

a *Répondez aux SMS suivants en français:*

Seb et Pierre rentrent de la rando en canoë à quelle heure? Patrick

Je n'ai rien compris à l'exercice de maths pour demain. Et toi, Anne? Fred

Marc est un peu malade. Tu vas le chercher à l'infirmerie à 16 heures, Alex? Maman

b De Saint-Malo, vous écrivez une carte postale à Sébastien, un ami français. Vous lui racontez vos activités de la semaine, votre programme de visites et le vol de votre téléphone portable. Vous l'invitez pour les vacances de Noël.

Lundi 2 novembre: shopping à Saint-Malo
Mardi 3 novembre: aquarium de Saint-Malo
...
Jeudi 5 novembre: rando en vélo

LEÇON 3

d'abord Question de look!

Samedi après-midi, on fait du shopping en ville.

a *Cherchez dans les dialogues les formes des adjectifs **vert**, **noir** et **rouge**. Puis, écrivez le nom avec l'adjectif dans votre cahier et trouvez les formes qui manquent. Enfin, trouvez la règle.*

vert/e		le pantalon …	la minijupe …	les pantalons verts	les chaussures …
noir/e	Regarde	le pull …	la minijupe ?	les pulls ?	les chaussures ?
rouge		le pull …	la jupe …	les pulls ?	les jupes ?

b *Complétez maintenant avec les formes des adjectifs gris, **bleu** et jaune.*
Exemple: – Comment est-ce que tu trouves le T-shirt gris ? – Ouais, pas mal. / Il est trop nul!

vert/e gris/e
noir/e bleu/e Comment est-ce que tu trouves …
rouge jaune
blanc/blanche

c *Lisez et retrouvez la personne.*

La personne porte des chaussures noires et blanches.
Elle porte des chaussettes rouges et bleues.
Elle porte un jean bleu et un T-shirt jaune.
Elle porte un anorak bleu et blanc.
Elle porte aussi une casquette grise sur la tête.

? Qui est-ce? C'est le numéro ?

d *Ecoutez et retrouvez le numéro.*

Le shopping avec Marine

1 Samedi après-midi, Charlotte et Marine font du shopping dans le quartier Gambetta. C'est la semaine des soldes. Les prix sont intéressants et on peut faire des affaires fantastiques! Et puis, faire du shopping pendant des heures, Charlotte et Marine adorent ça!

2 *Marine:* On va chez Miss Eighty maintenant? Ils ont toujours des vêtements sympas!
Charlotte: Oui, c'est vrai.
Elles veulent entrer dans le magasin …
Marine: Tu vois la fille avec la robe blanche? Ce n'est pas Léa Mercier, la fille de la 3ᵉE?
Charlotte: Oh non, pas elle!
Léa: Salut les filles! Tiens, vous faites du shopping sans vos mamans?
Marine: Très marrant!
Charlotte (énervée): Tu es vraiment idiote, Léa!
Marine: Allez, on entre dans le magasin.

3 *Marine:* Charlotte, regarde … des Dadidas!
Charlotte: Waouh! Moi, j'essaye tout de suite!
Marine (à la vendeuse): Madame, vous avez les chaussures rouges aussi en 38, s'il vous plaît?
La vendeuse: Je vais voir.
Un peu plus tard, la vendeuse apporte les chaussures.
Charlotte: Géniales, les chaussures!
Marine: Ouais, bof … la couleur ne me plaît pas trop! Elles sont vraiment très rouges …
Charlotte: Et alors? Elles te vont super bien! Allez Marine! On achète … et tu as vu le prix?
Marine: Oui, elles ne sont vraiment pas chères. Bon, … O.K.!
Charlotte: On met les chaussures lundi! Tu me promets?
Marine: Promis! Tu vas voir la tête de Léa …

1 A propos du texte *(G 4, 5)*

Qu'est-ce que Charlotte et Marine **ont fait** samedi?

Mettez les phrases dans le bon ordre et racontez leur samedi après-midi:

Exemple:
Samedi, Charlotte et Marine **ont fait** du shopping.
Elles … *Continuez.*

rencontrer	*du shopping.*
entrer dans	*Miss Eighty.*
acheter	*Léa Mercier.*
promettre	*le magasin.*
faire	*les chaussures rouges.*
aller chez	*Dadidas.*
essayer les	*de mettre les Dadidas lundi.*

2 Qui est-ce? *(G 10)*

Décrivez un ou une élève de votre classe sans dire son nom (ohne den Namen zu verraten).

Exemple: Son jean est bleu, ses chaussures sont noires …

? Qui est-ce ?

3 Ecoutez: Des vêtements et des couleurs *(G 9)*

a

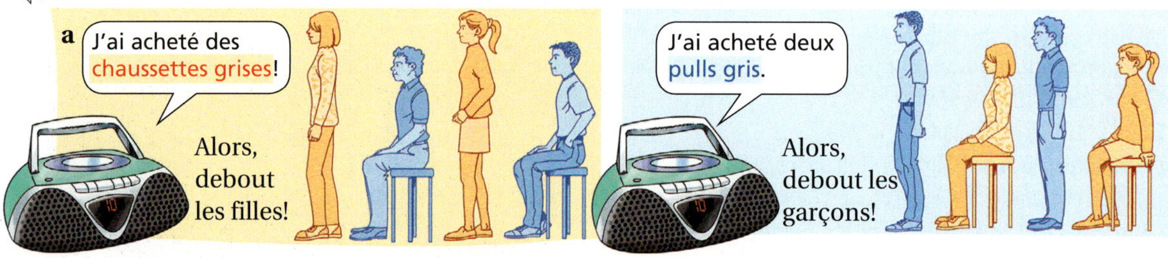

b Ils ont fait des affaires: Mais qui a acheté quoi?

△ **c** Qui n'a rien acheté?

1. Léa	a. une minijupe bleue
2. Julien	b. un anorak noir et jaune
3. Anabelle	c. des chaussures noires
4. Chloé	d. un pantalon rouge
5. Hugo	e. un pantalon blanc

4 Dans mon sac à dos, je mets … *(G 9)*

VOC *Tobias:* Dans mon sac à dos, je mets un pantalon vert.
Lara: Dans mon sac à dos, je mets un pantalon vert et une jupe blanche. *Continuez.*

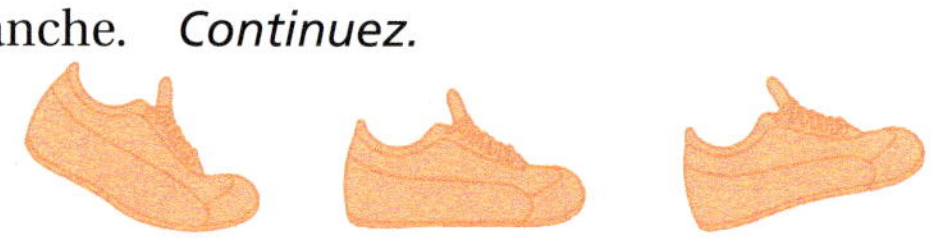

5 Charlotte raconte … *(G 9)*

Complétez.

Salut Lara,
Comment ça va à Toulon? Moi, ça va super bien. Aujourd'hui, j'ai fait du shopping avec ma copine Marine. A Paris, on peut faire des affaires ?: c'est la semaine des soldes! Il y a des vêtements ? à des prix ?. Marine a trouvé un anorak pas très ?. Et moi, j'ai acheté des chaussures ? chez Miss Eighty. En ville, on a rencontré une fille de la 3[e]E. C'est une fille ? et elle n'est vraiment pas ?. Je suis encore très ?!
Bon, je te laisse! A bientôt! Charlotte :-)

intéressant
sympa/fantastique
cher
génial
idiot/marrant/énervé

6 Tu vas voir! *(G 11)*

a *Regardez le verbe* ***voir*** *page 100 et complétez.*

Je voi ?, tu voi ?, il voi ?:
Tiens, tiens, voilà Benoît!
Et nous vo ? ons Manon …
et Nicolas Dupont! — **Ah bon!**
Et vous vo ? ez Simon …
Simon avec Léa? — **Où ça?**
Zut! Ils ne nous voi ? pas! — **Oh là là!**

b *Complétez.*

1. Charlotte et Marine ? Léa en ville.
2. *Léa (pense):* Zut! Charlotte ne me ? pas!
3. *Marine:* Tu ? les chaussures rouges?
4. *Charlotte:* Mais qu'est-ce que je ? là?
5. *Charlotte (à la vendeuse):*
   Vous ? les chaussures là?
   Elles font combien?

Les nouvelles chaussures

1 Hier, Charlotte et Marine ont fait des affaires intéressantes. Cet après-midi, Charlotte est dans sa chambre. Elle a mis ses nouvelles chaussures. Mais avec sa minijupe verte, ça ne va pas. Alors, elle essaye un jean noir avec un grand T-shirt! Nul! Ce n'est vraiment pas facile avec les chaussures rouges … Charlotte est encore devant sa glace.

2 *Charlotte:* Qu'est-ce que je vais mettre demain? Ce petit pull noir avec cette jupe? Bof!
Julie entre dans la chambre de Charlotte.
Julie: Charlotte, tu peux … Oh! Mais elles te vont très bien, ces chaussures de clown, grande sœur!
Charlotte (très énervée): Arrête, petite peste!
Julie referme vite la porte.
Charlotte: Oh là là, oui, elle a raison, c'est vraiment trop moche!
M. Garnier: Charlotte, on mange!
Julie: Papa, regarde, Charlotte a mis ses belles chaussures de clown …
M. Garnier: Ah! C'est … c'est nouveau?

1 A propos du texte

Combinez les éléments. (Verbindet die beiden Satzteile.)

1. Charlotte essaye des vêtements, mais avec les chaussures rouges, ce n'est pas très …	A	… ne va pas!
2. Les Dadidas avec la minijupe verte, ça …	B	… facile.
3. Et avec un jean noir et un grand T-shirt? C'est …	C	… c'est vraiment trop moche!
4. Julie entre dans la chambre de Charlotte. Ces chaussures …	D	… nouveau?
5. Charlotte regarde encore dans la glace. Julie a raison, …	E	… te vont super bien!
6. M. Garnier regarde les chaussures de sa fille. C'est …	F	… nul!

2 Tu as vu ce T-shirt?! *(G 12)*

a *Cherchez dans le texte les expressions avec **ce, cet, cette** ou **ces** et formulez la règle.*

le pull → ? l'après-midi → ? les pulls → ?	la jupe → ? les chaussures → ?

b *Charlotte et Marine font du shopping. Complétez avec **ce, cet, cette, ces**.*

1. *Marine:* Regarde, Charlotte. Comment tu trouves ? robe?
2. *Charlotte:* Bof! Je déteste ? couleur.
3. *Marine:* Et ? chaussures?
4. *Charlotte:* Elles sont moches. Regarde ? pantalon! Il te plaît?
5. *Marine:* Ouais, pas mal. Et avec ? anorak, ça te va très bien. Et ? casquette, elle me va comment?
6. *Charlotte:* Super, mais elle est chère. Tu as vu ? garçon avec le pull rouge?
7. *Marine:* Mais c'est Simon! Qu'est-ce qu'il fait là? Et qui est ? fille à côté de Simon?

3 Qu'est-ce que Marine va faire aujourd'hui? *(G 12)*

a *Complétez avec ce, cet, cette.*

1. **?** matin, Marine va faire des courses au supermarché avec son père. 2. **?** midi, elle va manger à la maison avec sa sœur. 3. **?** après-midi, elle va faire du shopping avec Charlotte.
4. **?** soir, elle a rendez-vous avec Simon!

△ **b A vous**

Et toi, qu'est-ce que tu **vas faire cet** après-midi? / **ce** soir / **ce** week-end? / **cette** semaine?

Samedi 15 octobre	
10 h – 11 h	*courses avec papa*
11 h – 12 h	
12 h – 13 h	*manger à la maison*
14 h – 15 h	*faire du shopping avec Charlotte*
16 h – 17 h	
20 h – 21 h	*aller chez Simon*
21 h – 22 h	

4 Elles n'ont rien dans leur petite tête, ces filles! *(G 13)*

Complétez avec grand 🟢 *ou petit* 🟠*. Puis, écoutez le CD et vérifiez vos réponses.*

Léa	Camille
1. Allô Camille! C'est Léa.	A. Ah! Salut, Léa! Alors, qu'est-ce que tu as fait aujourd'hui?
2. J'ai fait des 🟠 courses avec … Simon!	B. Avec Simon Brunet, le 🟠 copain de Marine?
3. C'est moi maintenant, sa 🟠 amie.	C. Ce n'est pas vrai! C'est nouveau?
4. Oui. J'ai eu le coup de foudre! Mais cet après-midi, j'ai eu un 🟠 problème …	D. … avec Simon?
5. Non! J'ai rencontré Marine avec sa « 🟢 copine» Charlotte en ville. Je déteste ces filles! Elles n'ont rien dans leur 🟠 tête!	E. Ce sont vraiment des 🟠 pestes!
6. Oui, tu as raison. Et toi, comment ça va?	F. Oh moi, j'ai eu une dispute avec mon 🟢 frère. Il veut faire une 🟢 fête pour son anniversaire. Mais il n'a pas invité mes copines!
7. Bizarre … moi, j'ai eu une carte d'invitation. J'ai déjà acheté deux 🟠 cadeaux. Ton frère a aussi invité mes deux 🟢 sœurs …	G. … et ses 🟢 copains Max et Maurice! Ils sont vraiment très sympas …

5 C'est un beau collège! *(G 14)*

a *Regardez bien les formes de **beau** et **nouveau**. Puis, trouvez les bonnes combinaisons (die richtigen Kombinationen). Ecrivez-les dans votre cahier.*

b *Formulez la règle.*

un	beau	chambre	un	nouveau	collège
une	belle	appartement	une	nouvel	copains
des	bel	photos	des	nouvelle	chaussures
	beaux	chien		nouveaux	copine
	belles	cadeaux		nouvelles	ordinateur
		collège …			…

△ **A vous** *Jouez à deux.*

Lara: Une interro!
Jan: Une … euh … **belle** interro!
Lara: Bravo! A toi! *Continuez.*

Charlotte, tu m'as promis!

1 Lundi matin, Pierre, Farid et Marine sont au collège et discutent … Charlotte arrive.

Farid: Salut, Charlotte! Et ben, ça ne va pas, ce matin?

Charlotte: Si, si, ça va!

Pierre: Charlotte, tu veux rigoler un peu? Regarde les chaussures de Marine!

Charlotte: Et alors! Elles sont très belles! Vous les garçons, vous êtes vraiment idiots!

Marine: Quoi? Tu portes des chaussures noires! Pourquoi est-ce que tu n'as pas mis tes Dadidas? Samedi, tu m'as promis, Charlotte!

Charlotte: Oui, je sais, mais …

2 Tout à coup, Léa Mercier arrive. Pierre et Farid tournent la tête … et les filles aussi.

Farid: Waouh! Regardez! C'est Léa Mercier, la grande copine de Charlotte! Elle a un look d'enfer! Et vous avez vu ses chaussures!

Charlotte: Ce n'est pas vrai! Elle a acheté les mêmes chaussures!

Farid: Vous savez quoi? Simon n'est plus avec Marine! C'est Léa, la nouvelle copine de Simon!

Pierre: Chut! Farid!!!

Marine (très très énervée): Ah! Et puis, j'en ai marre! Et toi Charlotte, je ne veux plus te voir!

Charlotte: Marine! Marine! Mais tu vas où? Je vais t'expliquer!

1 A propos du texte

a *Vrai ou faux? Si c'est faux, corrigez.*

1. Lundi matin, Pierre est à la maison.
2. Farid arrive.
3. Marine a une petite dispute avec Charlotte.
4. Charlotte a mis ses chaussures rouges.
5. Farid trouve Léa moche.
6. Léa a aussi acheté les Dadidas rouges.
7. Simon est le petit copain de Marine.
8. Marine est très énervée.
9. Marine en a marre. Elle ne veut plus voir Charlotte.

△ **b** *Répondez aux questions et trouvez une preuve (Beweis) dans le texte: c'est ligne (Zeile) …*

1. Est-ce que Charlotte a mis ses Dadidas rouges? Pourquoi?
2. Qui a un look d'enfer? Qui pense ça?
3. Pourquoi est-ce que Marine est très énervée? Trouvez trois raisons (Gründe).
4. Est-ce que Charlotte veut rester la copine de Marine?

2 Ça ne va plus! *(G 16)*

*Faites des phrases avec **ne … plus**.*

1. Charlotte porte ses nouvelles Dadidas.
2. Les chaussures rouges sont à la mode!
3. Charlotte va en ville avec Marine.
4. Marine et Charlotte sont amies.
5. Marine veut voir Charlotte.
6. Elle rigole avec les copains.
7. Simon est le petit copain de Marine.
8. Un peu plus tard, Marine est encore énervée.

3 on dit On fait du shopping.

	Le vendeur/la vendeuse	**Le client/la cliente**
Kontakt aufnehmen	Bonjour, monsieur/mademoiselle. Vous désirez?	Je voudrais …/Je cherche …/ Je ne sais pas encore, je regarde …
Informationen holen	Quelle est votre taille? Quelle est votre pointure? Vous voulez essayer?	Vous avez ce pull/ ces chaussures en 36? Où sont les cabines, s.v.p.?
Eine Sache bewerten	C'est très beau! Cette couleur vous va bien. C'est la mode en ce moment! C'est exactement votre taille!	Cette couleur est géniale/super/ moche. J'adore …/Je déteste cette couleur! Ça ne me va pas!/ C'est beaucoup trop petit/grand!
Nach dem Preis fragen	C'est les soldes en ce moment. Ce n'est vraiment pas cher!	Elles coûtent combien, ces chaussures? Ce n'est pas cher/ c'est trop cher!
Sich für den Kauf (nicht) entscheiden	Vous prenez le pantalon et la jupe?	Je prends le pantalon. Où est la caisse? Non merci, je ne prends rien!

A vous *Vous faites du shopping en ville. Vous avez vu un beau vêtement dans la vitrine. Vous entrez dans le magasin. Ecrivez un dialogue et jouez la scène.*

4 stratégie Aus Fehlern lernen (Teil 2)

In Lektion 2 habt ihr schon gelernt, wie ihr typische Fehler vermeidet. Bei den Adjektiven ist es genauso wie beim *participe passé* mit *être*. Achtet besonders auf Folgendes:

1. Habt ihr daran gedacht, dass sich **Adjektive** immer nach dem **Geschlecht** des **Nomens** richten?

un pull vert	Le pull est vert.
une jupe verte	La jupe est verte.
des pantalons bleus	Les pantalons sont bleus.
des robes noires	Les robes sont noires.

2. Vergesst nicht, dass die meisten Adjektive im Französischen **nachgestellt** (= nach dem Nomen) werden. Einige wenige Adjektive werden **vorangestellt**.

Hier, on a vu un film **fantastique**.
Chez Miss Eighty, il y a des prix **intéressants**.
Simon a acheté un **beau** jean.
Charlotte n'a pas mis ses **nouvelles** chaussures.

3. Denkt daran: Die Adjektive «cool» und «super» sind **unveränderlich**.

Waouh, tes nouvelles chaussures sont vraiment **cool!**

A vous Diktiere deinem Nachbarn / deiner Nachbarin die Zeilen 7–12 aus dem Text C. Korrigiert die Sätze gemeinsam und ordnet Fehler den Fehlerquellen zu. Tauscht dann die Rollen.

⟨La mode et les couleurs⟩

TEST

Vous voulez vous tester? *Notez les réponses (= a, b, c) dans vos cahiers. Regardez vos résultats page 193.*

Est-ce que tu fais attention à ton look?

1. C'est les soldes!
a) Génial! Tu adores faire du shopping!
b) Tu achètes un jean pas cher. Et c'est tout.
c) Les soldes, non merci!

2. Ce soir, c'est la fête du collège.
a) Cette année, tu vas être la star! Tu prépares ton look depuis des semaines!
b) Tu mets des vêtements sympas, mais tu ne passes pas trois heures devant la glace.
c) Super, tu vas à la fête en jean. Ça ne te dérange pas.

3. Ton petit frère Jules a fait un trou dans ton nouveau pull!
a) Pour toi, c'est la cata! Tu vois rouge.
b) C'est dommage, mais Jules est si gentil.
c) Et alors? Le pull est super avec des trous!

4. Ta mère veut t'acheter des nouvelles chaussures.
a) Tu veux les nouvelles *Fila* ou rien!
b) C'est une super idée, mais tu ne veux pas acheter des marques chères.
c) Tu penses que ta mère a toujours des idées bizarres.

5. Tu as rendez-vous dans 20 minutes avec ton copain / ta copine. Qu'est-ce que tu fais?
a) Tu passes 19 minutes devant la glace pour trouver ton look.
b) Tu mets ton jean et ton T-shirt préférés et tu vas vite acheter un petit cadeau.
c) Tu gardes les mêmes vêtements. Il/elle m'aime comme je suis.

Projet: Ecrire des poèmes

Ihr habt schon so viel Französisch gelernt, dass ihr Gedichte schreiben könnt. Und so geht das.

1. Wählt zuerst ein **Thema** aus, z. B. les copains, la musique …
2. Sucht französische **Wörter**, die euch zu eurem Thema einfallen. Weitere Wörter findet ihr im Vokabelanhang. Erstellt ein **Vokabelnetz**.
3. Wählt eine **Gedichtform**:
   - Kalligramm
   - Buchstabengedicht
   - Rautengedicht
   - Fragegedicht

Kalligramm

Le grand amour, c'est pour toujours Le grand amour, c'est pour toujours

Buchstabengedicht

Adorer
inviter
manger
expliquer
regarder

Rautengedicht

les vacances
les grandes vacances
les grandes vacances commencent
les grandes vacances commencent demain
les grandes vacances passent trop vite …

Fragegedicht
Pourquoi

Pourquoi est-ce que tu ne me regardes pas? Moi, je te regarde.
Pourquoi est-ce que tu ne veux pas être mon ami? Je ne sais pas.
Pourquoi est-ce que … *Continuez.*

Schreibt die Gedichte ins Reine, tragt eure Gedichte vor und hängt sie in eurer Klasse auf. Ihr könnt eine kleine Ausstellung oder einen kleinen literarischen Abend organisieren.

LEÇON 4

d'abord Un petit-déjeuner dans la famille Marot

Les Marot habitent à Grenoble. C'est mardi matin, ils prennent leur petit-déjeuner.

a *Lisez le dialogue. Regardez les phrases suivantes. Comparez, puis traduisez en allemand.*

> Lucie veut encore **du** pain avec **de la** confiture. Clément mange **un** yaourt et prend **une** pomme pour la récré.

Qu'est-ce que vous remarquez (bemerken)? Trouvez la règle.

b **A vous** Lucie prend du pain et de la confiture au petit-déjeuner. Et toi, qu'est-ce que tu prends?

Au petit-déjeuner, je prends

du de la de l' / de l' des / des	pain, confiture, lait, céréales, chocolat, eau, jus d'orange, café, fromage, jambon, thé
un une des / des	banane, yaourt, oranges, pomme

Il n'y a rien dans le frigo!

1 Clément rentre déjà de l'école vers quatre heures. Son prof de maths est malade. Super, pas d'interro de maths! Alors, il passe la fin de l'après-midi à la maison. Il doit ranger sa chambre et faire ses devoirs. Il a du travail, mais il préfère écouter de la musique.
Le téléphone sonne …
– Ah! C'est toi, Jean-Pierre … Faire du foot? Non, je ne peux pas. Je dois encore faire mes devoirs. Alors, salut! A demain!
Clément retourne dans sa chambre, surfe sur Internet et met la radio fort, très fort. On sonne. C'est madame Cassepieds, la voisine.
– Oui, je vais mettre ma musique moins fort. Tout de suite, madame. Au revoir, madame!

2 Vers cinq heures et demie, Clément a une petite faim. Il va dans la cuisine …
– Ah, non! Il n'y a plus de yaourts et il ne reste plus de confiture. Il n'y a pas de chocolat! Je n'ai vraiment pas de chance … Zut! Les courses, on a oublié les courses! Où est la liste? Ah oui! Là, sur le frigo. Bon, qu'est-ce que nous devons acheter? … De la soupe de légumes, beurk! Ah non, je ne veux pas de soupe.
Clément barre la soupe de la liste.
– Du jambon et de la purée. Ce n'est pas vrai! On a déjà mangé de la purée ce midi à la cantine.
Clément ajoute «hamburgers».
Mais qu'est-ce qu'elle fait, Lucie? Elle a pris l'argent pour les courses et elle n'est pas encore là. C'est toujours comme ça avec elle!

1 A propos du texte *(G 4, 5)*

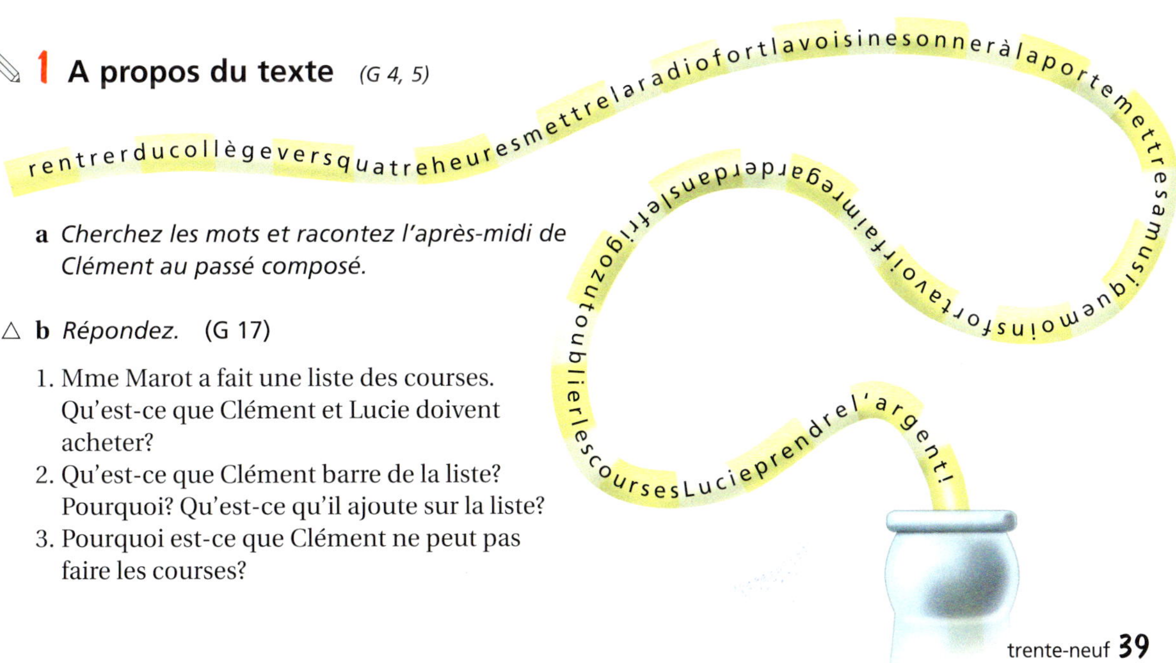

a *Cherchez les mots et racontez l'après-midi de Clément au passé composé.*

△ **b** *Répondez.* (G 17)

1. Mme Marot a fait une liste des courses. Qu'est-ce que Clément et Lucie doivent acheter?
2. Qu'est-ce que Clément barre de la liste? Pourquoi? Qu'est-ce qu'il ajoute sur la liste?
3. Pourquoi est-ce que Clément ne peut pas faire les courses?

2 Clément n'a vraiment pas de chance. *(G 17, 18)*

Exemple: – Est-ce que Clément a **de la** chance? – Non, il **n'a pas de** chance.

1. Est-ce que Clément a une interro de maths demain? – Non, …
2. Est-ce que Clément a du travail? – Non, …
3. Est-ce que Mme Cassepieds écoute du rap? – Non, …
4. Est-ce que Clément et Lucie mangent de la soupe de légumes ce soir? – Non, …
5. Est-ce que Lucie a des devoirs? – Non, …
6. Est-ce que Clément a de l'argent pour faire les courses? – Non, …

3 Il y a du lait, mais pas de coca. *(G 17, 18)*

Tu as **une** pomme?
Non, je **n'**ai **pas de** pommes.
Tu as **de la** confiture?
Non, je **n'**ai **pas de** confiture.

Mme Cassepieds a déjà fait les courses pour le week-end. Qu'est-ce qu'il y a dans son frigo?

Regardez le frigo de Mme Cassepieds et le frigo de Mme Marot et comparez.

Elève A:
Dans le frigo de Mme Cassepieds, il y a **du** lait. Est-ce qu'il y a **du** lait dans le frigo de Mme Marot?

Elève B:
Non, il **n'**y a **pas de** lait dans le frigo de Mme Marot, mais il y a **du** coca.
Est-ce qu'il y a **du** coca dans le frigo de Mme Cassepieds? *Continuez.*

4 Ils doivent faire leurs devoirs! *(G 19)*

*Complétez les phrases avec les formes de **devoir**.*

1. *Marie:* Lucie, on va au cinéma demain?
2. *Lucie:* Non, je ? aller en ville avec mon frère! Demain, c'est l'anniversaire de ma mère et nous ? encore acheter un cadeau. Mais Karine et Isa ont du temps, non?
3. *Marie:* Non! Elles ? aller à l'hôpital. Leur frère a eu un accident!
4. *Pascal:* Moi, j'ai du temps, mais Mathieu ? faire ses exercices de maths!
5. *Mathieu:* Quoi? Mais toi aussi, tu ? faire les exercices de maths!
6. *Marie:* Bon, j'ai compris, Pascal. Mathieu et toi, vous ? faire vos maths. Alors moi, je vais en ville avec Lucie et son frère!

La dispute

1 Chez les Marot, vers six heures et demie. Lucie rentre enfin du collège …

Clément: Ah enfin! Tu dois aller faire les courses!

Lucie: Quoi? Tu n'es pas encore allé au supermarché?

Clément: Ah! Tu es marrante. Toi, tu as l'argent et moi, je dois faire les courses!

Lucie: Zut, c'est vrai. Voilà l'argent. Moi, je suis trop fatiguée. Je ne sors plus!

Clément: Tu rigoles! Les courses, c'est ton problème. Moi, j'ai du travail!

Clément est en colère, il retourne dans sa chambre …

2 Un peu plus tard …
Dans le salon, Lucie regarde la télé.

Clément entre …

Clément: Lucie, Lucie! Tu dors?

Lucie: Mais non, je ne dors pas! Qu'est-ce que tu veux encore?

Clément: Lucie, il faut aller faire les courses. Le petit supermarché va fermer dans dix minutes …

Lucie: Et pourquoi tu ne vas pas faire les courses, toi?

Clément: Ça alors. D'abord, moi, j'ai déjà fait mes devoirs et je dois encore ranger ma chambre. Dans ta chambre, c'est aussi le bordel.

Lucie: Et alors, c'est ma chambre! Quoi? Tu es encore allé dans ma chambre! Qu'est-ce que tu as pris cette fois?

Clément: Tu m'accuses toujours! Je n'ai rien pris.

Lucie: Mon œil! Tu mens!

Clément: Moi, mentir? Tu es vraiment nulle!

Lucie: Alors, qui a pris mon CD de 113? Mme Cassepieds peut être?

Clément en a marre. Il part et là, il voit le répondeur.

Clément: Tiens, il y a un message! Qui a bien pu téléphoner?

3 Bonjour les enfants! Grand-père et grand-mère ne partent plus au ski à Méribel. Mamie est à l'hôpital. Elle est tombée dans les escaliers, mais ce n'est pas très grave. Papi va manger avec nous ce soir. Alors, il faut encore du jambon. Ah, il arrive vers sept heures. A ce soir!

Lucie: Bravo, Clément! Les magasins sont fermés maintenant! Et pour les courses, c'est trop tard.

Clément: C'est à cause de toi, tu n'as pas voulu faire les courses … Ah! On sonne à la porte.

1 A propos du texte

1. Qu'est-ce que Lucie et Clément doivent faire après l'école?
2. Pourquoi est-ce que Lucie ne veut pas faire les courses?
3. Que fait alors Clément? Et Lucie?
4. Pourquoi est-ce que Clément ne veut pas aller faire les courses?
5. Qui a laissé un message sur le répondeur?
6. Pourquoi est-ce que les grands-parents ne partent pas à Méribel?
7. Lucie et Clément écoutent le répondeur. Ils ont maintenant un problème. *Expliquez.*
8. Qui sonne à la porte?

2 Monsieur Portadonnez *(G 20)*

Travaillez à deux.
Regardez bien le nom du voisin des Marot.

*Retrouvez le maximum de **formes conjuguées** des verbes **dormir, sortir, partir** et **mentir** avec les lettres M-o-n-s-i-e-u-r P-o-r-t-a-d-o-n-n-e z.*
Vous avez 5 minutes.
Exemple: Monsieur Portadonnez ⟶ (ils) dorment

MonSieur PortadonneZ

3 Lucie sort avec ses copines! *(G 20)*

1 Les Marot sont à la maison.
Mme Marot: Vous (sortir) à quelle heure?
Lucie: Moi, je (sortir) à cinq heures.
Clément: Et ce soir, elle (sortir) avec son nouveau copain!
Lucie: Tu (mentir), Clément!
Lucie est en colère et (partir) dans sa chambre.

2 Les Cassepieds (partir) en vacances.
La voisine: Nous (partir) au ski ce week-end. Vous pouvez prendre notre chien et notre chat?
Mme Marot: Pas de problème. Ils (dormir) beaucoup. Et vous (partir) combien de temps?
La voisine: Trois semaines!

4 Qu'est-ce qu'il faut faire en classe? *(G 21)*

Qu'est-ce qu'**il faut** faire en classe?
Qu'est-ce qu'**il ne faut pas** faire?

*Cherchez **4** expressions avec il faut ... et **4** avec il ne faut pas. Faites une affiche avec **8** règles.*
En classe, il faut écouter le professeur, mais il ne faut pas ... *Continuez.*

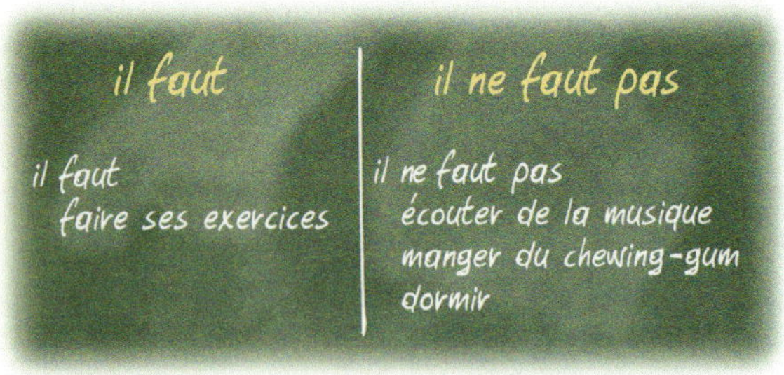

5 stratégie Erste Hilfe für ein Telefongespräch

1. So fangt ihr ein Telefongespräch an.	Allô? / Bonjour ... / Salut ... C'est moi, ...! / C'est ... Je suis le copain / la copine de ...
2. Ihr gebt den Grund eures Anrufs an.	Est-ce que ... est là? / Je te (vous) téléphone parce que ... Je voudrais t'inviter à ... / faire du ... avec toi. Je ne peux pas aller au / à la ... / Tu peux m'apporter ... ?
3. So beendet ihr ein Telefongespräch.	Au revoir. / Salut. A bientôt. / A demain. / A plus!

a *Ecoutez les quatre messages:* Qui téléphone? Pourquoi? *Prenez des notes.*

b Tu téléphones à ton ami(e). Il / elle n'est pas là. Tu laisses un message sur son répondeur.
Imagine d'abord pourquoi tu téléphones et prépare le message dans ton cahier.

Cyberpapi

1 Chez les Marot, vers sept heures …

2

3 Dans le salon …

4 Plus tard, dans la cuisine …

5 Vers huit heures, Clément et son grand-père regardent les infos à la télé. Lucie est sur son lit et écoute de la musique. Enfin, madame Marot rentre du travail.

6 Un peu plus tard, la famille Marot est à table.

1 A propos du texte

a *Complétez les phrases et racontez l'histoire au présent.*

1. Vers sept heures, on sonne. C'est …
2. Clément et Lucie expliquent …
3. Les enfants et leur grand-père cherchent sur …
4. Puis, ils mettent … On sonne. C'est …
5. Clément et son grand-père … et Lucie …
6. Enfin, madame Marot … et ils …

△ **b** *Est-ce que vous avez tout compris?*

Photo 2: *Expliquez le problème des enfants.*
Photo 3: *Expliquez le titre «Cyberpapi».*
Photo 6: «Lucie a promis de faire la vaisselle.» Est-ce que c'est vrai? *Expliquez.*

2 on dit A table!

So bietet ihr eure Hilfe an.	So nehmt ihr etwas an.	So bittet ihr um etwas.	So lobt ihr das Essen.
Est-ce que je peux vous aider? t'aider? Je peux mettre la table? Où sont les assiettes / verres / couteaux / fourchettes / cuillères? On peut faire la cuisine / la vaisselle ensemble?	Oui, merci. / Je veux bien, merci. **So lehnt ihr etwas ab.** Non, merci. Je n'ai plus faim. / J'ai trop mangé. Je ne mange pas de …. / je n'aime pas ça.	Est-ce que je peux avoir encore de la pizza / quiche / … ? Tu me passes / donnes le sel, s'il te plaît? Vous pouvez me donner le sucre, s'il vous plaît?	Ça sent bon. Mmm, c'est bon. Le poulet, j'adore ça. La pizza / la salade est vraiment bonne.

A vous Vous êtes chez votre correspondant(e) en France. *Imaginez une scène à table et jouez.*

3 Le journal intime de Lucie *(G 20, 22)*

Complétez avec les verbes au passé composé. Puis regardez la page 123 et vérifiez.

Hier, je ? du collège à cinq heures. J' ? avec mes copines et je ? à la maison vers six heures. J' ? un petit problème avec mon frère Clément. Il ? du collège à quatre heures, mais il n' ? pas ? faire les courses au supermarché … Il ? la liste sur le frigo, mais pas d'argent … J' ? l'argent des courses à Clément. Puis, j' ? un peu ? devant la télé. Pendant ce temps, Clément ? ses devoirs. Un peu plus tard, j' ? une dispute avec mon frère. Il n' ? pas ? faire les courses. Et en plus, il ? . Il ? dans ma chambre et il ? mon CD de 113. Puis, il ? dans sa chambre. Et là, on ? un message de maman sur le répondeur. Papi ? vers sept heures. Clément et moi, nous ? notre problème. Et papi ? une idée géniale …

sortir / discuter / rentrer
avoir
sortir / pouvoir
trouver
donner / dormir
faire / avoir
vouloir / mentir
aller / prendre / partir
trouver / arriver
expliquer / avoir

4 Jeu de rôles: Comme chien et chat

Tu es à la maison avec ton frère / ta sœur. Tes parents ne sont pas là. Tu as une dispute avec ton frère / ta sœur.

Imaginez un dialogue.

Pourquoi est-ce qu'il y a eu une dispute? Cherchez des idées: aller dans la chambre de … / prendre la BD de … / mettre la musique trop fort / avoir du travail / téléphoner pendant des heures …

⟨Ma famille⟩

Ecoutez: La famille, c'est l'enfer ou le paradis?

NRJ, la radio des jeunes, a interrogé Claire, Théo, Dominique et Juliette sur la vie en famille.

a *Préparez la grille. Puis, écoutez une première fois.*
b *Ecoutez encore l'interview, puis complétez la grille.*
c *Avec qui est-ce qu'il y a des disputes? Pourquoi?*

prénom	âge	ville	nombre de frères et sœurs	disputes
Claire				
Théo				
Dominique				
Juliette				

Recette: Le gâteau de Savoie

Lucie et Clément vous donnent une recette typique de la région de Grenoble: le gâteau de Savoie! C'est leur recette préférée. Essayez, vous allez voir, c'est facile!

Gâteau de Savoie

Il faut:
– 6 œufs
– 250 g de sucre en poudre
– 200 g de farine
– un peu de jus de citron
– 1 sachet de sucre vanillé
– du beurre

Préparation: 20 minutes
Cuisson: 45 minutes

- Séparez les jaunes d'œufs des blancs.
- Mélangez les jaunes d'œufs avec le sucre.
- Ajoutez la farine, un peu de jus de citron et un sachet de sucre vanillé.
- Dans un autre saladier, battez les blancs en neige.
- Ajoutez les blancs en neige au mélange jaunes d'œufs et sucre. Puis, tournez délicatement.
- Beurrez un moule et versez ce mélange dans le moule. Faites cuire à four préchauffé (150 °C) pendant 45 minutes.

Projet: Faire un roman-photo.

Fotoromane sind Collagen aus Fotos und Sprechblasen. Erstellt nun selbst einen solchen Fotoroman.

- *Überlegt euch zunächst ein Thema (Streit in der Familie, Einkaufen, Sport, Freundschaft usw).*
- *Legt die Personen und die Handlung fest.*
- *Schreibt dann auf Französisch einen kurzen Dialog.*
- *Stellt die Szenen dar und fotografiert sie.*
- *Klebt die Fotos auf und schreibt die Dialoge in Sprechblasen.*

Notre planète à nous, c'est la musique!

1 La chanson française

Yann Le Gall: Moi, j'aime bien la chanson française. Ma mère écoute souvent les chansons de Jacques Brel, Patricia Kaas et France Gall. Moi, je préfère la nouvelle chanson française. J'aime beaucoup Garou. Et Zazie, elle est géniale aussi.

Zazie

Le vrai nom de Zazie, c'est Isabelle. Elle est née en 1964. Son père est architecte et sa mère est professeur de musique. Très jeune, elle apprend le violon, le piano et la guitare. Zazie est très grande (1,80 m) et belle. Elle a travaillé comme mannequin. Et maintenant, elle fait de la chanson.

Garou

Garou vient du Québec (Canada). Il chante, bien sûr, en français: «Le bonheur, pour moi, c'est de rencontrer mes fans.»

2 Le rap

Clément Marot: Moi, je suis fan de rap. Un jour, ma grande sœur m'a donné un CD de 113. Ça m'a plu tout de suite. J'adore leurs videoclips et leur humour. J'aime bien aussi Diam's. C'est une rappeuse de la nouvelle génération. Ma sœur préfère IAM et MC Solaar. Les rappeurs parlent des problèmes des jeunes dans les grandes villes.

MC Solaar

MC Solaar est un des pionniers du rap en France.

Diam's ...

DATE: lundi 17 mai — Mon JOURNAL intime

Salut aux fans de rap! Bienvenue sur ma page Internet. Je rentre de tournée, et je vous prépare déjà un nouvel album qui va sortir à la fin de l'année. Et si vous voulez me voir; rendez-vous le 15 juillet aux Francofolies de La Rochelle! A bientôt, Diam's.

le violon die Geige – **le Québec** französischsprachige Provinz Kanadas – **le bonheur** das Glück – **bienvenue** willkommen – **les Francofolies de La Rochelle** Festival der französischsprachigen Musik in La Rochelle – **M** (**= aime**) Wortspiel: M wird genauso ausgesprochen wie «aime[r]», die „Botschaft" des Sängers M – **le magicien** der Zauberer – **je dis** ich sage – **«et je le sème»** „und ich verbreite es" – **un mélange** eine Mischung – **né,e** geboren

3 Le pop-rock

Fanny: Moi, je suis fan des L 5. Elles chantent et dansent super bien. J'ai mis des affiches des L 5 dans ma chambre. Mon copain Théo préfère Kyo et M. J'M bien aussi!

KYO

Une interview avec Ben, chanteur de KYO:

Reporter: Dans le groupe KYO, vous êtes quatre jeunes. Qu'est-ce qui a changé pour toi après le succès de votre single?
Ben: Rien. Enfin, si: mon emploi du temps!
Reporter: Ton plus grand moment?
Ben: Quand j'ai entendu KYO à la radio.
Reporter: Qu'est-ce que tu vas faire plus tard?
Ben: Des tournées …

Mathieu Chedid

M comme
Mathieu Chedid
Musicien
Magicien
– et M comme aiMer.

Voilà le refrain de sa chanson «M»:
«Je dis Aime
Et je le sème
sur ma planète.
Je dis M.»

4 Le raï

Farid: Le rap, ce n'est pas mal. Mais je préfère le raï. C'est un mélange de musique arabe avec des textes français. Mon chanteur préféré, c'est Faudel, le petit prince du raï. Faudel, c'est «Bienvenue» en arabe.

Faudel

Je suis né en France en 1978. Mes parents sont d'Algérie. Je chante en français et en arabe.

Ecoutez les chansons et faites votre hit-parade en classe!

In der Révisions 2 könnt ihr alleine oder mit einem Partner wiederholen, was ihr in den Lektionen 3 bis 4 gelernt habt. Kontrolliert eure Lösungen auf der Seite 191.

1 En français

Tu es à Grenoble chez ta correspondante Nadia. *Ecrivez le dialogue, puis, jouez la scène.*

Toi	Nadia
1. Du sagst Nadia, dass du dir neue Schuhe kaufen möchtest. Du fragst sie, ob sie mit dir einkaufen gehen will.	1. Nadia hat heute Nachmittag Zeit. Sie schlägt vor, zum Schuhgeschäft „C'est le pied" zu gehen. Dort haben sie coole Schuhe.
2. [Im Geschäft] Du zeigst Nadia blaue Schuhe. Dieses Blau ist gerade Mode.	2. Nadia findet die blauen Schuhe fantastisch.
3. Du möchtest die Schuhe anprobieren, du fragst den Verkäufer, ob er die Schuhe in 37 hat.	3. Nadia findet, dass sie dir gut stehen. Sie fragt, was sie kosten.
4. Es ist genau deine Größe! Aber die Schuhe kosten 120 €. Du wirst diese Schuhe nicht kaufen.	4. Nadia sagt, dass du Recht hast. Sie findet 120 € auch zu teuer. Sie fragt dich, ob du schon die grauen Schuhe gesehen hast. Die sind wirklich nicht teuer: 45 €!
5. Du weißt nicht … Du magst die graue Farbe überhaupt nicht. Du bedankst dich bei dem Verkäufer und sagst, dass du nichts kaufst.	5. Nadia schlägt vor, morgen nach der Schule zu „Choose" zu gehen. Das ist ein neues Geschäft in der Grande Rue. Aber jetzt hat sie Hunger und will nach Hause.
6. [Zu Hause.] Du fragst, ob du helfen kannst.	6. Nadia findet das nett und bedankt sich. Du kannst den Tisch decken.
7. Du fragst, wo die Messer und Gabeln sind.	7. Messer und Gabeln sind in der Küche und die Teller sind im Wohnzimmer.
8. Du stellst fest, dass es wirklich gut riecht.	8. Nadia sagt, dass ihr Vater immer leckere [gute] Pizzas macht!

VOC 2 Sel et sucre

Trouvez 16 paires de mots. Ecrivez-les dans vos cahiers.

devant	après	le chat	la fille	petit	partir	hier	faim
blanc	grand	arriver	soif	le client	derrière	la réponse	noir
la tête	la question	moche	le pied	avant	le chien	demain	le couteau
le vendeur	la télé	avec	la fourchette	sans	beau	le fils	la radio

VOC 3 Lucie et Clément partent en week-end. (G 9)

Ils passent le week-end avec leurs grands-parents à Méribel.

Qu'est-ce qu'ils prennent?

Exemple:
Lucie prend son jean bleu.

4 M. Marot, un homme d'affaires (G 9, 15)

M. Marot est allé à Paris. Il adore faire du shopping …

! Attention à l'accord et à la place des adjectifs!

Ajoutez les adjectifs aux mots en gras.

M. Marot: Regardez! J'ai fait des **affaires** à Paris!
A la Samaritaine, ils font des **prix** …
Comment est-ce que vous trouvez ce **pull**?
Clément: Super! Il est pour moi, ce **pull**?
M. Marot: Il est un peu grand pour toi, non? – Mais regardez ces **chaussures**!
Mme Marot: Pas mal. Et cette **casquette**, elle te va très bien. C'est pour le tennis?
M. Marot: Oui. Et pour toi, ma chérie, j'ai trouvé un **bracelet**.
Clément, je t'ai acheté ce **T-shirt**.
Et pour Lucie, j'ai trouvé une **robe**.
Lucie: Cette **robe**? Pour moi? Merci, papa, c'est très gentil.
Mais ma taille, ce n'est pas 42!

intéressant
fantastique
nouveau
génial
beau
blanc
beau
marrant
sympa
grand

5 Les nouveaux verbes (G 11, 19, 20)

Trouvez d'abord les infinitifs. Puis, complétez la grille dans votre cahier.

irvo	**trorsi**	**morird**	**nimert**	**tirrap**	**derivo**
je ?	tu ?	il ?	? ment	je ?	il ?
nous ?	? sortez	nous ?	vous ?	? partons	nous ?
ils ?	elles ?	? dormez	ils ?	vous ?	ils ?

VOC 6 Les Garnier rentrent à la maison … (G 21)

Tiens! Il y a un message sur le répondeur: «Bonjour, c'est mamie! Je suis à Paris. Je peux manger avec vous ce soir. J'arrive vers huit heures.» Les Garnier paniquent un peu … il est déjà sept heures!

Trouvez des solutions à leurs problèmes.

1. «Dans le salon, c'est le bordel.» → Il faut ranger le salon.
2. «Hier soir, on n'a pas fait la vaisselle!» → Il faut …
3. «Il n'y a plus de pain.»
4. «Il n'y a rien dans le frigo!»
5. «On peut faire une pizza, non? Qu'est-ce qu'il faut?»
6. «Et qu'est-ce qu'il faut pour la salade de fruits?»
7. «Papa, tes chaussettes sont dans le couloir!»
8. «Sur la table, il y des photos, des lettres, des livres, des CD …»

7 Mamie est devant la porte … et les Garnier paniquent. (G 11, 19, 20)

Chez les Garnier, un peu plus tard …

Accordez les verbes au présent ou au passé composé.

M. Garnier: «Julie, tu (voir) Léo?»
Julie: «Oui, il (dormir) dans mon lit.»
Alors, M. Garnier et Julie (partir) sans Léo et vont au supermarché.
Julie: «Qu'est-ce que nous (devoir) acheter pour la pizza?»
Ils regardent la liste. Ils (devoir) acheter du fromage, du jambon, …
Mais, à la caisse …
M. Garnier: «Zut! J' (oublier) mon portefeuille à la maison!»
Ils ne (pouvoir) rien acheter …
A la maison, Mme Garnier et Charlotte (ranger) l'appartement.
Léo a bien dormi. Il (sortir) de la chambre de Julie.
Et maintenant, il (devoir) aller aux toilettes – pour chiens!
Mme Garnier: «Charlotte, tu (sortir) avec Léo, s'il te plaît?»
Charlotte: «Et qui (mettre) la table, alors?»
A sept heures, M. Garnier et Julie (sortir) du supermarché et rentrent à la maison.
M. Garnier: «Mamie est déjà là! Je (voir) sa voiture devant la maison.»
Mamie (sortir) de la maison.
Mamie: «Bonjour, mes chéris! Vous (sortir) en ville avec moi?
Je vous invite. Aujourd'hui, nous (manger) dans votre pizzéria préférée.»
Les Garnier: «C'est une très bonne idée. Merci, mamie!»

VOC

8 Cherchez l'intrus.

Cherchez le mot qui ne va pas dans la série. Puis, trouvez le thème général (den Oberbegriff).

1	2	3	4
une casquette	jaune	le grand-père	le répondeur
une minijupe	fantastique	la fille	l'assiette
un pantalon	blanc	les parents	la cuillère
un look	noir	le frère	le couteau
un anorak	vert	le voisin	la fourchette

9 Après le match de volley. (G 17)

Samedi, après le match, Lucie et sa copine Marine vont chez Lucie. Elles ont soif …

Complétez avec ***du, de la, de l', des, de, un, une.***

Lucie: Tu veux ? coca, Marine? … Ah zut! Il n'y a plus ? coca.
Marine: Ce n'est pas grave. Je prends ? eau, alors.
Lucie: Ou ? jus d'orange, peut-être?
Marine: Ah oui, je veux bien.
Lucie: J'ai une petite faim. Toi aussi, Marine? Tu veux ? yaourt? Et il y a encore ? salade de fruits, si tu veux. Ou peut-être ? pain avec ? chocolat?
Marine: Non merci. Mais tu as peut-être ? fruits?
Lucie: Oui, regarde: Il y a ? pommes et ? oranges.
Marine: Il n'y a pas ? bananes? Alors, je prends ? pomme.

⟨On prépare le DELF.⟩

Auch auf dieser Seite könnt ihr euch auf das DELF A2 vorbereiten.

1 Les infos

Hören und verstehen

Vous allez entendre un document sonore trois fois.

a *Notez les bonnes réponses dans votre cahier.*

1. *Vous avez écouté*	2. *Vous avez écouté les informations*	3. *Quels sont les thèmes de l'actualité de ce jour?*	4. *Thierry Laporte est*
a) la télé.	a) sur France Inter.	a) la politique.	a) journaliste à Paris.
b) la radio.	b) sur France Info.	b) l'économie.	b) reporter à Biarritz.
		c) la mode.	c) le voleur.
		d) le sport.	d) commissaire.

b *C'est vrai (V), c'est faux (F) ou on ne sait pas (?).*

1. La police a arrêté cinq jeunes.
2. La police n'a rien trouvé chez les voleurs.
3. Les voleurs sont deux garçons et trois filles.
4. Ils ont volé les vêtements des élèves.
5. Un élève a trouvé une lettre anonyme.
6. Les parents des voleurs sont très choqués.

c *Complétez les informations:*

1. La police a trouvé ? portables et ? €.
2. Les voleurs ont entre ? et ? ans.

2 Forum: Etre une star?

Lesen und verstehen

Lisez les messages suivants: Qui voudrait être une star?

Seb, 17 ans.	La vie des stars est racontée dans les magazines. Les stars n'ont plus d'intimité.
Flower	Quand on voit tous ces paparazzi, ça ne donne pas envie d'être une star.
Julie, 12 ans.	Etre une star, ça a aussi des avantages. On peut être millionnaire en un jour!
Fanny 55	Ça doit etre enervant d'etre une star, non? Les stars ne peuvent plus faire ce qu'elles veulent à cause de leurs fans.
Jipé	Etre aimé par ses fans. Ça doit être bien.
Lizzzz	Je veux être une star, mais il faut avoir du talent et travailler beaucoup.
J-C, 15 ans	Moi, j'aimerais bien faire du cinéma, être reconnu dans la rue, signer des autographes. Bref, j'ai envie d'avoir des fans. Que dois-je faire?

Internet

3 On discute!

Lesen und sprechen

Cherchez des idées et donnez votre opinion.

a) Quelle est ta star préférée (en sport, en musique …)?

b) Est-ce que toi aussi, tu voudrais être une star? Pourquoi?

4 Lettre de fan à une star

Lesen und schreiben

Tu voudrais rencontrer ta star préférée à la fin de son concert à Paris, dans trois semaines.
Alors, vous lui écrivez une lettre.

LEÇON 5

d'abord Chez les Ravel

Thomas et Julien Ravel habitent à Toulouse. Demain, ils partent à Bruxelles chez leurs cousins pour les vacances de Pâques. Alors, ils préparent leurs affaires …

Julien: Tu prends **le** CD de Zebda?
Thomas: Oui, je **le** mets dans mon sac.
Julien: Et **la** bouteille d'eau, tu **la** prends aussi?
Thomas: Ah non! On **la** met dans ton sac!
Julien: D'accord. Et **le** DVD de «Taxi 3», tu **l'**as?
Thomas: Bien sûr! Et **tes baskets**, tu ne **les** prends pas?
Thomas: Mais si, je **les** ai déjà dans mon sac.
Julien: Et là, sous le lit, qu'est-ce que c'est, alors?

a *Lisez le dialogue. Puis, regardez les phrases suivantes et trouvez la règle.*

Julien: Tu prends **le** CD de Zebda?
Thomas: Oui, je **le** prends.
Non, je ne **le** prends pas.

Julien: Tu prends **la** bouteille d'eau?
Thomas: Oui, je **la** prends.
Non, je ne **la** prends pas.

b *Répondez.*

1. – Tu prends la bouteille d'eau?
   – Oui, je ? prends.
2. – Tu mets les BD dans ton sac?
   – Oui, je ? mets dans mon sac.
3. – Tu prends le cadeau pour nos cousins.
   – Oui, je ? prends.
4. – Et ta casquette, tu ? prends?
   – Oui, je ? prends.
5. – Et ton anorak, tu ? as?
   – Oui, je ? ai.
6. – Et tes baskets, tu ? as?
   – Oui, je ? ai.

! Les CD, je les‿ai.

c *Exemple:* – Est-ce que Julien prend **le** DVD de «Taxi 3»? – Non, il **ne le** prend **pas**. *Continuez.*

Est-ce que Thomas met le CD de Zebda dans son anorak?

Est-ce que Julien prend ses rollers?

Est-ce que Thomas prend la bouteille de coca?

Est-ce que Julien et Thomas font leurs sandwichs samedi matin?

d **A vous** *Vous partez en vacances chez vos grands-parents. Vous préparez vos affaires.*

– Et ton ta tes		tu	le la les	prends?	– Oui, … – Non, …

Cherchez encore cinq objets (Sachen) à mettre dans votre sac. Posez la question à votre voisin.

Bon voyage!

1 Aujourd'hui, c'est le grand départ! Julien et Thomas ont déjà acheté leur billet de train pour Bruxelles. Ils doivent changer à Paris: à la gare Montparnasse, il faut prendre le métro pour aller à la gare du Nord.

2 *Mme Ravel:* Bon, vous n'avez rien oublié? Julien, tu as les billets de train?
Julien: Oui, je les ai dans mon sac à dos.
Mme Ravel: Et ta carte d'identité, tu l'as?
Julien: Moi, je l'ai. Elle est dans mon portefeuille.
Mme Ravel: Et toi, Thomas?
Thomas: Zut! Je ne la trouve pas! Ah … la voilà!
Julien: Où est mon appareil photo?
Thomas: Je l'ai. Et ton portable, tu le laisses ici?
Julien: Non, je le prends, bien sûr!
Mme Ravel: Allez vite, on est déjà très en retard.

3 Les voilà enfin à la gare.
Mme Ravel: Vite, le train va partir sans vous!
Thomas: Il part de quelle voie?
Julien: Là, regarde! Voie numéro 2. Il faut encore composter le billet.
Thomas: Ouf! Notre train est encore là.
Mme Ravel: Vite, montez! Vous nous téléphonez à votre arrivée? Au revoir et bon voyage!

Voie numéro 2. Le TGV 8524 à destination de Paris va partir … Attention au départ du train!

VOC **1** **stratégie** **Unbekannte Wörter erschließen**

So könnt ihr unbekannte Wörter selber erschließen.

Denkt zum Beispiel an:	**neues Wort**	**zum Beispiel erschließbar aus**	**auf Deutsch**
1. eure **Muttersprache** / andere **Fremdsprachen** oder an **Fremdwörter** im Deutschen:	un train	tren (TR)	?
	un billet	bilet (RUS)	?
	changer	? (E)	?
	Pâques	? (I)	?
	destination	? (GB)	?
	le cousin	? (D)	?
2. Wörter aus der gleichen **Wortfamilie**:	l'arrivée	?	?
	le ?	partir	?
3. das **Gegenteil**:	les petits-enfants	≠ les grands-parents	?
	la fille	≠ le fils	?
4. die **Zeichnungen / Fotos** zu einem Text / zu einer Lektion:	composter	*Regardez la photo 2.*	?
5. den **Kontext** des unbekannten Wortes:	la voie	*Regardez à la ligne 20.*	?

Welche Wörter aus dem Text könnt ihr mit dieser Lerntechnik noch erschließen?

2 A propos du texte

Corrigez les éléments faux dans les phrases suivantes.

1. Julien et Thomas ont déjà acheté leurs cartes d'identité.
2. Ils doivent rester à Paris.
3. Leur père va avec Julien et Thomas à la gare.
4. Julien a mis son appareil photo dans son portefeuille.
5. Thomas a le billet de train de Julien.
6. Leur train part de la voie 12.
7. Avant le départ, il faut manger le billet.
8. Ils prennent le TGV à destination de Toulouse.
9. Ils doivent téléphoner à leurs cousins à l'arrivée.

3 Avant le départ *(G 22)*

Répondez et corrigez. *Exemple:* – Est-ce que Thomas prend ses rollers? – Non, il **ne les** prend **pas**.

1. Est-ce que Thomas et Julien font le voyage de Toulouse à Bruxelles en voiture?
2. Est-ce qu'ils prennent le train pour aller de la gare Montparnasse à la gare du Nord?
3. Est-ce que Thomas a les billets de train?
4. Est-ce que Julien cherche sa carte d'identité?
5. Est-ce que Julien donne son appareil photo à Thomas?
6. Est-ce que Julien laisse son portable à la maison?

4 Où sont mes affaires? *(G 22)*

Thomas cherche ses affaires, mais il ne trouve rien. Julien est là et l'aide!

Exemple:

Thomas: Zut! Où est **mon** portefeuille?
Julien: **Le voilà!**

Continuez.

5 Les nombres *(G 23)*

a *Ecoutez et notez les nombres.*

b *Marvin:* Il y a combien de kilomètres entre Toulouse et Kiev?
Maria: Il y a ? kilomètres. *Continuez.*

c La ville de Toulouse est jumelée avec Kiev.

Est-ce que votre ville / votre école est aussi jumelée? Combien de kilomètres est-ce qu'il y a entre ces villes / vos écoles?

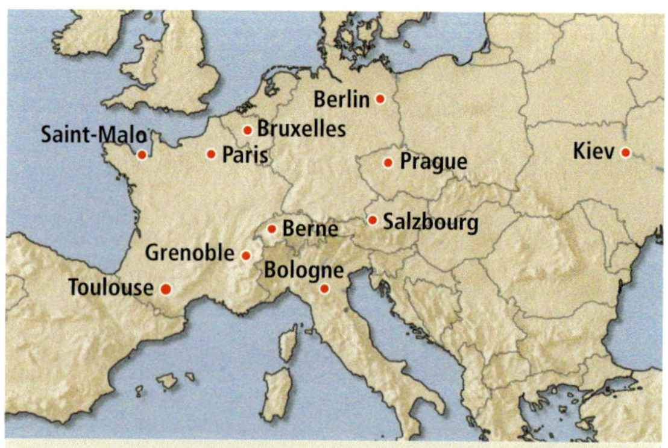

Toulouse – Kiev (2843 km)
Toulouse – Bologne (1025 km)
Toulouse – Berlin (1728 km)
Toulouse – Bruxelles (990 km)
Toulouse – Salzbourg (1399 km)
Toulouse – Prague (1596 km)
Toulouse – Saint-Malo (750 km)
Toulouse – Grenoble (531 km)
Toulouse – Berne (840 km)
Toulouse – Paris (677 km)
Toulouse – votre ville?

Fan de Zebda

1 Il est 9 h 03. Thomas et Julien montent dans le TGV à destination de Paris-Montparnasse. Le train part. Julien prend sa BD préférée! Thomas écoute le nouveau CD de Zebda. Ce groupe, il l'adore!

2 Deux heures plus tard … A Bordeaux, beaucoup de gens montent dans le train. Une fille et un garçon prennent place en face de Julien et Thomas. Quelques minutes plus tard …

Julien: Hé! Tu as vu l'article dans le magazine?
Thomas: Quel article?
Julien: Regarde! Zebda présente son nouveau CD le samedi 15 avril à Paris! C'est aujourd'hui!
Thomas: C'est à quelle heure?
Emma: A 15 h 00, au Virgin! Et c'est gratuit!
Julien: Et il est où, le Virgin à Paris?
Emma: Sur les Champs-Elysées.
Thomas: Ah! Vous venez de Paris?
Emma: Moi, je viens de Paris et Antoine vient …
Antoine: … de Bordeaux!
Julien: Nous, nous venons de Toulouse!
Antoine: Vous avez une super équipe de rugby!
Mais Thomas, le rugby, ça ne l'intéresse pas …

3 *Thomas:* Julien, on peut prendre un train plus tard, non? Comme ça, on va aux Champs-Elysées …
Julien: … et tu peux voir Zebda!
Thomas: Et comment on fait pour aller là-bas?
Emma: Ben, vous prenez le métro!
Antoine: Direction Charles de Gaulle. Vous sortez du métro, vous allez à droite et vous continuez tout droit. Puis, vous prenez la première rue à gauche. Bon, salut!

1 A propos du texte

a *Recherchez les informations dans le texte et complétez la grille.*

b *Puis, faites un résumé.*
Utilisez: et, alors, … heures /… minutes plus tard, à … heures, puis, enfin.

	A quelle heure?	Qui?	Quoi?	Où?
1.	A ? –	? Thomas	monter ?	dans le TGV ? –
2.	? – A ? heures,	deux jeunes Ils ? ?	monter ? voir un article sur ? présenter ?	à ? en face de ? dans ? au Virgin sur les ?
3.	– – Enfin, …	Thomas ? le train	? voir Zebda pouvoir prendre ? ?	– direction ? à ?.

2 Tu viens d'où? *(G 24)*

Regardez les images et faites des phrases avec ***venir****.*

Léa ? …

Les cousins de Thomas et Julien ? …

Mme Le Gall: Moi, je ? … Et vous, vous ? …?
Thomas: Nous ? …

3 On doit faire quel exercice? *(G 25)*

a *Complétez avec* ***quel***, ***quelle***, ***quels*** *ou* ***quelles****? Puis, trouvez les réponses aux questions.*

A		heure arrive le train à Bordeaux?	– Au collège Bellevue.
–		âge a Thomas?	– A Toulouse.
Dans	QUEL	ville habitent Thomas et Julien?	– 113 et Zebda.
–	QUELLE	groupes de musique aime Thomas?	– le rugby et le foot.
–	QUELS	sports aime Julien?	– De la voie 2.
De	QUELLES	voie part le train pour Paris?	– «TGV» et «Elephant».
Dans		collège va Thomas?	– A 11 h 04.
Dans		vidéos regardent Thomas et Julien?	– 14 ans.

b *Maintenant, c'est* **à vous**! *Posez cinq questions avec* ***quel(s), quelle(s)*** *à votre voisin(e).*

4 A quelle heure? *(G 26)*

Ecoutez les cinq scènes et notez les heures.

5 on dit Au guichet

Le voyageur / La voyageuse	La femme / L'homme au guichet
– Bonjour, monsieur / madame, je voudrais un billet de train pour …, s'il vous plaît.	– Un aller simple ou un aller-retour?
– Un aller-retour en deuxième classe, s'il vous plaît. J'ai une réduction. J'ai 14 ans!	– Vous voulez partir à quelle heure? / Vous voulez arriver à quelle heure?
– Je voudrais arriver à (+ ville) vers … heures.	– Vous pouvez prendre le train / le TGV à … h. Mais pour le TGV, il faut une réservation.
– Est-ce qu'il y a encore des places non-fumeur?	– Oui. / Non.
– Est-ce qu'il faut changer de train?	– Non, c'est direct. / Oui, vous devez changer à (+ ville). Vous allez arriver à (+ ville) à … h.
– Très bien.	– Alors, ça fait … €. Voilà votre billet.
– Merci, monsieur/madame. Au revoir.	– Bon voyage.

A vous *Vous êtes à la gare du Nord et vous voulez aller à Bruxelles. Regardez les horaires page 58, exercice 1. Puis, faites des dialogues et jouez les scènes.*

Paris, nous voilà!

1 Thomas et Julien descendent du TGV, prennent les horaires des trains à la gare et vont à la station de métro Montparnasse–Bienvenüe. Là, ils achètent des tickets de métro. Puis, ils traversent des grands couloirs. Il y a vraiment beaucoup de gens.
De loin, ils entendent de la musique. Julien adore l'ambiance du métro à Paris. Mais Thomas est pressé …
Thomas: Allez, Julien! Zebda ne nous attend pas!
Ils sortent à la station Charles de Gaulle. Et là, qu'est-ce qu'ils voient sur une très grande place? L'Arc de Triomphe. C'est beau, Paris!

2 Ils descendent les Champs-Elysées à pied.
Julien: Attends, Thomas! Va moins vite!
Thomas: Mais on perd du temps avec toi!
Julien: Regarde là-bas! C'est le Virgin.
Là, ils entendent des … «Zeb-da! Zeb-da!».
Thomas: Tu as entendu? Ça a déjà commencé!
Au Virgin, Zebda présente son nouveau CD.
Les fans crient «Zeb- da, une chanson! Zeb- da! …»
Hakim: On vous chante notre nouvelle chanson?
Thomas répond: «Ouiiiii!».

3 Thomas sort l'appareil photo et clic! Il fait une photo de Zebda, puis une deuxième. Le voilà près de Hakim. Il signe le CD. Thomas est très fier.
Mais Julien est énervé: il est déjà 16 h 20 et leur train part à 16 h 55. Alors, Julien et Thomas prennent vite le métro et changent à Châtelet.
Ils arrivent enfin à la gare, mais il est trop tard, leur train est déjà parti.
Maintenant, il faut attendre le prochain train!

1 A propos du texte

a *Trouvez un titre pour chaque partie du texte.*

b *Faites des phrases avec* ***parce que****.*

1. Thomas et Julien achètent des tickets parce que …
2. Dans le métro, Thomas est pressé …
3. Le groupe Zebda est au Virgin …
4. Les fans crient «Zebda! Zebda!» …
5. Thomas sort l'appareil photo …
6. Thomas est fier …
7. Julien est énervé …
8. Julien et Thomas sont pressés …
9. Ils doivent prendre le prochain train …

2 Les horaires de train: Paris Nord – Bruxelles-Midi *(G 26)*

Thomas et Julien doivent prendre le prochain train pour Bruxelles:

A quelle heure part le prochain train?
A quelle heure est-ce qu'il arrive à Bruxelles?

numéro de TGV		9345	9347	*9349*	*7065*	*9351*	9453
Services		(1)			(2)		
Paris Nord	départ	**15h55**	**16h25**	**16h55**	**16h58**	**17h25**	**17h55**
Lille Flandres	arrivée				**18h02**	**17h32**	
Lille Europe	départ					**17h52**	
Bruxelles-Midi	arrivée	**17h20**	**17h50**	**18h20**		**18h50**	**19h20**
Cologne	arrivée			**20h46**	**23h42**		

(1) Ce TGV circule du lundi au vendredi.
(2) Ce TGV ne circule pas le samedi

3 Jeu de rôles: On a raté notre train!

Thomas et Julien ont raté leur train. Thomas téléphone tout de suite à son oncle Marcel / à sa tante Hanna à Bruxelles. Mais leurs cousins Cédric et Lorie sont déjà partis à la gare Bruxelles-Midi.
Pour vous aider, regardez l'exercice «On dit» page 42.

4 Mais on vous attend à la gare de Bruxelles! *(G 27)*

a *Complétez avec **attendre** (4 X), **entendre** (3 X), **répondre** (2 X), **descendre** (1 X).*

Julien et Thomas sont à la gare du Nord: ils **(1)** le prochain train pour Bruxelles. Le portable de Julien sonne, mais Julien ne l'**(2)** pas. Alors, il ne **(3)** pas. Son cousin Cédric laisse un message: «Allô, Julien? Mais pourquoi tu ne **(4)** pas? On a eu un problème, on est en retard. Mais on arrive, vous nous **(5)** à la gare! A plus!». Quelques minutes plus tard. Cédric et Lorie sont à la gare et **(6)** Julien et Thomas: des gens **(7)** du train, mais où sont leurs cousins? Tout à coup, le portable de Julien sonne: «Allô, Julien? C'est Cédric. Allô? Allô? Je ne t'**(8)** pas bien! Mais vous êtes où? Nous vous **(9)** à la gare de Bruxelles-Midi! Allô? Tu m'**(10)** ? … Quoi? … Mais qu'est-ce que vous faites à Paris?»

b *Ecoutez et corrigez.*

5 Quelle journée! *(G 27)*

A Bruxelles, Thomas raconte sa journée à ses cousins Cédric et Lorie.
Exemple: Nous sommes partis de Toulouse ce matin à 9 h 03. Maman … *Continuez.*

Attention au passé composé!
entendre → j'ai entendu
descendre → nous **sommes** descendus
venir → elles sont venues

Pour vous aider, regardez page 123.

partir de Toulouse à 9 h 03 / venir avec nous à la gare / rencontrer des jeunes dans le train / discuter / voir un article sur Zebda dans un magazine / arriver à Paris à 14 h 25 / descendre du TGV / vouloir prendre un train plus tard / prendre le métro / descendre à la station Charles de Gaulle / aller au Virgin / entendre la nouvelle chanson de Zebda / vouloir faire une photo de Zebda / prendre le métro / perdre du temps dans le métro / arriver trop tard à la gare du Nord / attendre le prochain train pour Bruxelles

⟨Paris – visites⟩

Ecoutez: Paris en métro

Le métro parisien est né le 19 juillet ?.

Aujourd'hui, le métro à Paris, c'est …

- ? lignes de métro et 4 lignes RER
- ? kilomètres de lignes
- ? stations de métro
- ? millions de voyageurs par jour

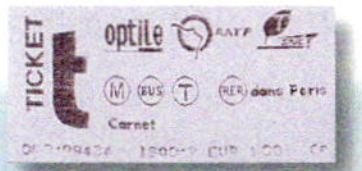

RER

Des millions de personnes prennent le métro parisien tous les jours.

Vous allez entendre trois situations. Ecoutez et répondez:

1. Qui sont ces personnes?
2. A quelle station est-ce qu'elles descendent?
3. Qu'est-ce qu'elles veulent visiter?

Visiter Paris à pied

Regardez le plan du centre de Paris page 197. Choisissez une des situations suivantes et demandez votre chemin.

a Vous êtes au métro Châtelet. Vous voulez faire du shopping à la Samaritaine.
b Vous êtes au métro Saint-Michel. Vous voulez visiter Notre-Dame.
c Vous êtes au métro Bastille et vous cherchez le musée Picasso.
d Vous descendez du métro à Hôtel de Ville. Vous cherchez le Centre Pompidou.

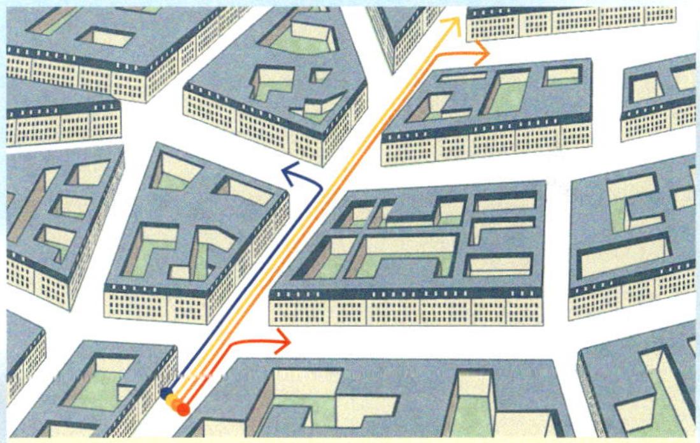

prendre la première rue à droite → / … la deuxième rue à gauche → / … la troisième rue → / aller tout droit →

Rencontre avec Zebda

C'est un groupe de musique toulousain très connu en France. Le nom «Zebda» vient de l'arabe et veut dire «beur». Ils sont sept musiciens. Les trois chanteurs du groupe Mouss, Magyd et Hakim sont nés en France, mais leurs parents viennent du Maghreb (Tunisie, Algérie, Maroc). Ils sont accompagnés de Pascal à la guitare, Joël à la basse et de Vincent à la batterie. Derrière, c'est Rémi à l'accordéon.

Vous voulez plus d'informations sur Zebda? Regardez leur site Internet : www.zebda.fr
Zebda vous chante une chanson. Ecoutez!

LEÇON 6

d'abord Un racket au collège!

Pendant la récré …

Après le collège …

Le lendemain …

1. Jean Lacoste montre son nouveau blouson **à Naïma**.
2. Jean **lui** montre aussi ses nouvelles baskets.
3. Un garçon veut son blouson. Il donne des coups **à Jean**.
4. Le garçon **lui** prend son blouson.
5. Jean raconte son histoire **aux copains**.
6. Jean **leur** raconte tout.

a *Regardez bien et comparez. Trouvez la règle.*

Jean montre son nouveau blouson **à Naïma**.
Jean zeigt **Naïma** seine neue Jacke.

*Puis, lisez les phrases 1 et 2. Que remplace (ersetzt) le pronom **lui**? Et dans les phrases 3 et 4? Enfin, regardez les phrases 5 et 6. Que remplace le pronom **leur**?*

b Mettez les mots dans le bon ordre.

1. **à son fils.**	achète	Mme Lacoste	un blouson
2. **à Naïma.**	montre	Jean	son nouveau blouson
3. **à Jean.**	donne	Un garçon	des coups

△

4. **au garçon.**	son blouson	Jean	a donné
5. son problème	a expliqué	**à ses copains.**	Jean
6. ont posé	Naïma et Théo	des questions	**à Jean.**
7. Jean	**et Théo.**	**à Naïma**	a répondu
8. **à sa mère.**	rien raconté	Mais il	n'a

c *Maintenant, remplacez dans les phrases 1–7 les* **mots en gras** *(fettgedruckt) par* **lui** *ou* **leur**.
Exemple: Jean raconte son histoire **à Théo et Naïma.** → Jean **leur** raconte son histoire.

d *Posez des questions avec* **à qui + est-ce que** …

Exemple: Jean raconte son histoire **à Théo et Naïma**.
→ **A qui est-ce que** Jean raconte son histoire?

«NON à la violence!»

1 Naïma, Fanny et Théo sont en 4^{e}A au collège Bellevue de Toulouse. Ils ont «Vie de classe» avec leur professeur principal. Ils sont très excités … M. Boussac arrive.

2 *Naïma:* Allez, Théo! Il faut lui raconter!
M. Boussac leur demande: Il y a un problème?
Théo lui répond: Euh … non, enfin … si!
M. Boussac: Bon, alors je vous écoute.
Théo: Ben, voilà: on connaît un garçon de 4^{e}B …
Naïma: C'est Jean Lacoste! Sa mère lui a acheté un super blouson …
Théo: … un élève lui a donné des coups.
Naïma: … et cet élève lui a pris son blouson.
M. Boussac: Et à qui est-ce que Jean Lacoste a «donné» son blouson?
Ils ne connaissent pas le nom du racketteur …
Fanny: Mais si moi, je le connais! Il est en 3^{e}C.
M. Boussac: Ah oui? Et il s'appelle comment?
Fanny: Euh … Je ne sais pas, mais je peux le décrire. Il est grand, il a les cheveux blonds.
M. Boussac: Bon, pour le racket, on va voir ça avec la principale après le cours.

3 *Théo:* Mais c'est la deuxième fois cette semaine!
M. Boussac: Comment ça?
Naïma: C'est vrai, monsieur! Vous connaissez Karim et Coralie? On leur a volé de l'argent.
M. Boussac: Et ils sont allés voir la principale?
Fanny: Ben non! Ils ont trop peur!
M. Boussac: Mmmh!

Théo: Il faut faire quelque chose, monsieur!
Arthur: On peut faire une affiche contre la violence par exemple!
Loïc: Moi, j'ai déjà le titre: «NON à la violence!»
Théo: On peut aussi faire une enquête au collège.
M. Boussac: Ce n'est pas une mauvaise idée.
Théo: Alors, monsieur, on commence quand?
M. Boussac: Bon, si vous voulez, on peut faire un projet contre la violence. Mais d'abord, il faut trouver le racketteur …

1 A propos du texte

Trouvez les noms des personnes et citez le texte (zitiert die Textstelle).

Exemple: **Il** est en 4^{e}B. → **Jean** est en 4^{e}B. C'est ligne 9: «On connaît … C'est Jean Lacoste.»

1. **Ils** sont en 4^{e}A, au collège Bellevue.
2. **Il** est leur professeur principal.
3. **Ils lui** racontent l'histoire de Jean.
4. **Elle lui** a acheté un blouson.
5. **Elle** connaît le racketteur.
6. **Il** va voir ça avec la principale.
7. On **leur** a volé de l'argent.
8. **Ils** veulent faire un projet contre la violence.

2 Ecoutez: Le projet commence …

Les élèves de la 4^{e}A travaillent en petits groupes sur leur nouveau projet «NON à la violence!». Ils ont beaucoup d'idées. *Ecoutez: Qu'est-ce que les trois groupes veulent faire?*

3 on dit Décrire une personne

So beschreibt ihr eine Person:

den Körperbau:

être petit(e) ≠ grand(e)
gros / grosse ≠ mince

die Augenfarbe:

avoir les yeux bleus / verts / …

die Haarfarbe:

être blond(e) / brun(e)
avoir les cheveux blonds / bruns / gris …

besondere Merkmale:

avoir des lunettes / un piercing

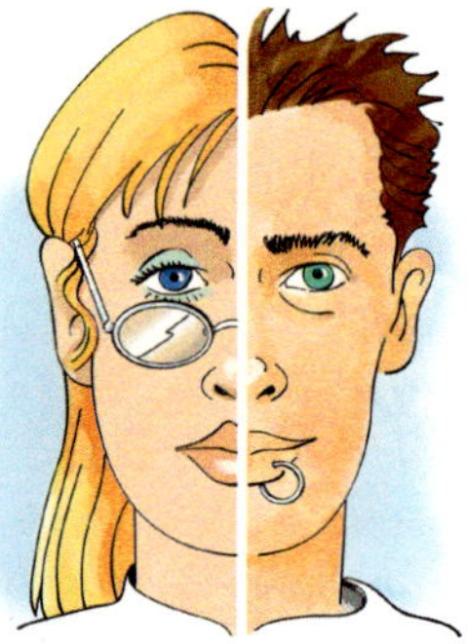

a *Décrivez une des quatre personnes. Votre voisin devine: qui est-ce?*

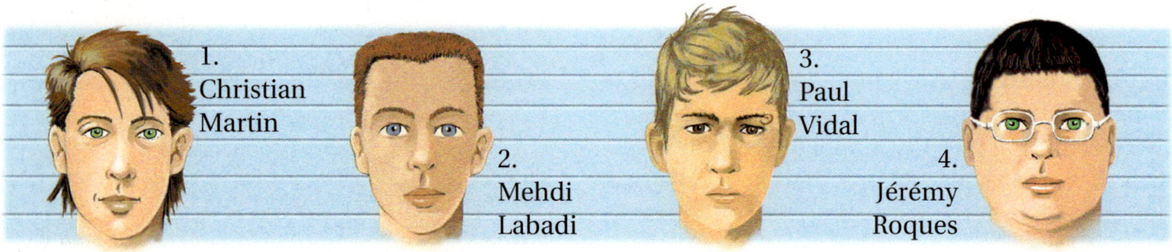

b *Ecoutez le dialogue: Qui est le racketteur?*

4 Hambourg–Toulouse *(G 28, 31)*

Les élèves d'une Realschule de Hambourg préparent l'échange scolaire avec la 4eB du collège Bellevue. Ils prennent contact avec leurs nouveaux correspondants.

a *Posez des questions avec* **à qui est-ce que***.*

1. Les élèves de Hambourg présentent leur ville **aux élèves français**.
2. Ils demandent des informations sur la vie des jeunes en France **à leurs correspondants**.
3. Le prof pose des questions **à sa collègue**.
4. Dans sa lettre, Selim présente sa famille et son chat **aux Lacoste**.
5. Il demande **à la famille Lacoste:** «Est-ce que vous aimez les chats?».
6. Il donne son adresse e-mail **à Jean**.

b *Remplacez les éléments en gras par le pronom* **lui** *ou* **leur***.*

5 Jean répond à son correspondant. *(G 29)*

Complétez avec **connaître***.*

Cher Selim,
Merci pour ta lettre! Tu ne ? pas encore Toulouse? Les Allemands ? notre ville pour Airbus, mais Toulouse est aussi connue pour sa cuisine. Ici, on fait du rugby. Est-ce que vous ? ce sport chez vous? Et puis, on adore Zebda. Tu ? ce groupe? Ma sœur et moi, nous ? un petit peu l'Allemagne: elle ? bien Munich et moi, je suis déjà allé avec ma classe à Berlin. Mais je ne ? pas encore Hambourg. J'attends ton prochain e-mail. A bientôt! Jean

Ça te concerne aussi!

1 Aujourd'hui, la 4^{e}A a une heure de permanence: leur prof de sport n'est pas là. Alors, Théo et Naïma sont au CDI pour préparer leur enquête sur la violence au collège. Fanny arrive en retard …

2 *Théo:* Ah te voilà enfin, Fanny! On travaille et toi, …

Fanny: Vous savez quoi? Le racketteur, c'est Paul Vidal! Il est chez la principale avec Jean en ce moment. Oh là là!

Naïma: Paul Vidal? Ça alors!

Théo: Bon, l'affaire est réglée! Alors les filles, vous me dites comment vous faites pour Internet?

Naïma: Ben, c'est facile! Ici, tu écris les mots-clés: «violence» et «collège» par exemple.

Théo: Vous avez vu? Dans un collège en Belgique, les élèves ont déjà fait une enquête sur la violence! Super! Ils décrivent leur projet sur leur page Internet.

Fanny: Excellent! Ça va vous donner des idées.

Naïma et Théo travaillent: Théo lit l'article, Naïma prend des notes. Pendant ce temps, Fanny ne dit rien et n'écrit rien …

3 *Naïma:* Fanny, je ne suis pas d'accord! Tu n'as rien dit, tu n'as rien lu. Allez, tu nous aides!

Fanny: Moi, les recherches sur Internet, vous savez …

Naïma: Mais la violence, ça te concerne aussi!

Théo: Naïma a raison. Allez, s'il te plaît.

Fanny: Bon, d'accord. Vous me lisez vos questions et moi, je les écris …

4 Le lendemain, Fanny pose les questions de leur enquête aux élèves de 4e et de 3e. Théo écrit leurs réponses. Après les cours, Théo et Fanny vont chez Naïma pour préparer leur exposé sur l'ordinateur.

1 A propos du texte

Complétez les phrases. Puis, mettez les phrases dans le bon ordre.

VOC

1. Le ?, ils interrogent les ? de leur collège pendant la récré.
2. Pendant l' ?, Théo, Fanny et Naïma préparent l' ? sur la ? au collège.
3. Mais il y a un problème: Fanny ne ? rien …
4. Alors, Fanny les aide: elle écrit les ? pour l'enquête.
5. Naïma et Théo ne sont pas d' ? : la violence, ça la ? aussi!
6. Ils lisent ? et prennent des ? .
7. Théo et Fanny le trouvent ? .
8. Au CDI, ils surfent sur ? et trouvent un projet intéressant d'un collège en ? .

2 Avec qui est-ce que Théo travaille? *(G 31)*

Trouvez les questions.

Avec qui est-ce que Théo travaille? – **Avec** Naïma.

1. Jean a parlé du racket **avec** Naïma et Théo.
2. Jean Lacoste a peur **de** Paul Vidal.
3. On a aussi volé de l'argent **à** Karim et Coralie.
4. La 4^{e}A a «Vie de classe» **avec** M. Boussac.
5. Théo prépare l'exposé **chez** Naïma.
6. Théo pose des questions **aux** élèves du collège.

3 De quoi est-ce que tu parles?

Trouvez les questions.

De quoi est-ce que tu parles? – **Du** racket …

1. Les élèves ont peur **du** racket à l'école.
2. La 4^{e}A fait un projet **contre** la violence.
3. La classe parle **de** ses idées à M. Boussac.
4. Un groupe fait une enquête **sur** la violence.

4 Tu peux m'aider, s'il te plaît? *(G 28)*

Tu peux **m'**aider?
Je vais **t'**expliquer.

Théo, Naïma et Fanny préparent leur exposé. *Retrouvez les phrases.*

1. Théo:	**le** préparer	sur ton ordinateur,	L'exposé, on va	Naïma?
2. Naïma:	Oui, je vais	comment on fait.	montrer	**te**
3. Fanny:	aider?	tu peux	**m'**	Est-ce que
4. Naïma:	peux	Bien sûr, je	expliquer.	**vous**
5. Théo:	**nous**	poser des questions.	vont	Les élèves
6. Fanny:	sans problème.	**leur**	répondre	On va

5 Qu'est-ce que vous dites? *(G 30)*

! Vous ne connaissez pas le livre de Géva Caban? Alors, regardez page 72.

*Complétez avec **écrire** é, **lire** li, **dire** di ou **décrire** dé.*

En cours de français, les élèves *li* «*Je t'* *é*, *j'* *é*» de Géva Caban en classe.

Naïma (à Fanny): Mais qu'est-ce que tu *li*?
Fanny: Euh …Je *li* une lettre d'Allemagne.
Naïma: De ton corres? Et qu'est-ce qu'il *di*?
Fanny: Il *dé* sa journée d'école en Allemagne.
La prof de français: Naïma et Fanny, vous *li*! Mais qu'est-ce que vous faites? Naïma!
Naïma: Euh … Qu'est-ce que vous avez *li*?

Pendant la récré …

Théo: Alors, Victor, qu'est-ce que vous faites dans votre groupe?
Victor: On *é* une chanson.
Théo: Quoi? Vous *é* une chanson?
Victor: Oui, nous *é* un rap: Eric et Sophie *é* le texte et moi, j' *é* la musique.
Théo: Excellent! Et … qui chante?
Victor: Ben … C'est ça, notre problème!

6 Le rap de Victor: «NON à la violence!»

Tu prends l'blouson de mon copain
Tu prends l'argent de mes copines
C'est pas sympa et c'est pas bien
Pense à demain et imagine!

Refrain

Ton premier vol, c'est un blouson
Après l'vélo, c'est la voiture
Et puis un jour, c'est la prison
Ça c'est ta fin, je te le jure!

Refrain

Refrain:
Le racket, c'est pas cool
La violence, c'est trop nul
Dis «non à la violence» *(bis)*

imagine stell dir (das) vor – **un vol** ein Diebstahl – **une prison** ein Gefängnis – **je te le jure** das schwör' ich dir

Notre projet contre la violence

Deux semaines plus tard, chaque groupe présente les résultats de ses recherches.

1 Arthur explique que l'affiche est en plusieurs langues parce que la violence est partout.

2 Un autre groupe a écrit un sketch. Justine et deux garçons le jouent devant les autres élèves.

3 *Fanny:* 13 % des élèves disent qu'ils ont été victimes d'un racket cette année.
Théo: Mais quelques élèves ont peur et ne veulent pas parler de leurs problèmes …

4 Les élèves de ce groupe ont écrit un texte. Naïma leur demande s'ils veulent le mettre sur la page Internet du collège. Stanislas lui répond que c'est une très bonne idée.

5 *Le prof:* Je suis très content de votre travail. Qu'est-ce que vous avez pensé du projet?
Naïma: Moi, je pense que parler de la violence, c'est important. Le sketch m'a beaucoup plu.
Théo: Moi aussi, j'ai trouvé le projet utile, surtout les recherches sur Internet.
Le prof: Vous savez qu'il y a bientôt une journée portes ouvertes. Moi, je pense que vous pouvez présenter votre projet à vos parents et aux élèves des autres classes.
Les élèves: Ouais! Super!

1 A propos du texte

Retrouvez les quatre phrases qui correspondent au texte.

un sketch et le jouent	Le groupe de Stanislas	devant la classe.	trois articles sur
Le groupe de Fanny	ont écrit	Le groupe d'Arthur	présente
a fait	une affiche	les résultats	Deux garçons et une fille
de leur enquête.	en plusieurs langues.	a écrit	le respect à l'école.

2 on dit Donner son avis

So drückt ihr eure eigene Meinung aus:

A mon avis, … / Moi, je pense que … / Moi, je trouve que tu as raison parce que …

J'aime bien … / Je trouve cette idée géniale.
Ça me plaît (beaucoup) parce que …
Le projet m'a plu. / Vos idées m'ont plu.
Je suis d'accord avec toi / vous / Jean.
Je suis de ton avis.
Je suis pour … parce que …

Je trouve ça nul. / Je n'aime pas …
Ça ne me plaît pas du tout parce que …
Le projet ne m'a pas plu parce que …
Je ne suis pas d'accord avec toi / vous / Jean.
Je ne suis pas de ton avis.
Je suis contre … parce que …

A vous Qu'est-ce que vous pensez du projet «NON à la violence» de la 4ᵉA? *Donnez votre avis.*

3 La principale trouve que le projet est intéressant. *(G 32)*

M. Boussac va voir Mme Garcia, la principale. Ils parlent du projet de la 4ᵉA. *Faites des phrases.*

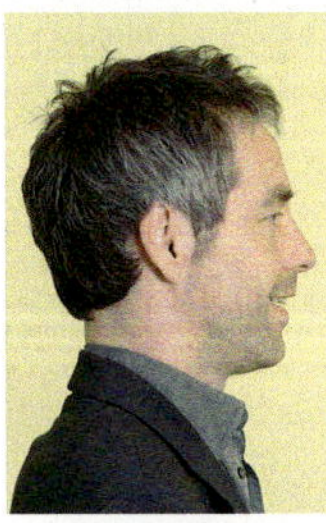

dire que …
penser que …
répondre que …
trouver que …
demander si …

La 4ᵉA a fait un projet sur la violence à l'école.
Est-ce que les résultats sont intéressants?
Les élèves ont très bien travaillé.
Le problème de la violence les intéresse.
Peu d'élèves parlent du racket à la maison.
Est-ce que les élèves veulent présenter leur projet aux autres?

4 stratégie Ein Referat halten

1. Nennt zuerst das **Hauptthema** eures Referates und zählt die Unterpunkte auf (Gliederung).
2. Erläutert jeden **Unterpunkt**. Nennt gute Beispiele und zeigt Bilder, Grafiken …
3. Fasst die **Ergebnisse** eures Referates am Schluss zusammen.

Tipp Drückt euch in kurzen, klaren Sätzen aus und benutzt nur Wörter, die alle kennen.

1. Notre sujet, c'est … D'abord, on va vous parler de … / Puis, on va vous présenter … / Après ça, on va montrer que … / Enfin …
2. Voilà des exemples … / des photos sur … / un texte sur … / des statistiques sur …
3. En conclusion, on peut dire que nos résultats …

A vous Faites une enquête sur la violence dans votre collège. Présentez vos résultats à la classe.

⟨Toulouse et sa région⟩

! Regardez la carte page 198.

Vous connaissez Toulouse et sa région?

La 4[e]B du collège Bellevue a préparé un quiz pour les correspondants allemands.

Toulouse, le 23 mai

Chers amis de Hambourg,

Comme vous ne connaissez pas encore notre région, nous vous avons préparé des petites questions. Vous pouvez trouver les réponses dans la brochure ci-jointe et … dans votre livre de français.

Bonne chance et à bientôt à Toulouse!

La classe de 4[e]B

1. *Cherchez Toulouse sur une carte de France. Trouvez le nom de la région.*
2. *Quel est le fleuve qui traverse Toulouse?*
3. *Il y a combien d'habitants dans notre ville?*
4. *Trouvez six villes jumelées avec Toulouse.*
5. *Comment est-ce qu'on appelle Toulouse?*
6. *Trouvez ce sport typique du Sud de la France.*
7. *Trouvez le nom d'un groupe de musique.*
8. *On le fabrique en partie à Hambourg et à Toulouse. Qu'est-ce que c'est?*
9. *Quelle est la spécialité culinaire de notre région?*
10. *Trouvez un personnage connu de la région, le nom d'un fromage et une cité médiévale.*

Bienvenue à Toulouse et en Midi-Pyrénées!

Toulouse est une grande ville du Sud-Ouest de la France, traversée par la Garonne. C'est la capitale de la région Midi-Pyrénées. La ville compte 600 000 habitants. On appelle Toulouse «la ville rose» à cause de la couleur de ses maisons en brique et en tuile. Toulouse est une ville industrielle à l'économie dynamique dans des domaines comme l'aérospatiale, l'informatique, ou les biotechnologies.

Dans notre région, on aime le sport, surtout le rugby et … on mange bien! Et puis, ne ratez pas notre spécialité, le cassoulet, ou allez visiter les caves de Roquefort. Et laissez-vous charmer par l'accent du midi!

Toulouse: la Garonne

le canal du Midi

le cassoulet

⟨C'est la récré.⟩

Petit roman portable (un roman de Rachel Hausfater-Douïeb et Yael Hassan.)

C'est l'histoire de Chloé, une jeune fille qui a perdu son portable … et de Salomon qui l'a trouvé!

Les personnages: Chloé, Salomon, Julie, une amie de Chloé, et Birgit, la jeune fille au pair

1 Mais ça, Chloé ne le sait pas encore. Maintenant, elle «s'appelle» – sur son portable …

– Allô? Je m'appelle …
– Tu t'appelles comment?
– Pas comment! Je m'appelle, c'est tout.
– Je ne comprends pas.
– Mais si! Je m'appelle parce que j'ai perdu mon portable …
– Perdu …
– Ou on me l'a volé. Et qui es-tu?
– Je suis «on».
– Qui «on» exactement?
– …
– Tu m'entends? Qui «on»? Allô? … Ah! Zut! Il a coupé ! Mais comment je vais récupérer mon portable, moi?

2 Sur le portable de Chloé, Salomon trouve beaucoup de numéros de téléphone – et il les essaye! Un jour, par exemple, il veut téléphoner à Chloé. Une dame répond …

– Allô? Bonjour madame.
– Bonchour.
– Euh … Vous êtes la maman de Chloé?
– Ach nein! Che suis la fille au pair.
– La fille au père? Donc vous êtes la sœur de Chloé?
– Pas la sœur! La fille!
– La fille de Chloé? Mais elle a quel âge?
– Chloé? 15 ans. Moi, je suis 25.
– Je ne comprends rien.
– Je suis Birgit, je fais cours de langue pour progrès de français. J'occupe de Philippe.
– Son père?
– Nein! Petit frère.
– Chloé est là?
– Oui. Qui demande?
– «On»!
– Moment! Chloé! «On» au téléphone!
– Oh non, pas lui! Je ne suis pas là … Oh, et puis si, j'arrive!
– Elle arrive. Allô, allô! Ach, «on» est parti.

3 Puis, les parents de Chloé s'occupent de l'histoire du portable. D'abord, son père veut appeler la police, mais il préfère appeler le portable de sa fille. La mère de Salomon répond. Elle apprend l'histoire et Salomon doit renvoyer le portable à Chloé … Chloé raconte tout à sa copine Julie.

– Il me l'a renvoyé.
– Qui? Quoi?
– Salomon, il m'a renvoyé mon portable.
– C'est sympa.
– Tu trouves? Mais il n'a rien mis!
– Tu t'attendais à quoi? Des fleurs ?
– Non, mais au moins un mot, son adresse.
– Pourquoi, tu voulais lui rembourser les timbres ?
– Oh, tu comprends rien!

4 Mais tout à coup, «On» sonne.
– Salomon?
– Salomon …
– Chloé?
– Chloé …

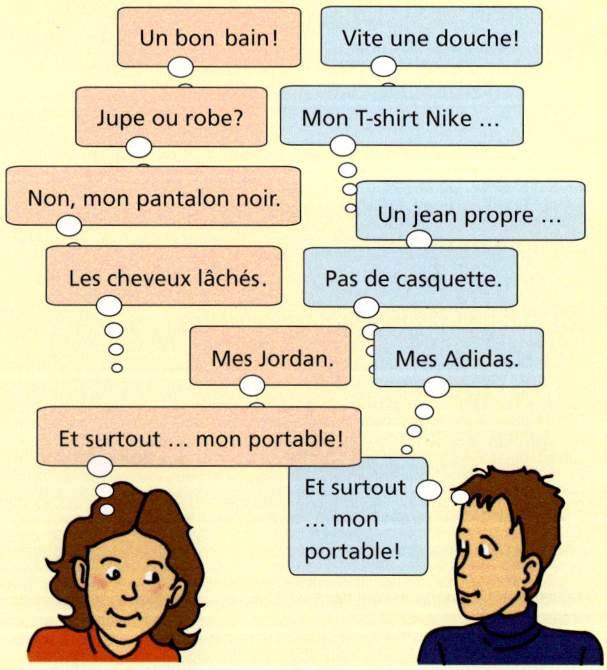

couper hier: auflegen – **récupérer** wiederbekommen – **le progrès** der Fortschritt – **occuper** kümmern – **renvoyer** zurückschicken – **une fleur** eine Blume – **rembourser** erstatten – **un timbre** eine Briefmarke – **un bain** ein Bad – **les cheveux lâchés** offene Haare

In der Révisions 3 könnt ihr allein oder mit einem Partner wiederholen, was ihr in den Lektionen 5 bis 6 gelernt habt. Kontrolliert eure Lösungen auf der Seite 192.

1 En français

Tu es à Paris, à la gare du Nord et tu veux aller à Cologne. Alors, tu vas au guichet.

Jouez la scène. A la fin, changez les rôles.

1. Du begrüßt die Person am Schalter und fragst nach einer Fahrkarte nach Köln.	1. Bonjour. Vous voulez un aller simple ou un aller-retour?
2. Du verlangst eine einfache Fahrt in der 2. Klasse.	2. D'accord. Et vous voulez partir à quelle heure?
3. Du weißt es noch nicht. Du möchtest gegen 19 Uhr in Köln ankommen.	3. Alors, vous pouvez prendre le TGV à 14 h 55. Il arrive à Cologne à 18 h 49. D'accord?
4. Du hast nicht richtig verstanden, wann der Zug abfährt und fragst nach.	4. Le TGV part de Paris à 14 h 55.
5. Du fragst, ob es eine Ermäßigung für Jugendliche gibt.	5. Oui, bien sûr. Vous avez une réduction de 25 %. Il faut une réservation.
6. Du fragst, ob es Nichtraucherplätze gibt.	6. Oui.
7. Du fragst, ob du umsteigen musst.	7. Non, c'est un train direct. Alors, ça fait 49 €. Voilà votre billet.
8. Du bedankst dich und verabschiedest dich.	8. Au revoir et bon voyage.

VOC

2 Au voleur!

Tu attends ton train à la gare du Nord. Tout à coup, un garçon arrive, te pousse et te vole ton sac! Tu vas au commissariat de police, et tu décris le voleur.

a *Décrivez le voleur (la taille, la couleur des yeux/des cheveux, les vêtements, …).*
C'est un garçon. Il … *Continuez.*

b *Toi:* Bonjour, monsieur l'agent. On a volé mon sac!
L'agent: Ah bon? Alors, quel est votre nom et votre adresse?
Toi: …
L'agent: Oh là là, ce n'est pas facile! Est-ce que vous pouvez décrire le voleur?
Toi: Oui, bien sûr. … *Jouez le dialogue.*

3 Ma famille

a *Trouvez les mots qui vont ensemble:*
La mère et le père, la fille … *Continuez.*

la mère – ?	la fille – ?	l'oncle – ?
le cousin – ?	le frère – ?	la grand-mère – ?

b *Complétez.*
1. Le frère de mon père est mon ?.
2. Les parents de ma mère sont mes ?.
3. La sœur du fils de mes grand-parents est ma ?.
4. J'appelle mes grands-parents ? et ?.
5. Mon frère et moi, on est les ? de mamie et de papi.
6. Ma tante est la ? de mon père.
7. La fille et le fils du frère de ma mère sont mes ?.

⟨On fait des révisions.⟩

4 Quels vêtements est-ce que je mets? (G 25)

Dans une heure, Naïma va à la fête d'anniversaire de Théo. Son père entre dans sa chambre.

Complétez les phrases avec quel, quels, quelle ou quelles et lisez le dialogue.

Le père de Naïma:	Naïma:
1. – Théo a ? âge aujourd'hui?	– Il a 16 ans.
2. – Tu vas mettre ? T-shirt avec ta jupe?	– Mon nouveau T-shirt bleu.
3. – Et ? chaussures?	– Je ne sais pas.
4. – Il a invité ? copains, Théo?	– Ben … les copains du collège!
5. – Tu vas rentrer à ? heure?	– Papa, s'il te plaît! Je suis pressée!

VOC

5 Où est le chat de Naïma?

Exemple: Le chat est **à gauche du** lit. Continuez.

6 Toulouse – Paris – Bruxelles (G 31)

Travaillez à deux: Trouvez la question et donnez la réponse.

Exemple: 1. Thomas et Julien sont allés à Bruxelles chez ? .
→ *Laura:* **Chez qui** est-ce que Thomas et Julien sont allés?
→ *Tom:* Ils sont allés chez **leurs cousins**. *Continuez.*

2. Ils sont allés à la gare avec ? .
3. Dans le train, ils ont parlé à ? .
4. Emma est allée à Paris avec ? .
5. D'abord, Antoine a parlé de ? .
6. Puis, il a expliqué à ? comment on va au Virgin.
7. Au Virgin, Thomas a pris une photo de ? .
8. Zebda a signé un CD pour ? .
9. Thomas et Julien ont raté leur train. Ils ont téléphoné à ? .
10. Plus tard, Thomas a écrit une carte de Bruxelles à ? . (voir exercice 7 et 9 ;-))

7 Voyages, voyages (G 22, 28)

*Complétez les phrases avec **l', le, la, les** et **lui, leur**.*

! aider **qn** → le, la, les
raconter qch **à qn** → lui, leur

Après les vacances, Julien va chez son copain. David est malade, il ? attend déjà. Julien ? apporte ses devoirs et ? aide pour les maths. Il ? raconte aussi son voyage à Bruxelles et ? montre ses photos: «Regarde! On a rencontré Antoine et Emma dans le TGV. Thomas ? a écrit une carte de Bruxelles, et ils ? ont déjà répondu. On va ? inviter à Toulouse pour les prochaines vacances. Et là, on est au Virgin, à Paris. Regarde cette photo!» Julien ? donne à David. «Tu connais ce groupe? Thomas ? adore!» David: «Quoi? Vous avez vu Zebda à Paris? Waouh! Et là, c'est qui?» «Thomas avec nos cousins à la gare de Bruxelles. Il ? explique pourquoi nous sommes arrivés un peu en retard … Comme cadeau, on ? a apporté le DVD de «Taxi 3». Ils ont adoré!»

8 On joue avec les verbes. (G 24, 27, 29, 30)

Jouez avec un dé et faites des phrases avec ces verbes.

Exemple: Elena: Cinq, c'est «vous».
Tom: Six, c'est «dire».
Elena: Alors … «vous dites»!
Tom: «Vous dites … bonjour au prof!»

1 = je; 2 = tu; 3 = il / elle / on,
4 = nous, 5 = vous, 6 = ils / elles

1 = lire	4 = venir
2 = descendre	5 = connaître
3 = écrire	6 = dire

9 Emma écrit à Thomas. (G 11, 20, 24, 27, 29)

Complétez les phrases avec les formes des verbes (présent ou passé composé).

Paris, le 14 avril	
Chers Thomas et Julien,	
Merci pour votre carte de Bruxelles. Je vous ? tout de suite parce que je	répondre
? demain chez mes grands-parents – sans Antoine ☹! Il ? qu'il a beaucoup	partir / dire
de devoirs pendant les vacances. En ce moment, il ? un livre de 400 pages	lire
pour le cours de français … Je ne ? pas le titre du livre, mais il dit que	connaître
c'est intéressant. Il n'a pas beaucoup de temps, alors il m' ? des e-mails …	écrire
Dans votre carte, vous ? que vous ? Zebda au Virgin et qu'un musicien du	dire / voir
groupe ? «Pour Thomas Ravel» sur le CD. Ce week-end, j' ? un article sur	écrire / lire
leur nouveau CD et j' ? un reportage sur le groupe à la radio. Ils sont très	entendre
à la mode en ce moment.	
Et Bruxelles, c'est comment? Antoine et moi, nous ne ? pas encore cette	connaître
ville. Moi, j'aime les voyages, mais Antoine ? rester à Paris. Mes parents	préférer
me ? toujours: «Tu vas, tu ? – on ne te ? pas souvent, Emma!» Mais ma	dire / venir / voir
mère ne discute pas trop avec moi parce qu'elle ? toujours qu'elle ? son	dire / perdre
temps …	
Et quand est-ce que vous ? la prochaine fois à Paris?	venir
J' ? votre réponse. Emma	attendre

10 Quel bordel!

Jean et Fanny sont un peu bordéliques (chaotisch). *Mettez leurs mots dans le bon ordre.*

Naïma: Alors, tu as déjà parlé à la principale?	*Jean:* parlé – Oui, je – du racket – lui – ai – hier.
Fanny: Est-ce que Mme Garcia a téléphoné aux parents de Paul Vidal?	*Jean:* leur – téléphoner. – va – Non, mais elle
Naïma: Tu as déjà lu l'article sur la violence?	*Jean:* l' – encore – je – Non, – pas – lu. – ne – ai
Naïma: Mais tu as déjà téléphoné à Théo pour notre rendez-vous demain?	*Fanny:* un mail. – écrit – Non, mais je – lui – ai
Naïma: Est-ce qu'il a déjà répondu à ton e-mail?	*Fanny:* Non – a – encore – pas – ne m' – il – répondu.
Naïma: Alors, il ne va pas venir pour l'exposé?	*Fanny:* Mais si – son – laissé – ai – lui – un – sur – message – portable – je.

En France, les jeunes lisent ...

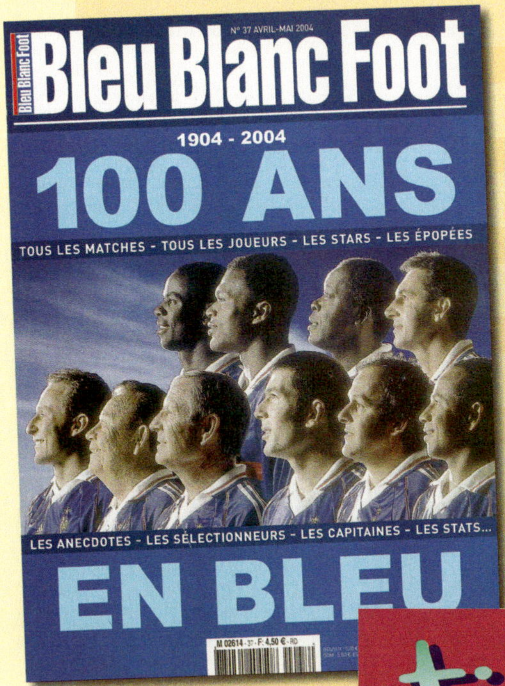

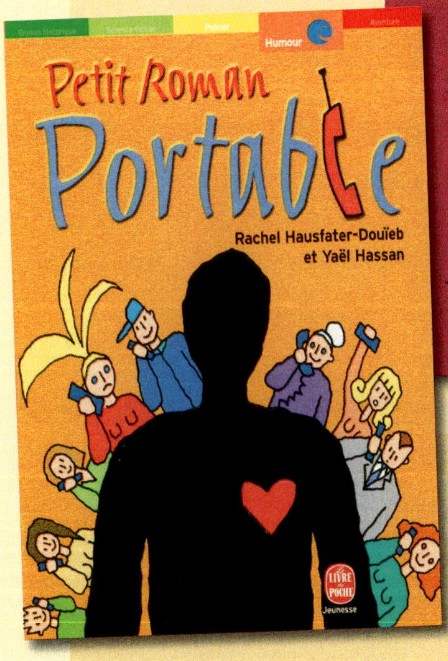

Auch auf dieser Seite könnt ihr euch auf das DELF A2 vorbereiten.

1 A chacun son magazine (ou livre)

Bilder lesen und verstehen

Regardez bien les couvertures page 72. Puis, lisez les phrases et dites si c'est vrai (V) ou faux (F).

1. Dans *Lolie*, on parle de mode, de musique et on trouve des interviews de stars.
2. Dans *Okapi*, on trouve des informations sur les superstars du foot.
3. *Je t'écris, j'écris* est un magazine sur les chats.
4. *Titeuf*, c'est une BD très marrante.
5. *Bleu Blanc Foot*, c'est un roman qui raconte l'histoire du foot en France.
6. Dans le *Petit roman portable*, on parle de téléphones portables et … d'amour.

2 Portraits de lecteurs

Lesen und verstehen

Lisez ces courriers de lecteurs. Puis, regardez les couvertures page 72: Que lisent ces ados? Justifiez vos réponses et notez les mots-clés.

Moi, je m'intéresse aux sciences mais aussi au Japon. J'adore la musique (Sniper, Kyo… c'est génial!). Je vais souvent sur Internet pour discuter sur les forums car je veux connaître l'opinion des jeunes de mon âge sur des sujets qui nous concernent. Dans mon école, on fait un projet sur le respect et sur la violence. Alors, je cherche des informations un peu partout.
Luc, 15 ans, Biarritz

J'emprunte souvent des livres au CDI du collège ou à la bibliothèque municipale. Parfois, j'achète un magazine, mais je ne trouve pas ça super intéressant. Je préfère les romans (sans trop de pages) écrits pour les jeunes de mon âge pour oublier ou même trouver une solution à mes petits problèmes. J'aime aussi les histoires d'amour, mais je déteste les histoires tristes.
Lisa, 14 ans, Toulouse

Salut! Moi, j'aime écouter de la musique rock, téléphoner et faire la fête. Je fais aussi du basket dans un club. Moi, ce qui m'intéresse, c'est faire du shopping et sortir avec mes copines. J'ai souvent des petits problèmes avec les garçons. Parfois, je mens à mes parents parce qu'ils ne veulent pas me laisser sortir le soir. Lire? Je n'aime pas trop ça, mais une fois par mois, je m'achète un magazine pour filles sur des sujets qui m'intéressent.
Cécile, 16 ½ ans, Paris

Comme je fais du sport 4 fois par semaine, je n'ai pas beaucoup de temps pour lire. Mais le sport, c'est ma vie et le foot, ma passion! Je joue dans une super équipe. Mes amies trouvent que c'est bizarre pour une fille. Mais la mode et le shopping, ça ne m'intéresse pas. Moi, le matin, je mets des baskets, un jean et un T-shirt, et voilà! Je suis comme ça!
Elodie, 14 ans, Grenoble

Notre prof de français nous donne des romans historiques de 400 pages à lire. Mais moi, ça ne m'intéresse pas trop. Et puis, il n'y a pas d'images, pas de photos, je trouve ça un peu triste. Moi, j'aime surtout rigoler! J'aime bien lire des histoires marrantes. J'adore les mangas. Je trouve les dessins super, et puis il n'y a pas beaucoup de texte.
David, 13 ans, La Bresse

Mes amis disent que je suis un rat de bibliothèque. Et comme j'aime bien les chats, ils disent que cela va bien ensemble. Ils rigolent mais ça m'est égal. J'aime bien lire, mais j'adore encore plus écrire. J'écris mon journal intime tous les jours. J'ai adoré ce roman d'une fille qui écrit pendant ses vacances de longues lettres à son nouveau petit ami qui ne lui répond pas.
Anne, 14 ans, Bretagne

LEÇON 7

d'abord Un scooter à 14 ans

Louis: Mes copains font du scooter **toute la journée**. Et moi, je passe **tout le week-end** à la maison.
Mme Bernac: Mais tu as ton vélo, non?
Louis: Mon vélo, il est nul! **Tous les garçons** et **toutes les filles** de mon âge ont un scooter.
M. Bernac: Ecoute, Louis, je t'ai déjà expliqué qu'on n'a pas d'argent pour ça!

a *Lisez le dialogue. Puis, faites une liste des expressions avec* ***tout****. Trouvez la règle.*

b *Regardez vos exemples. Puis, comparez avec l'allemand.*

c *Complétez avec* ***tout****.*

1. Dans le village, ? ? jeunes ont un scooter.
2. Ils font du scooter ? ? journée.
3. ? ? copains connaissent le vélo de Louis.
4. Louis reste à la maison ? ? temps.
5. Est-ce qu'il y a des problèmes comme ça dans ? ? familles?

Les filles? Pour elles, je suis nul!

Moi, je veux un scooter, mais mes parents ne veulent pas comprendre, surtout ma mère. **Elle**, elle me dit que j'ai déjà un vélo. Mais les garçons du village rigolent. Et entre les filles et **moi**, c'est aussi un problème: elles ne me regardent pas. Pour **elles**, je suis nul! Demain, je vais chez David. **Lui**, il va m'aider. Ses parents sont sympas. Avec **eux** au moins, on peut discuter. Chez **eux**, c'est vraiment cool! Ce n'est pas comme chez **nous**.

a *Lisez le texte et regardez les mots* ***en gras****: Quand est-ce qu'on les utilise? Puis, comparez avec l'allemand.*

b *Relisez le texte et complétez la grille dans votre cahier.*

1. **Moi, je** veux un scooter.	A. Entre les filles et **moi**, c'est aussi un problème.
2. Maman! ? , **tu** ne comprends rien!	B. Avec **toi**, c'est toujours la même chose.
3. David, ? , **il** va m'aider.	C. Demain, je vais chez ? .
4. ? , **elle** me dit que j'ai déjà un vélo.	D. Avec ? , on ne peut pas parler.
5. ? , **nous** ne faisons rien le week-end.	E. Chez David, ce n'est pas comme chez ? .
6. ? , **vous** n'êtes vraiment pas cool.	F. Avec **vous**, on ne peut pas discuter.
7. ? , **ils** ne comprennent vraiment rien.	G. Chez ? , c'est vraiment cool.
8. ? , **elles** ne me regardent pas.	H. Pour ? , je suis nul.

Tout le monde a un scooter!

1 Donneville est un petit village près de Toulouse. Comme tous les jours, les jeunes sont sur la place de l'église. Louis arrive en vélo.

2 *Hugo:* Dis donc, Louis! Samedi, on va à la Fête de la Musique à Toulouse. Tu viens avec nous?
Louis: Oui, mais comment vous allez à Toulouse?
Hugo: En scooter. Mais toi, tu dois partir en vélo tout de suite pour être à Toulouse samedi, non?
Tout le monde rigole. Louis est vexé. Bien sûr, il a déjà demandé un scooter à ses parents. Mais son père dit que ça coûte trop cher. Sa mère ne veut pas non plus parce que c'est trop dangereux.
Louis: Oh! Vous pouvez partir sans moi. Avec mon nouveau scooter, je vais arriver avant vous.
Louis rentre chez lui. Il est triste. Il a menti à ses copains et maintenant, il a un problème …

3 *Mme Bernac:* Qu'est-ce qu'il y a, Louis?
Louis: Tout le monde a un scooter, sauf moi!
Mme Bernac: Si tu veux gagner de l'argent, tu peux vendre des légumes avec nous au marché …
M. Bernac: … ou tu offres ton aide à ton frère au garage. Et on te donne déjà 15 € d'argent de poche!
Louis: Mais je ne peux pas attendre, moi!
Mme Bernac: Toi, tu n'es jamais content!
Louis: David vend son scooter. Il coûte 400 € et je n'ai pas assez d'argent.
M. Bernac: Louis, quand j'ai dit non, c'est non!
Louis: C'est toujours la même chose avec vous!
Louis est en colère. Il ouvre la porte et part …

1 A propos du texte

a *Regardez la stratégie page 53. Vous pouvez comprendre plusieurs mots nouveaux. Faites une liste.*

b *Faites des phrases qui correspondent au texte.*

1. Comme tous les jours,	ne sont pas d'accord	sur la place de l'église.
2. Samedi, tous les jeunes	veut acheter	pour la Fête de la Musique.
3. Quand Louis arrive	tous les jeunes sont	un scooter.
4. Louis est triste parce que	tous ses copains ont	rigole à cause de son vélo.
5. Louis	veulent aller à Toulouse	parce que c'est cher et dangereux.
6. Ses parents	tout le monde	le scooter de David.

△ **c** *A ton avis, qu'est-ce que Louis va faire?*

2 Ecoutez: Que va faire Louis?

a *Lisez les phrases. Puis, écoutez le dialogue. C'est vrai? C'est faux? Alors, corrigez.*

1. Louis veut parler à David.
2. David est déjà rentré du travail.
3. Louis discute avec M. Pelat de son problème.
4. Louis a 350 €.
5. M. Pelat pense qu'il ne peut rien faire pour lui.
6. M. Pelat va parler à la mère de Louis.
7. Louis va travailler à l'hôtel-restaurant parce qu'il parle bien l'allemand.

b *Le lendemain, M. Pelat téléphone aux Bernac. Imaginez et écrivez un dialogue.*

3 Louis va travailler tous les jours! *(G 33)*

Complétez les phrases avec les formes de ***tout****.*

1. Je vais travailler pendant		les vacances à l'hôtel-restaurant des Pelat.
2. Je vais préparer le petit-déjeuner		les matins.
3. Je vais ranger		les chambres avec Mme Pelat.
4. Je vais travailler	**tout** **toute** **tous** **toutes**	la journée.
5. Je vais passer		l'après-midi chez David.
6. On va rester		la soirée sur la place de l'église.
7. Et on va bien rigoler avec		les copains.

4 Tu viens avec nous, Louis? *(G 34)*

Complétez le texte avec

moi	*nous*
toi	*vous*
lui/elle	*eux/elles*

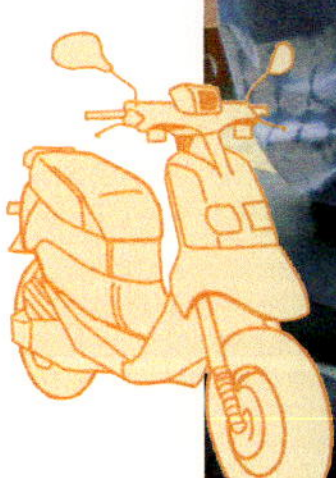

Mme Bernac: Alors, tu vas chercher ton scooter chez les Pelat?
Louis: Oui, David et ?, on a rendez-vous avec les copains sur la place. On va avec ? à la Fête de la Musique. Mangez sans ? parce que je vais rentrer un peu tard.

Sur la place de l'église …
Louis: Salut, les copains! Regardez, j'ai une surprise pour ?!
Lola: Waouh, ton scooter est super! Alors, tu viens avec ? à la Fête de la Musique?
Louis: Bien sûr! Mais où est Lisa? On ne va pas partir sans ?!
David: Lisa et sa sœur sont restées chez ?. Lisa n'a pas de scooter.
Louis: Mais Lisa, elle peut monter derrière ??
David: Non, je pense que Lisa et sa sœur vont en voiture à Toulouse avec un autre copain. On a rendez-vous sur la place de l'hôtel de ville.

5 On va à la Fête de la Musique! *(G 35)*

David et ses copains sont sur la place de l'hôtel de ville à Toulouse.

*Complétez avec **offrir**.*

David: Demain, c'est l'anniversaire de Lola. Moi, je lui ? le nouveau CD de Faudel. Elle est fan. Et vous, qu'est-ce que vous lui ? ?

Lisa et sa sœur ne sont pas contentes.

Hugo: Elles lui ? aussi ? le dernier CD de Faudel.

David: Mais Lisa, ce n'est pas grave, c'est l'anniversaire d'Hugo dans trois semaines! Et il adore Faudel, pas vrai?

Louis: Alors, vous venez? Lola nous ? un verre!

Lola: Et après, on va faire la fête!

6 David n'a pas de chance avec les filles!

Exemple: David ne comprend pas les filles. Continuez.

1. David	ne … pas	comprendre Lisa.
2. Elle	ne … rien	dire.
3. Elle	ne … jamais	l'écouter.
4. Il	ne … plus	aller chez elle.
5. Elle	ne … pas non plus	venir chez lui.
6. Ils	ne … pas encore	avoir parlé de leurs problèmes.

7 Titeuf et ses copains

a *Quelle image va avec quel adjectif? Complétez les phrases dans votre cahier.*

1. Titeuf est …

2. Les élèves sont …

! fier, fière

a) content
b) énervé
c) fier
d) vexé
e) triste
f) fatigué

3. Nadia est …

4. Titeuf est …

5. Titeuf et ses copains sont …

6. Titeuf est …

b A vous *Travaillez à deux.*

△ *Tim:* Moi, je suis **énervé** quand mon frère prend mes affaires. Et toi, Anja?

Anja: Moi, je suis en colère quand …

Lea: Moi, je suis **fière** parce que j'ai des bonnes notes. Et toi, Max?

Max: Moi, je suis fier parce que … *Continuez.*

8 Jeu de pantomime

Un élève choisit un ***mot*** *et le mime* (spielt es nach). *Les autres élèves doivent le deviner.*

cool vexé,e content,e
en colère fier, fière triste
fatigué,e en avoir marre

9 stratégie Erste Hilfe für das Gespräch

Problem	Lösung	
Ihr seid mitten im Satz stehen geblieben.	Keine Panik, es gibt sehr praktische Wörter und Sätze, die euch helfen können: ***Comment dire?/Ben .../Euh ... je veux dire/Enfin .../Vous voyez/Tu vois ...***	**Tipp** Sätze im Kopf vorbereiten, einfache Sätze bilden, langsam sprechen.
Es fehlt euch ein wichtiges Wort.	Versucht, das Wort zu ersetzen, indem – ihr auf einen Oberbegriff zurückgreift ***(c'est un vêtement)*** – und das Wort umschreibt ***(pour faire de la natation) → un maillot de bain!***	**Tipp** Ihr könnt das Wort auch durch sein Gegenteil erklären: ***Il n'est pas grand!*** → ***Il est petit!***
Euer Gesprächspartner/in spricht so viel und so schnell!	Oft reicht es aus zu begreifen, worum es geht. Wenn ihr etwas Wichtiges nicht versteht, dann fragt einfach nach! Und so geht es: ***Vous pouvez/tu peux parler moins vite?/ Pardon, je n'ai pas bien compris.*** ***Est-ce que vous pouvez/tu peux répéter, S.V.P.?*** ***Vous pouvez/tu peux m'expliquer?*** ***Mais qu'est-ce que vous voulez/tu veux dire?***	**Tipp** Beteiligt euch aktiv am Gespräch und zeigt euer Interesse! ***Ah! Je vois./Je comprends./ Ça alors!/C'est intéressant!/Quelle histoire!***

10 on dit Tu peux m'aider?

So bittet ihr um Hilfe:
- Vous pouvez m'aider, s'il vous plaît? / Tu peux m'aider, s'il te plaît?
- Est-ce que vous pouvez / tu peux faire quelque chose pour moi?

So antwortet ihr:
- Oui, bien sûr. Qu'est-ce que je peux faire pour vous / toi?
- Une minute, j'arrive.
- J'arrive tout de suite. Quel est le problème?

- Désolé(e)! Je ne peux (veux) pas vous/t'aider.
- Pardon, mais je n'ai pas le temps.

Regardez les images et choisissez une situation. Puis, écrivez un dialogue et jouez la scène.

⟨Les jeunes et l'argent de poche⟩

L'argent de poche des jeunes Européens

En France, les parents donnent souvent de l'argent en fonction de l'âge des enfants. Les enfants de moins de 10 ans ont de l'argent de poche seulement quand ils veulent acheter quelque chose. Alors, ils demandent à leurs parents. Pour les enfants à partir de 12 ans, c'est différent. La plupart des parents leur donnent de l'argent toutes les semaines ou tous les mois.
Les jeunes reçoivent aussi de l'argent pour leur anniversaire, pour Noël, mais aussi quand ils offrent leur aide ou quand ils ont de bonnes notes à l'école.

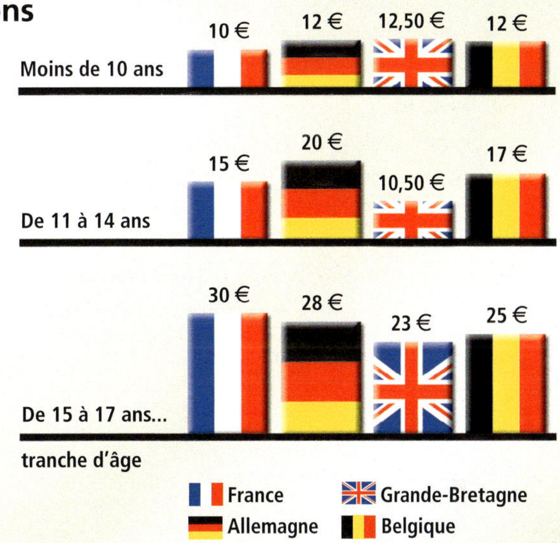

D'après une étude de l'INSEE, «L'argent de poche versé aux jeunes», Christine Barnet-Verzat et François-Charles Wolff, Economie et statistique, n° 343/2001.

A vous

Faites une enquête sur l'argent de poche dans votre classe.
Qu'est-ce que tu achètes avec ton argent de poche?

Ecoutez: L'argent de poche et nous

Vous allez entendre une interview de quatre jeunes: Théo, Alissa, Jérémie et Emma. Faites une grille dans votre cahier et complétez: 1. Leur âge 2. La ville d'où ils viennent 3. Combien d'argent de poche est-ce qu'ils ont par mois? 4. Qu'est-ce qu'ils font de leur argent?

TEST L'argent pour toi...

C'est du sérieux, ça ne t'intéresse pas trop ou tu trouves ça hyperimportant? Pour le savoir, fais le test! ***Regarde page 193.***

1. Tu veux aller au ciné avec ton copain / ta copine. Mais il /elle a dépensé tout son argent de poche. Tu lui dis:
   A) «Pas d'argent, pas de ciné. Reste chez toi et fais tes devoirs!»
   B) «Pas de problème! Je vais t'inviter.»
   C) «Je te prête de l'argent, mais tu me le rends bientôt.»

2. Tu voudrais un peu plus d'argent de poche. Tu penses:
   A) «Mes parents doivent me donner plus d'argent. Les parents sont là pour ça, non?»
   B) «Mes parents vont me comprendre et s'ils ne veulent pas, ce n'est pas très grave.»
   C) «J'ai eu une bonne note en français, alors ils vont me donner plus d'argent. C'est normal.»

3. Quel est ton job idéal?
   A) «Moi, je veux être très vite très riche. Il faut travailler pour ça?»
   B) «L'important pour moi, c'est de faire un travail utile.»
   C) «Je voudrais faire un travail intéressant et ... bien payé.»

Aidez-moi!

1 A propos du texte

a *Regardez bien la BD. Puis, trouvez pour chaque dessin la bonne phrase.*

1. La balle est dans l'arbre, mais Plouf ne veut pas monter dans l'arbre.
2. Jules explique le jeu à Plouf, mais Plouf ne veut pas aller chercher la balle.
3. Jules voit la balle et monte dans l'arbre. Pendant ce temps, Plouf part et l'échelle tombe.
4. Plouf est derrière la maison et rigole.
5. Les parents cherchent leur fils dans le jardin. Ils le voient dans l'arbre. Jules leur demande s'ils peuvent l'aider.
6. Jules veut jouer avec Plouf, mais Plouf n'a pas envie.

b Qui parle à qui/Qui pense à quoi? *Exemple:* Jules dit à Plouf ... / Plouf pense ...

1. «Va chercher la balle.»
2. «Réponds-nous, mais tu es où?»
3. «Attends, ne bouge pas, j'ai la balle.»
4. «Aidez-moi.»
5. «Ne crie pas comme ça.»
6. «Allons jouer ensemble dans le jardin.»

▽ 2 Prenez la liste des courses et l'argent.

Faites des phrases à l'impératif au singulier et au pluriel.

venir ici / porter le sac

faire les courses

aller au marché

acheter du pain

3 Quelle classe! *(G 18)*

Faites des phrases à l'impératif avec **ne … pas**.

Fanny mange **une** pomme en cours.
Ne mange **pas de** pomme en cours.

1. Naïma et Fanny discutent en cours.
2. Elodie téléphone pendant le cours.
3. Marc parle avec son voisin.
4. Fanny et Théo dorment en cours.
5. Fanny écrit **des** SMS en cours.
6. Alex et Théo mangent **des** chewing-gums en classe.
7. Karim écoute **de la** musique en cours.

4 Jules et Plouf, écoutez-nous. *(G 36)*

Faites des phrases à l'impératif.

Plouf, tu **nous écoutes**? → Plouf, écout<u>e</u>**-nous**.
Plouf, tu **m'écoutes**? → Plouf, écout<u>e</u>**-moi**.

1. Jules, tu **nous aides**?
2. Plouf, tu **m'apportes** la balle?
3. Jules et Plouf, **vous m'expliquez**?
4. Jules et Plouf, vous **me dites** où est l'échelle?
5. Plouf! Jules! Vous **me répondez**?
6. Plouf, tu **nous attends**?
7. Jules! Tu **m'aides**?
8. Tu **nous dis** comment tu as fait ça?

△ 5 Lance-lui la balle, Jules! *(G 36)*

Dimanche après-midi, Jules joue avec Plouf. Le père de Jules les regarde, la mère lit un magazine.

Complétez les phrases avec ***le/la/les*** *ou* ***lui/leur****.*

regarder **qn** → Regarde **le chien** → Regarde-**le**.
lancer qc **à qn** → Lance la balle **à Plouf**.
→ Lance-**lui** la balle.

Le père: Chérie, tu as vu? Jules et Plouf jouent dans le jardin. Regarde-(1). Ils sont marrants.
La mère: Ah bon, Jules est aussi dans le jardin? Demande-(2) s'il a déjà fait ses devoirs.
Le père: Jules! Plouf veut la balle. Donne-(3) la balle.
Jules: Regarde-(4), papa! Plouf veut monter dans l'arbre.
Le père: Mais Plouf! La balle est derrière l'arbre. Cherche-(5).

Le père de Jules va jouer avec Jules et Plouf.
La mère: Chéri, dis-(6) qu'on va bientôt manger.
Jules (à Plouf): Où est la balle, Plouf? Trouve-(7) avant papa!
Plouf: Moi, j'en ai marre maintenant. Je rentre!
Jules: Maman, Plouf veut rentrer. Ouvre-(8) la porte, s'il te plaît.
La mère: Ah non! Explique-(9) qu'il est mouillé. Il doit rester au jardin.
Le père: Bon, allez, Jules! On va manger.

On se calme!

Tous les matins, les Marot se réveillent à 7 heures. Mais aujourd'hui, M. Marot est un peu pressé.

Papa: Clément, tu te dépêches un peu, s'il te plaît?
Clément: Oui, oui! Je m'habille, je me coiffe et j'arrive!

Papa: Mais qu'est-ce qu'il fait dans la salle de bains pendant des heures!
Lucie: Il se coiffe et se regarde dans la glace, papa!

Papa: Mais … tu ne vas pas aller au collège comme ça!
Maman: Ton père a raison!
Clément: Eh, vous vous calmez un peu.

Maman: On ne s'énerve pas mais … regarde tes cheveux! C'est … c'est … euh …

Lucie: Bon, moi, je me lave maintenant!
Papa: Lucie! Mais ce n'est pas vrai! Mon train part dans une heure!
Clément: Pas de panique, papa! Ton look est super!

1 D'abord, je me lave. *(G 37)*

a *Ecrivez les formes du verbe* ***se laver****.*
D'abord, je **me** lave. Après, tu … Continuez.

b *Faites une liste des autres verbes pronominaux (Reflexivverben) et conjuguez-les.*

2 A propos du texte

Reliez les phrases.

1. Tous les jours, les Marot …
2. Aujourd'hui, M. Marot est pressé …
3. Clément doit se dépêcher …
4. Clément explique à son père …
5. M. et Mme Marot n'aiment pas …
6. Lucie va dans la salle de bains …
7. Clément rigole…

a) pour se laver.
b) parce qu'il trouve que son père a un look super.
c) parce qu'il prend le train.
d) qu'il s'habille et qu'il se coiffe.
e) le look de leur fils.
f) se réveillent à sept heures.
g) parce que son père veut aller dans la salle de bains.

3 Tous les matins, je me réveille … (G 37)

Complétez le texte.

Le matin, nous ? à sept heures. Mes parents ? et ? d'abord. Ils ? parce qu'ils partent travailler à sept heures et demie. Après, je vais dans la salle de bains. Je ? et je ? . Ma sœur ? parce qu'elle n'aime pas attendre. Elle aussi, elle veut ? . Alors, je ? .
Je dois dire que ma sœur et moi, nous ? toujours un peu le matin, mais après, nous ? .
Et toi, à quelle heure est-ce que tu ? tous les matins? Moi, j'adore la mode. Comment est-ce que vous ? en ce moment en Allemagne? A bientôt! Clément

se réveiller – se laver – s'habiller
se dépêcher
s'habiller – se coiffer
s'énerver
se laver – se dépêcher
s'énerver
se calmer
se réveiller
s'habiller

▽ 4 Les matins de Titeuf (G 37)

1 7h00 | 2 7h05 | 3 7h10 | 4 7h35 | 5 7h40 | 6 7h45

a *Que fait Titeuf tous les matins? Décrivez les images.*
b *Dessinez la septième image et imaginez la suite de la journée de Titeuf.*

5 On ne s'énerve pas chez les Marot. (G 37)

Regardez les dessins et faites des phrases avec ***ne … pas.*** *Exemple:* se calmer → Ils ne se calment pas.

1. – Est-ce que les Marot se réveillent à huit heures aujourd'hui? – Mais non, ils ….
2. *Lucie:* Clément, est-ce que tu te coiffes? *Clément:* Mais non, je … Je me lave.
3. – Et Madame Cassepieds, elle s'énerve à cause de la musique de Clément? – Mais, non, elle …
4. – Est-ce que M. Marot s'habille? – Mais non, il … Il se coiffe.
5. *Clément (à ses parents):* Vous vous énervez souvent! – Mais non, nous …
6. – Est-ce que Lucie se dépêche? – Mais non, elle … Elle a le temps!

MODULE 3

Les vacances que tu vas adorer!

Tu veux …
… rencontrer des jeunes qui aiment l'action?
… pratiquer tous les sports que tu aimes?
… passer des soirées d'enfer où on danse toute la nuit?

Alors, le club «CroqVacances» est pour toi!

Notre club t'intéresse? Alors, écris à:
contact@croqvacances.org

Notre club «CroqVacances» te propose

… des sports vraiment cool qui donnent la chair de poule.

… des activités que tu peux partager avec des jeunes de ton âge.

… des fêtes sympas où on rigole avec les copains!

Les jeunes que tu vas rencontrer ont entre 13 et 16 ans. Ils viennent de toute la France.

1 D'abord, on cherche la règle … (G 38)

Lisez le texte et complétez ces exemples. Trouvez la règle:

Tu veux rencontrer **des jeunes**. **Les jeunes** aiment l'action.
→ Tu vas rencontrer **des jeunes** ? aiment l'action.

Tu veux pratiquer **des sports**. Tu aimes **ces sports**.
→ Tu veux pratiquer des sports ? tu aimes.

«CroqVacances», c'est un club. **Ce club** est génial.
→ «CroqVacances», c'est un club ? est génial.

Les jeunes ont entre 13 et 16 ans. Tu vas rencontrer **des jeunes**.
→ **Les jeunes** ? tu vas rencontrer ont entre 13 et 16 ans.

2 A propos du texte

1. Qu'est-ce que les jeunes peuvent faire comme activités au club «CroqVacances»?
2. Et toi, qu'est-ce que tu préfères comme activité? Pourquoi?
3. Avec qui est-ce que tu aimerais passer tes prochaines vacances?

MODULE 3

▽ 3 A la plage (G 38)

a *Complétez la phrase et utilisez* ***qui****.*

Exemple: Tu vois le garçon …? (Le garçon fait du ping-pong avec Eric.)
→ Tu vois le garçon **qui** fait du ping-pong avec Eric?

Charlotte: Dis donc, tu connais ces jeunes …? (Les jeunes jouent au volley.)
Amélie: Non, je ne connais pas non plus le garçon. … (Le garçon te regarde depuis une heure.)
Charlotte: Moi non plus. Mais qui est cette fille …? (La fille arrive en scooter.)

b *Complétez la phrase et utilisez* ***que****.*

M. Marot: Où est le livre …? (Tu as lu le livre ce week-end?)
Mme Marot: Tu cherches le livre …? (Tu m'as offert le livre pour mon anniversaire)
M. Marot: Et où est le magazine …? (J'ai acheté le magazine ce matin.)

c *Complétez la phrase et utilisez* ***où****.*

Julien: J'ai rendez-vous au café de la plage … (Au café, j'ai rencontré une fille sympa hier.)
Thomas: Ce soir, je vais à une soirée … (A cette soirée, je vais chanter et danser.)
Julien: Ah bon? Cette soirée est à la discothèque … (L'ami de Cédric travaille à la discothèque.)

△ 4 Les vacances (G 38)

Complétez les cartes postales avec ***qui, que*** *et* ***où****.*

Donneville, le 15 août
Salut, les copains!
Les vacances ? je passe avec mes parents ne sont pas cool! Nous sommes dans un hôtel ? il n'y a pas d'ambiance. Et les garçons ? je rencontre ici sont toujours avec leurs copines. Hier, j'ai rencontré Louis, un garçon ? travaille à l'hôtel. Il m'a dit que, près de Toulouse, il y a le parc Tépacap. C'est un parc ? propose des activités ? donnent la chair de poule. On va ensemble au parc Tépacap dimanche – sans mes parents et ça, c'est mégacool!
A bientôt! Benoît

Biarritz, le 18 juillet
Chers parents,
Ici, je passe des vacances géniales: avec les copains, on a trouvé un petit camping ? n'est pas très loin de la mer. Hier, on a rencontré deux filles ? viennent de Paris et ? je trouve très sympas. Ce soir, on va sur la place ? tous les jeunes du village ont rendez-vous. Il y a un petit café ? on peut manger des pizzas pas très chères. Ah, voilà les vacances ? j'aime!
Je vous embrasse.
Alexandra

Mme et M.
Charles Dupont
3 rue du Maréchal Gérard
54 000 Nancy

5 C'est une ville qui … (G 38)

Complétez les phrases avec ***qui, que*** *et* ***où*** *et trouvez les réponses.*

1. – C'est une ville ? est dans la région Midi-Pyrénées.
– C'est une ville ? on fait beaucoup de rugby.
– C'est la ville ? est jumelée avec Kiev …

? Quelle est cette ville ?

2. – C'est quelque chose ? tout le monde prend à Paris.
– C'est un «train» ? on peut souvent écouter des musiciens.
– Pour le prendre, il faut un ticket ? coûte 1,40 €.

? Qu'est-ce que c'est ?

3. – C'est un garçon ? a des problèmes avec ses parents.
– Il habite dans un village ? tous les jeunes ont un scooter.
– Il veut acheter le scooter ? vend son copain.

? Qui est-ce ?

MODULE 4

La plus belle ville du monde!

Tobias, le correspondant de Farid est à Paris pour une semaine. Il est arrivé hier de Francfort-sur-le-Main. Farid et Tobias ont de la chance. Il fait beau aujourd'hui! Alors, les garçons montent à la tour Eiffel (324 mètres!). De là, on a une très belle vue sur Paris.

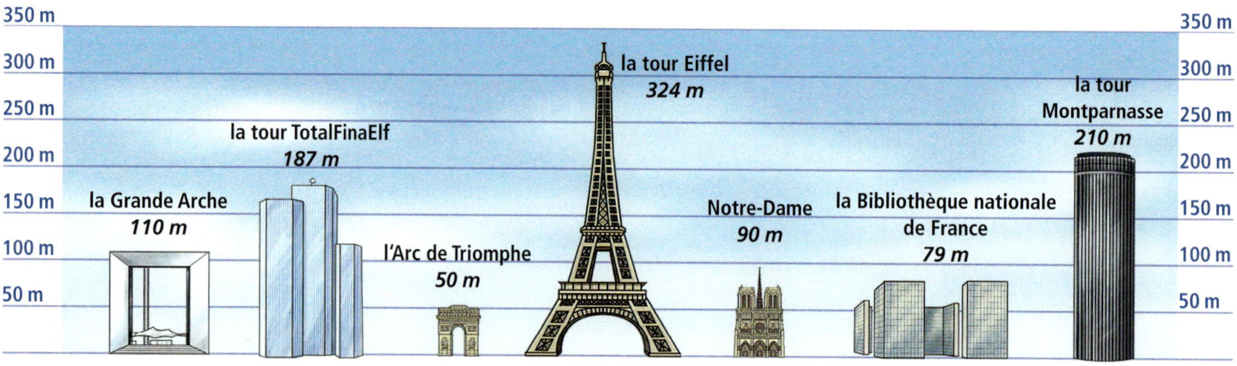

Farid: Là-bas, c'est la tour Montparnasse.

Tobias: Elle est plus haute que la tour Eiffel?

Farid: Mais non, la tour Montparnasse est moins haute que la tour Eiffel! Elle fait seulement 210 mètres … Et là-bas, tu vois derrière la tour Montparnasse les quatre grandes tours comme des livres ouverts? C'est la plus grande bibliothèque de France! Elle est presque aussi haute que Notre-Dame.

Tobias: Pas mal! Et là, à gauche, c'est l'Arc de Triomphe avec la Place Charles De Gaulle?

Farid: Oui, la plus belle avenue du monde part de cette place.

Tobias: Ah! Les Champs-Elysées, bien sûr! Et là, à gauche, qu'est-ce que c'est?

Farid: C'est le quartier de la Défense avec la Grande Arche. Et là, tu vois la tour TotalFinaElf? C'est le plus haut gratte-ciel d'Europe!

Tobias: Mais non, le plus haut gratte-ciel d'Europe, il est à Francfort!

Farid: Ah bon? Tu as peut-être raison, mais la plus belle ville du monde, c'est …

Tobias: Paris, je sais! Bon maintenant, je t'offre la meilleure glace du monde … à l'île Saint-Louis! … Regarde, c'est écrit dans mon guide.

1 D'abord, on cherche la règle …

Regardez le texte et le dessin. Puis, complétez le tableau dans votre cahier et trouvez la règle.

La tour Montparnasse est très haute.

- Elle est **plus** haute ? Notre-Dame.
- L'église Notre-Dame est presque ? haute que la Grande Arche.
- Les tours de la bibliothèque sont **moins** hautes ? la tour Eiffel.
- La tour Eiffel est **la** ? **haute** tour **de** France.

2 A propos du texte

a Qu'est-ce que c'est?

1. Elle fait 210 mètres.
2. Elle a quatre tours comme des livres ouverts.
3. Pour Farid, c'est la plus belle avenue du monde.
4. Elle est presque aussi haute que Notre-Dame.
5. C'est la plus haute tour de Paris
6. On la trouve à l'île Saint-Louis.

b A votre avis, quelle est la plus belle ville du monde?

c Recherchez sur Internet le plus haut gratte-ciel d'Europe et du monde.

▽ 3 Petits et grands (G 39)

*Faites des phrases avec **plus … que** ⬀.*

Exemple: Amélie est **plus** grande **que** Pierre

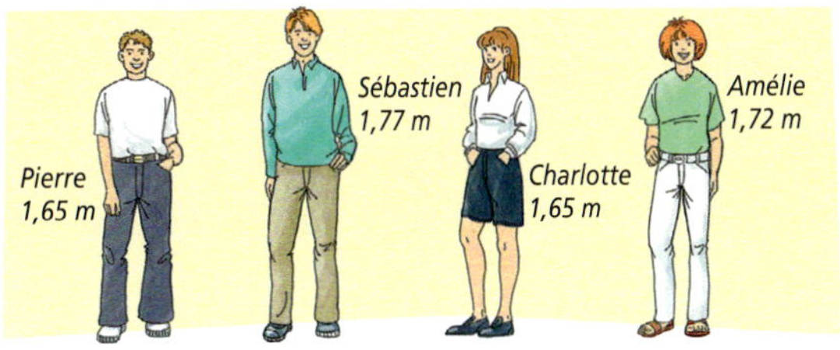

▽ 4 La tour Montparnasse est moins haute que la tour Eiffel. (G 39)

*Faites des phrases avec **moins … que** ⬂.*

Exemple: Le pic du Midi est (⬂ haut) la Zugspitze.

1. Un vélo est (⬂ cher) un scooter.
2. La Belgique est (⬂ grand) la France.
3. L'allemand est (⬂ facile) le français.
4. Le foot est (⬂ dangereux) le rugby.
5. Les profs en France sont (⬂ cool) les profs allemands.

▽ 5 Les Français sont aussi sympas que les Allemands! (G 39)

*Faites des phrases avec **aussi … que** ⇔.*

1. La France est (⇔ beau) l'Allemagne.
2. Pierre est (⇔ grand) Charlotte.
3. Le sport est (⇔ important) les maths ou les langues.
4. Le français est (⇔ utile) l'anglais.
5. Les jeux vidéo sont (⇔ intéressant) les livres.
6. Farid est (⇔ fier) Tobias.

▽ 6 La plus belle ville du monde! (G 39)

*Faites des phrases avec **le plus …/la plus …/ les plus …***

Exemple: Sébastien est (⇧ grand) garçon.
Sébastien est **le plus grand** garçon de la classe.

1. Les Champs-Elysées? C'est (⇧ beau) avenue de Paris et Paris, la (⇧ grand) ville de France.
2. La tour de télévision de Berlin est (⇧ haut) tour d'Allemagne.
3. La cuisine française est (⇧ bon) cuisine d'Europe.
4. M. Boussac est (⇧ sympa) de tous les profs.
5. Jean Lacoste est (⇧ bon) élève de la classe.

△ 7 Farid écrit un e-mail à Silke. (G 39)

Complétez.

Chère Silke,
Mon corres Tobias est arrivé lundi. Hier, nous sommes allés à la tour Eiffel et je lui ai montré *les (⇧ beau)* tours de Paris. Il dit que le *(⇧ haut)* gratte-ciel d'Europe est à Francfort! C'est vrai, ça? Après, on a fait un peu de shopping. Tobias dit que c'est *(⇔ cher)* à Paris qu'à Francfort. Il pense que les gens à Francfort sont *(⬂ stressé)* qu'à Paris. On a mangé des sandwichs aux Halles. Tobias trouve qu'en Allemagne, les petits pains sont *(⬀ bon)* que nos baguettes. Aujourd'hui, nous sommes allés au collège. Il dit que nos profs sont *(⬂ gentil)* que dans son école. Ici, en France, on a beaucoup de devoirs, alors il pense que les élèves sont *(⬀ fatigué)* qu'en Allemagne. Mais mes copains sont *(⇔ sympa)* que ses copains. Il aime aussi beaucoup Amélie! Il dit que c'est la *(⇧ beau)* fille de la classe.
A bientôt! Farid

MODULE 5

Souvenirs

① … de Pont d'Arc

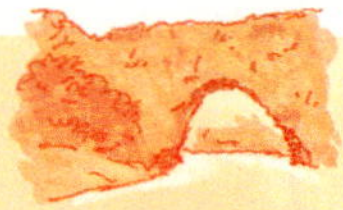

Avant le départ …

Manon: Dis donc, Sébastien, tu pars **en Belgique** l'année prochaine?
Sébastien: Oui, j'y vais pendant les vacances de Pâques. Et toi, tu retournes **à Pont d'Arc**?
Manon: Non, je n'y retourne pas. Je vais peut-être passer mes vacances **en Allemagne**.
Sébastien: Ah bon? Et où ça?
Manon: **A Coblence.**
Sébastien: Et tu y vas avec tes parents?
Manon: Y aller avec mes parents? Ça ne va pas, non?

② … de Saint-Malo

Un jour, Anne Lepic rencontre Alex Vanel.

Anne: Salut Alex! Ah, tu reviens **de la plage**?
Alex: Oui, j'en reviens.
Anne: Quelqu'un m'a dit que tu ne vas plus **à l'école**?
Alex: Si, j'y vais toujours, mais je vais dans un autre collège à Rothéneuf.
Anne: Alors, tu n'habites plus **à Saint-Malo**?
Alex: Mais si, j'y habite toujours. Mais tu dois me comprendre. Depuis l'histoire des portables, je ne vois personne de la bande. Et c'est mieux comme ça!

③ … de Paris

Marine téléphone à Charlotte.

Marine: Dis donc, Charlotte, est-ce que Léa va **chez Farid** pour sa fête d'anniversaire samedi?
Charlotte: Mais oui, elle y va.
Marine: Ah non! Alors, moi, je n'y vais pas!
Charlotte: On peut aller **en ville**, si tu préfères.
Marine: Oui, mais on y va sans ta petite sœur.
Charlotte: D'accord! Ça marche!

④ … de Donneville

Louis n'a vraiment pas de chance …

Louis rentre à la maison. Il pousse son scooter et il pleut.
M. Bernac: Tu viens **du collège**?
Louis: Oui, j'en viens. Mais je dois aller **au garage** maintenant.
M. Bernac: Et tu y vas tout de suite?
Louis: Ben oui! Moi, sans mon scooter, je suis perdu.

1 D'abord, on cherche la règle …

a *Faites des groupes. D'abord, chaque groupe choisit un texte.*
b *Cherchez les phrases avec les pronoms* **y** *et/ou* **en** *et notez-les dans votre cahier. Qu'est-ce qu'ils remplacent? (Was ersetzen sie?)*
c *Trouvez la règle en allemand et présentez vos résultats à la classe.*

2 A propos des textes

Lisez les quatre textes et remplacez **y** *ou* **en** *dans les phrases suivantes par un complément de lieu (Ortsangabe). Exemple:* Alex **en** revient → Alex revient **de la page**.

① 1. Sébastien **y** va l'année prochaine.
2. Manon n'**y** retourne pas.
3. Manon **y** passe ses vacances.
4. Est-ce que Manon **y** va avec ses parents?

② 5. Alex **en** revient.
6. Alex **y** va toujours.
7. Alex **y** habite toujours.

③ 8. Léa **y** va.
9. Charlotte et Marine **y** vont sans la sœur de Charlotte.

④ 10. Louis **en** vient.
11. Louis doit **y** aller.

MODULE 5

3 Où ça? (G 40)

Exemple: A Toulouse, Rémi fait du rugby. → **A Toulouse?** – Rémi **y** fait du rugby. *Continuez.*

1. Manon fait de la voile à Saint-Malo.
2. Sophie fait du VTT à La Bresse.
3. Sébastien fait de l'athlétisme à Paris.
4. On fait du surf à Biarritz.
5. Les Marot font du ski à Méribel.
6. On fait de la musique le 21 juin en France.
7. Louis retrouve ses copains devant l'église.
8. Louis va chez son copain David pour parler de ses problèmes.
9. Louis travaille au restaurant des Pelat.
10. On fait du shopping sur les Champs-Elysées.

4 D'où ça? (G 40)

Exemple: Lucie rentre **du collège** vers cinq heures et demie.
→ **Du collège**? Lucie **en** rentre vers cinq heures et demie. *Continuez.*

1. Les Marot viennent **de Grenoble**.
2. Madame Marot sort tard **de la maison**.
3. Clément rentre tard **du club de foot**.
4. Madame Cassepieds revient **des courses**.
5. La grand-mère de Lucie et de Clément sort **de l'hôpital** demain.
6. Lucie rentre **du hip-hop** vers six heures.
7. Les Cassepieds reviennent **du ski**.

5 Tu y vas ou tu en viens? (G 40)

Elève A: **Du** CDI?
Elève B: J'**en** viens!
Elève B: **A** Toulouse?
Elève A: J'**y** vais!

Au collège?	Du CDI? ✓	De la Fête de la Musique?
Du cours de sport?	A la gare?	En ville?
Chez tes amis?	De la poste?	En discothèque?
Du café de la place Charles De Gaulle?	Sur la terrasse du «Café des sports»?	Dans le Nord de la France?
		A Toulouse? ✓

6 Mais non, ils n'y vont pas! (G 40)

Exemple: Est-ce que Thomas et Julien habitent **à Bruxelles**?
→ Non, Thomas et Julien **n'y** habitent **pas**. Ils habitent à Toulouse.

1. Est-ce que Thomas et Julien restent **à Paris** pendant deux jours?
2. Est-ce que Thomas lit sa BD préférée **dans le train**?
3. Est-ce que Thomas et Julien vont **à la gare du Nord** tout de suite?
4. Est-ce que Zebda présente son nouveau CD **au Centre Pompidou**?
5. Est-ce que Antoine et Emma vont **au Virgin** avec Thomas et Julien?
6. Est-ce que les cousins des Ravel habitent **en Allemagne**?

7 Bizarre, vous avez dit bizarre …

*Complétez avec **ne … rien** ou **ne … personne**.*

Anne: Il y a quelqu'un?
Luc: Mais non, ? …!
Anne: Toi, tu vois quelque chose?
Luc: Mais non, ? … . Chut! J'ai entendu quelque chose.
Anne: Bizarre, moi, je ? …
Luc: Bah! J'ai rêvé, c'est tout!

Auf dieser Seite findest du einen **Überblick** über wichtige Grammatikthemen, die du in **Tous ensemble 1** kennen gelernt hast.

Zoom sur la grammaire

Déjà vu!*

Nomen und Begleiter
- bestimmter Artikel
- unbestimmter Artikel
- ***à*** + bestimmter Artikel
- ***de*** + bestimmter Artikel
- Possessivbegleiter

Verben
- auf ***-er***
- Imperativ
- unregelmäßige Verben
- das ***futur composé***

Verneinung
- ***ne … pas***

Mengenangaben
- ***un kilo de***
- ***beaucoup de***
- ***un peu de***

Fragen
- Intonationsfrage
- ***Est-ce que … ?***
- ***Qui aime … ?***
- ***Que fait … ?***
- ***Où est … ?***
- ***Qu'est-ce que … ?***
- ***Où est-ce que … ?***
- ***Quand est-ce que … ?***
- ***Pourquoi est-ce que … ?***

bestimmter/unbestimmter Artikel

Singular		Plural
le	**la**	**les**
un	**une**	**des**

Manon arrive **au** (~~à le~~) club et là, elle va d'abord **aux** (~~à les~~) toilettes.

Sophie prend une photo **du** (~~de le~~) parc et **des** (~~de les~~) copains.

Mengenangaben

Au marché, Marine achète **un kilo de** pommes.
Elle achète **beaucoup de** carottes et **un peu de** fromage.

Possessivbegleiter

	Singular	Plural
mon copain / **mon** école	**ma** copine	**mes** profs / **mes** photos
ton copain / **ton** école	**ta** copine	**tes** profs / **tes** photos
son copain / **son** école	**sa** copine	**ses** profs / **ses** photos
notre prof / **notre** photo		**nos** profs / **nos** photos
votre prof / **votre** photo		**vos** profs / **vos** photos
leur prof / **leur** photo		**leurs** profs / **leurs** photos

le copain de Farid → **son** copain (= sein Freund)
le copain de Charlotte → **son** copain (= ihr Freund)

la copine de Farid → **sa** copine (= seine Freundin)
la copine de Charlotte → **sa** copine (= ihre Freundin)

* **déjà vu** schon (einmal) gesehen (hier: Grammatik, die du schon gelernt hast)

Zoom sur la grammaire

Verben auf -er

je	chant **e**
tu	chant **es**
il / elle / on	chant **e**
nous	chant **ons**
vous	chant **ez**
ils / elles	chant **ent**

Imperativ

Chante, Amélie.
Ecoutons le CD.
Prenez vos sacs.

unregelmäßige Verben

	je	il	nous
aller	vais	va	allons
faire	fais	fait	faisons
prendre	prends	prend	prenons
mettre	mets	met	mettons
vouloir	veux	veut	voulons
pouvoir	peux	peut	pouvons

unregelmäßige Verben

	être	**avoir**
je / j'	suis	ai
tu	es	as
il / elle / on	est	a
nous	sommes	avons
vous	êtes	avez
ils / elles	sont	ont

das futur composé

Amélie **va chanter**.

Verneinung

Eric **ne** joue **pas** au foot.
Il **n'** aime **pas** les BD.

Fragen

Tu chantes souvent?
Est-ce que Pierre chante?

Qui chante le rap?
Que fait Pierre?
Où est le parc Debrousse?

Qu'est-ce que tu fais?
Où est-ce que tu vas?
Quand est-ce que tu arrives?
Pourquoi est-ce que tu ne manges pas? **Parce que** …

G comme grammaire

LEÇON 1

G1 *Je fais du sport.*

de+la

de+l'

Elle **fait du** roller.

Elle **fait de la** danse.

Ils **font du** ski.

Il **fait de l'**athlétisme.

Elles **font du** tennis.

Il **fait de la** natation.

aimer / adorer			**faire**		**de**	
J' **aime**	**le**	sport.	Je	**fais**	**du**	sport.
Vous **aimez**	**l'**	athlétisme?	Vous	**faites**	**de l'**	athlétisme?
Il **adore**	**la**	natation.	Il	**fait**	**de la**	natation.

G2 *je veux, je peux …* – Die Verben *vouloir* und *pouvoir*

	vouloir	[vulwar]	wollen		**pouvoir**	[puvwar]	können
je	**veux**	[vø]		je	**peux**	[pø]	
tu	**veux**	[vø]		tu	**peux**	[pø]	
il/elle/on	**veut**	[vø]		il/elle/on	**peut**	[pø]	
nous	voul**ons**	[vulõ]		nous	pouv**ons**	[puvõ]	
vous	voul**ez**	[vule]		vous	pouv**ez**	[puve]	
ils/elles	**veulent**	[vœl]		ils/elles	**peuvent**	[pœv]	

W

Moi, j'		**aime**		**faire**	du canoë. Et toi?
Moi, je		**préfère**		**faire**	du volley.

Neu!

Je		**veux**		**faire**	du foot. Et toi?
Moi, je	ne	**veux**	pas	**rester**	au camping.
On		**peut**		**aller**	au bord de l'eau?
Non, nous	ne	**pouvons**	pas	**aller**	au bord de l'eau. Nous allons bientôt manger.

aimer
préférer
vouloir
pouvoir
} **+ Infinitiv**

G3 *Tu me comprends?* – Die Objektpronomen *me, te, nous, vous*

Tu	**me**	donnes les livres?	Gibst du **mir** die Bücher?
Il	**m'**	invite à la fête.	Er lädt **mich** zur Fete ein.
Je	**te**	fais un cadeau.	Ich mache **dir** ein Geschenk.
Je	**t'**	aime.	Ich liebe **dich**.
Tu	**nous**	regardes?	Schaust du **uns** an?
Ça	**vous**	intéresse?	Interessiert es **euch**?
Je	**vous**	montre nos VTT.	Ich zeige **Ihnen** unsere Mountainbikes.
Je	**vous**	invite au pique-nique.	Ich lade **Sie** zum Picknick ein.
↓	↓	↓	
Subjekt +	**Objekt- + pronomen**	**Verb**	

me → mir / mich

te → dir / dich

nous → uns

vous → euch

vous → Ihnen / Sie

Je	t'	aime.
↓	↓	↓
Subjekt +	**Objekt- + pronomen**	**Verb**

Je	**ne**	t'	aime	**pas.**
↓	↓	↓	↓	↓
Subjekt +	**ne +**	**Objekt- + pronomen**	**Verb**	**pas**

LEÇON 2

G4 *Elle a interrogé le blessé.* – Das *passé composé* mit *avoir*

W

Neu!

	aujourd'hui heute		**demain** morgen
	↓		↓
	je **regarde**		je **vais regarder**
	↓		↓
passé composé	*présent*		*futur composé*
↓			
hier gestern			

Hier,	j'	**ai**	trouv **é**	les portables.
	Tu	**as**	vol **é**	le sac? Et ta copine?
	Elle	**a**	regard **é**	la dispute.
	Nous	**avons**	interrog **é**	tes copains.
	Vous	**avez**	discut **é**	dans les rochers. Et les touristes?
	Ils	**ont**	appel **é**	la police.
		↓	↓	
		avoir	+ ***participe passé* auf -é**	

Infinitiv auf *-er*	→	***participe passé* auf *-é***
trouv **er**	→	trouv **é**
regard **er**	→	regard **é**

Attention:

Infinitiv → ***passé composé***

faire	→	j'ai	**fait**
mettre	→	j'ai	**mis**
prendre	→	j'ai	**pris**
avoir	→	j'ai	**eu**

G5 *Il est arrivé.* – Das *passé composé* mit *être*

il est allé
il est monté
il est arrivé
il est resté
il est tombé
il est rentré
↓ ↓
être + participe passé

Infinitiv auf *-er* → ***participe passé* auf *-é***

-er → **-é**

all**er** → all**é**
arriv**er** → arriv**é**
rest**er** → rest**é**

G6 *il est allé, elle est allée* – Die Veränderlichkeit des *participe passé* beim *passé composé* mit *être*

je suis allé
tu es allé
il est allé

je suis allé**e**
tu es allé**e**
elle est allé**e**

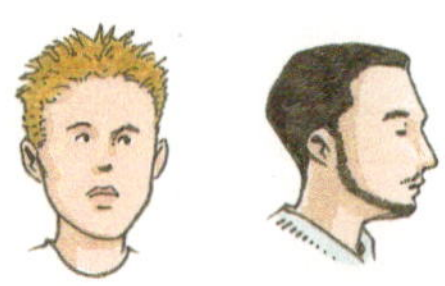

on est allé**s**
nous sommes allé**s**
vous êtes allé**s**
ils sont allé**s**

on est allé**es**
nous sommes allé**es**
vous êtes allé**es**
elles sont allé**es**

être + participe passé - / -e

être + participe passé -s / -es

Mme Le Gall et son collègue sont allés sur la plage
et ils sont montés dans les rochers.

Attention!

-s

G7 *On n'a pas discuté.* – Die Verneinung des *passé composé*

Non,	je	**n'**	**ai**	**pas**	**volé**	les portables.
	Nous	**ne**	**sommes**	**pas**	**restés**	dans les rochers.
	On	**n'**	**est**	**pas**	**allés**	sur la plage.
	Tu	**n'**	**as**	**pas**	**pris**	le sac.

ne / n' + **avoir / être** + **pas** + **participe passé**

G8 *ne … rien / ne … pas encore* – Die Verneinung (2)

W

Neu!

– Anne, tu joues avec Sarah?	– Non, je	**ne**	joue	**pas**.		nicht
– Qu'est-ce que tu fais?	– Je	**ne**	fais	**rien**.		nichts
– Vous avez **déjà** fait les courses?	– Non, on	**n'**	a	**pas encore**	fait les courses.	noch nicht
– Tu as **déjà** téléphoné à mamie?	– Non, je	**n'**	ai	**pas encore**	téléphoné à mamie.	
– Mais, qu'est-ce que vous avez fait alors?	– On	**n'**	a	**rien**	fait.	

Révisions 1

Déjà vu!

- **Verneinung**
  - *ne … rien*
  - *ne … pas encore*
- **Verben**
  - *vouloir*
  - *pouvoir*
  - *faire du / de la / de l'*
- **Pronomen**
  - Objektpronomen *me, te, nous, vous*
- **passé composé**
  - mit *avoir*
  - mit *être*

Verneinung

G 8

Elle **ne** va **rien** manger.
Elle **n'**a **pas encore** faim.

Objektpronomen

me, te, nous, vous G 3

Marc et Simon: Lara, tu **nous** cherches ?
Lara: Non, je **ne vous** cherche **pas**. Je cherche Pierre.
Pierre: Ah, tu **me** cherches, Lara?
Lara: Oui, je veux **te** voir, Pierre. Voilà, je **t'**apporte le CD de Manu Chao.

Verben

vouloir	pouvoir G 2
je **veux**	je **peux**
tu **veux**	tu **peux**
il / elle / on **veut**	il / elle / on **peut**
nous voul**ons**	nous pouv**ons**
vous voul**ez**	vous pouv**ez**
ils / elles **veulent**	ils / elles **peuvent**

Vous **ne pouvez pas faire du** canoë. G 1, 2
On **veut faire de la** natation.

passé composé

mit *avoir* (G 4, 7)			mit *être* (G 5, 6, 7)			(G 5, 6, 7)		
j'	**ai**	dansé	**je**	**suis**	allé	**je**	**suis**	allé**e**
tu	**as**	commencé	**tu**	**es**	monté	**tu**	**es**	monté**e**
il	**a**	téléphoné	**il**	**est**	tombé	**elle**	**est**	tombé**e**
elle	**a**	mangé						
on	**a**	**fait**	**on**	**est**	resté**s**	**on**	**est**	resté**es**
nous	**avons**	**pris**	**nous**	**sommes**	rentré**s**	**nous**	**sommes**	rentré**es**
vous	**avez**	**mis**	**vous**	**êtes**	allé**s**	**vous**	**êtes**	allé**es**
ils	**ont**	**vu**	**ils**	**sont**	arrivé**s**	**elles**	**sont**	arrivé**es**
elles	**ont**	**eu**						
on	**n'a pas**	chanté	**ils ne**	**sont pas**	tombé**s**	**elles ne**	**sont pas**	tombé**es**

LEÇON 3

G 9 *un pull gris, une jupe grise* – Das Adjektiv (1) Farbadjektive

1. Singular

le		la	
Vous cherchez des pulls ? Voilà nos pulls …		Voilà nos jupes …	
un pull	vert	une jupe	verte
un pull	gris	une jupe	grise
un pull	bleu	une minijupe	bleue
un pull	noir	une minijupe	noire
un pull	rouge	une jupe	rouge
un pull	jaune	une jupe	jaune
un pull	blanc	une minijupe	blanche

vert	[vɛr]	bleu	[blø]	rouge	[ruʒ]	blanc	[blɑ̃]
verte	[vɛrt]	bleue	[blø]	rouge	[ruʒ]	blanche	[blɑ̃ʃ]
gris	[gri]	noir	[nwar]	jaune	[ʒon]		
grise	[griz]	noire	[nwar]	jaune	[ʒon]		

2. Plural

les		les	
Regardez, c'est la semaine des soldes. Voilà …			
des pulls	verts	des jupes	vertes
des pulls	gris	des jupes	grises
des jeans	bleus	des chaussures	bleues
des jeans	noirs	des chaussettes	noires
des anoraks	rouges	des casquettes	rouges
des anoraks	jaunes	des casquettes	jaunes
des pulls	blancs	des robes	blanches

verts	[vɛr]	bleus	[blø]	rouges	[ruʒ]	blancs	[blɑ̃]
vertes	[vɛrt]	bleues	[blø]	rouges	[ruʒ]	blanches	[blɑ̃ʃ]
gris	[gri]	noirs	[nwar]	jaunes	[ʒon]		
grises	[griz]	noires	[nwar]	jaunes	[ʒon]		

G 10 *Les pulls sont chers.* – Das Adjektiv (2) *être* + Adjektiv

– Pendant les soldes, il y a **des prix intéressants**. – Oui, mais **les pulls sont nuls**, ici.

– Moi, je prends **les chaussures noires**. – Mais regarde, **les chaussures** ne **sont** pas **noires**, **elles sont bleues**.

Nomen + Adjektiv	Nomen/Personalpronomen + être + Adjektiv

G 11 *je vois, tu vois* – Das Verb *voir*

voir [vwar] sehen, erblicken

je	vois	[vwa]
tu	vois	[vwa]
il/elle/on	voit	[vwa]
nous	voyons	[vwajõ]
vous	voyez	[vwaje]
ils/elles	voient	[vwa]

Imperativ: Vois. Voyons. Voyez.

passé composé: il **a vu**

G 12 *ce pull, ce matin* – Die Demonstrativbegleiter *ce, cet, cette, ces*

le/l'	**ce** pull [səpyl]	**cet** anorak [sɛtanɔrak]	la/l'	**cette** couleur [sɛtkulœr]	**cette** église [sɛtegliz]
les	**ces** pulls [sepyl]	**ces** anoraks [sezanɔrak]	les	**ces** couleurs [sekulœr]	**ces** églises [sezegliz]

~~ce~~ anorak → **cet** anorak
~~ce~~ hôtel → **cet** hôtel

Attention!

Vous voulez **ces** [se] chaussures bleues?
(… **diese** Schuhe)

Ses [se] chaussures sont rouges.
(**Seine / Ihre** Schuhe …)

Ce matin, je vais au collège.
Heute Morgen …

Cet après-midi, je vais faire du judo.
Heute Nachmittag …

Ce soir, je vais aller au cinéma.
Heute Abend …

Cette semaine, je vais acheter des vêtements de ski
In dieser Woche …

et **ce week-end**, on va faire du ski à La Bresse.
an diesem Wochenende …

G 13 *un petit garçon, une grande casquette* – Die Adjektive *petit* und *grand*

Dans le magasin,						
il y a	un	**petit**	garçon	et	une **petite**	fille.
Le garçon porte	un	**grand**	pull et la fille a mis		une **grande**	casquette.
Ils essayent	des	**petits**	pulls	et	des **petites**	casquettes,
	des	**grands**	pantalons	et	des **grandes**	chaussures.

G 14 *c'est beau, c'est nouveau* – Die Adjektive *beau* und *nouveau*

1. Beau

le **beau** chien	le **bel a**ppartement	la **belle** photo	la **belle é**glise
les **beaux** chiens	les **beaux a**ppartements	les **belles** photos	les **belles é**glises

un ~~beau~~ anorak → un **bel a**norak

Charlotte a acheté un **bel a**norak.

L'anorak de Charlotte est **beau**.

2. Nouveau

le **nouveau** prof le **nouvel** **o**rdinateur	la **nouvelle** superstar la **nouvelle** **a**ffiche
les **nouveaux** profs les **nouveaux** **o**rdinateurs	les **nouvelles** superstars les **nouvelles** **a**ffiches

un ~~nouveau~~ ordinateur → un **nouvel** **o**rdinateur

Charlotte a acheté un **nouvel a**norak.	L'anorak de Charlotte est **nouveau**.

G 15 *Le pull noir n'est pas cher.* – Die Stellung des Adjektivs

Dans ce **nouveau** magasin, il y a des vêtements **sympas**.

Ces **beaux** pantalons ont des couleurs **fantastiques**.

Ma **petite** copine essaye des chaussures **marrantes**.

Adjektiv + Nomen | **Nomen + Adjektiv**

Ces portables ne **sont** pas **chers**.

Nomen + être + Adjektiv

G 16 *ne … plus* – Die Verneinung (3)

W

– Je **n'** ai **pas** mangé.	nicht
– Je **n'** ai **pas encore** fait mes devoirs.	noch nicht
– Je **n'** ai **rien** fait, aujourd'hui.	nichts

Neu!

– Marine, tu as encore faim? – Non merci, je **n'** ai **plus** faim.	kein … mehr
– Tu vas au cinéma, cette semaine? – Non, je **ne** vais **plus** au cinéma. C'est trop cher!	nicht mehr

G comme grammaire

LEÇON 4

A G 17 *de la confiture, du pain, de l'appétit* – Der Teilungsartikel

W

Neu!

Pour le petit déjeuner,
Lucie prend des céréales et beaucoup de lait.

Elle prend aussi	**du**	pain,
	de la	confiture et
	de l'	eau.

Elle a vraiment	**de l'**	appétit.
Sie hat wirklich	–	Appetit.

G 18 *ne … pas de, ne … plus de* – Die Verneinung (4)

Lucie et Clément veulent faire une salade de fruits.
Mais ils ont un petit problème.

A la maison, il **n'** y a **pas**	**de**	pommes.
…	**d'**	oranges.
…	**de**	kiwis.

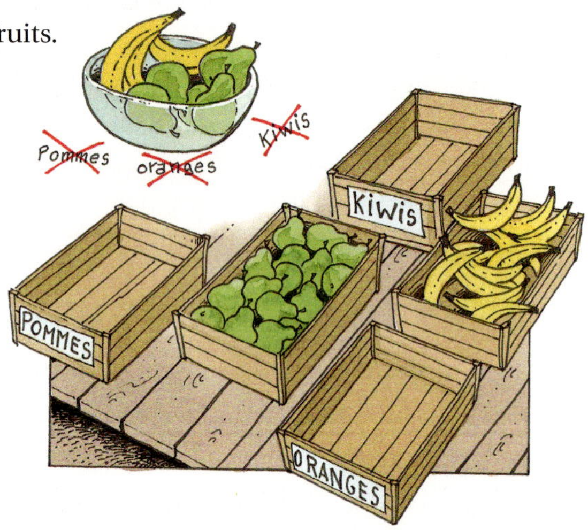

Alors, ils vont vite faire les courses.
Mais ils n'ont pas de chance:

Au marché, il **n'** y a **plus**	**de**	pommes.
…	**d'**	oranges.
…	**de**	kiwis.

G 19 *je dois, tu dois …* – Das Verb *devoir*

	devoir	[dəvwar]	müssen
je	**dois**	[dwa]	
tu	**dois**		
il / elle / on	**doit**		
nous	dev**ons**	[dəvõ]	
vous	dev**ez**	[dəve]	
ils / elles	**doivent**	[dwav]	

B G 20 *je dors, je pars, je sors* – Die Verben auf *-ir*

	dormir [dɔrmir] schlafen			**partir** [partir] losgehen / abfahren			**sortir** [sɔrtir] hinaus- / weggehen	
je	dors	[dɔr]	je	pars	[par]	je	sors	[sɔr]
tu	dors		tu	pars		tu	sors	
il / elle / on	dort		il / elle / on	part		il / elle / on	sort	
nous	dor**mons**	[dɔrmõ]	nous	par**tons**	[partõ]	nous	sor**tons**	[sɔrtõ]
vous	dor**mez**	[dɔrme]	vous	par**tez**	[parte]	vous	sor**tez**	[sɔrte]
ils / elles	dor**ment**	[dɔrm]	ils / elles	par**tent**	[part]	ils / elles	sor**tent**	[sɔrt]

Ebenso: ment**ir**, sent**ir** (je men**s** / je sen**s** …)

Imperativ:
Dors.
Dor**mons**.
Dor**mez**.

Imperativ:
Pars.
Par**tons**.
Par**tez**.

Imperativ:
Sors.
Sor**tons**.
Sor**tez**.

passé composé:
elle **a** dorm**i**
elles **ont** dorm**i**

passé composé:
elle **est** parti**e**
elles **sont** parti**es**

passé composé:
elle **est** sorti**e**
elles **sont** sorti**es**

Ebenso: ment**ir**, sent**ir** (il a ment**i** / elle a sent**i**)

G 21 *il faut faire qc / il faut du lait. – il faut* + Infinitiv / *il faut* + Nomen

Mme Marot veut préparer une pizza.

D'abord, **il faut faire** les courses au supermarché.

Pour la pizza,
il faut du jambon,
des champignons,
du fromage et
des oignons.
Mais **il ne faut pas** de …

il faut + Verb	**= man muss, wir müssen**
il faut + Nomen	**= man braucht, wir benötigen**

Révisions 2

Déjà vu!

Verneinung
- *ne … plus*
- *ne … pas de*
- *ne … plus de*

das Adjektiv
- Farbadjektiv
- Stellung im Satz
- *petit/grand*
- *beau/nouveau*

unregelmäßige Verben
- *voir*
- *devoir*

Nomen und Begleiter
- *du, de la, de l'*
- *ce, cet, cette, ces*

Verben auf -ir
- *dormir*
- *partir*
- *sortir*

Verneinung

G 16,18

Au petit déjeuner:
Lucie **ne** prend **pas de** lait
parce qu'il **n'**y a **plus de** lait à la maison.

Elle **ne** mange **plus**
parce qu'elle **n'**a **plus** faim.

unregelmäßige Verben

G 11,19

voir	devoir
je vois	je **dois**
tu vois	tu **dois**
il / elle / on voit	il / elle / on **doit**
nous vo**yons**	nous dev**ons**
vous vo**yez**	vous dev**ez**
ils / elles voi**ent**	ils / elles **doivent**

passé composé:
j'ai **vu**

Nomen und Begleiter

G 17

Au petit-déjeuner, Lucie prend
du pain,
de la confiture et
de l'eau.
Elle a vraiment **de l'**appétit.

ce garçon	**cette** fille
cet ami	
ces garçons	**ces** filles

Verben auf -ir

G 20

dormir	partir	sortir
je dors	je pars	je sors
tu dors	tu pars	tu sors
il/elle/on dort	il/elle/on part	il/elle/on sort
nous dor**mons**	nous par**tons**	nous sor**tons**
vous dor**mez**	vous par**tez**	vous sor**tez**
ils/elles dor**ment**	ils/elles par**tent**	ils/elles sor**tent**

passé composé:

il a dormi	**elle est** partie	**elle est** sortie
ils ont dormi	**ils sont** partis	**ils sont** sortis

Révisions 2

das Adjektiv

G 9

un	pull	vert	**une**	jupe	vert**e**
un	jean	bleu	**une**	robe	bleu**e**
un	sac	rouge	**une**	pomme	rouge
un	film	intéressant	**une**	fille	intéressant**e**
un	T-shirt	blanc	**une**	casquette	blan**che**
des	pulls	vert**s**	**des**	jupes	vert**es**
des	jeans	bleu**s**	**des**	robes	bleu**es**
des	sacs	rouge**s**	**des**	pommes	rouge**s**
des	films	intéressant**s**	**des**	filles	intéressant**es**

G 10

Le T-shirt	**est**	**bleu.**
La robe	**est**	**verte.**
Les pulls	**sont**	**blancs.**
Les jupes	**sont**	**noires.**

G 13

un petit	garçon	**une** petit**e**	fille
un grand	T-shirt	**une** grand**e**	maison
des petit**s**	garçons	**des** petit**es**	filles
des grand**s**	T-shirts	**des** grand**es**	maisons

G 14

un beau	garçon	**une belle**	fille
un bel	**a**ppartement	**une belle**	église
des beaux	garçons	**des belles**	filles
des beaux	appartements	**des belles**	églises

G 14

un nouveau	pull	**une nouvelle**	jupe
un nouvel	**a**norak	**une nouvelle**	adresse
des nouveaux	pulls	**des nouvelles**	jupes
des nouveaux	anoraks	**des nouvelles**	adresses

LEÇON 5

A G 22 *Je le prends.* – Die direkten Objektpronomen *le, la, l', les*

Mme Ravel:	N'oubliez pas **le portable**.
Thomas:	Non, maman, je **le** mets dans mon sac.
Mme Ravel:	Thomas, prends aussi **la bouteille**.
Thomas:	Oui, d'accord, maman. Je **la** prends aussi.
	Dis donc, Julien, tu as **le DVD** de «TGV»?
Julien:	Oui, je **l'** ai.
Mme Ravel:	Vous avez **les billets** de train?
Julien:	Euh … oui, on **les** a.
Mme Ravel:	Julien, tu as **ta carte** d'identité?
Julien:	Ah non, je **ne l'** ai **pas**.
Mme Ravel:	Et **l'appareil photo**?
Julien:	Zut, je **ne le** trouve **pas**.

Le CD de Zebda?	Je **le** trouve super.	Et le CD de Manu Chao?	Je **ne l'**aime **pas**.
	Ich finde **sie** super.		Ich mag **sie nicht**.

G 23 *cent, deux cents …* – Die Zahlen über 100

100	**cent**	**101**	**cent un / une**
		109	cent neuf
200	deux **cents**	**202**	deux cent deux
300	trois **cents**	**399**	trois cent quatre-vingt-dix-neuf
400	quatre **cents**		
500	cinq **cents**		
600	six **cents**		
700	sept **cents**		
800	huit **cents**		
900	neuf **cents**		
1000	**mille**	**1001**	mille **un / une**
4000	quatre mille	**4230**	quatre mille deux cent trente

200	deux **cents**	**201**	deux cent un …
2000	deux **mille**	**2001**	deux mille un …

B G 24 *je viens, tu viens …* – Das Verb *venir*

	venir	[vənir]	kommen / kommen (von/aus)
je	**viens**	[vjɛ̃]	
tu	**viens**		
il / elle / on	**vient**		
nous	**venons**	[vənõ]	
vous	**venez**	[vəne]	
ils / elles	**viennent**	[vjɛn]	

Imperativ: **Viens** / Ve**nons** / Ve**nez** } demain.

passé composé: **Elle est** ven**ue** / **Ils sont** ven**us** } à Bruxelles.

G 25 *quel âge, quelle BD …* – Der Fragebegleiter *quel*

le/les

Quel âge / **Quels** magazines } est-ce que tu as?

la/les

Quelle musique / **Quelles** BD } est-ce que tu aimes?

C G 26 *Il est 14 h 25.* – Die offizielle Zeitangabe

Il est

- 12:00 douze heures.
- 20:45 vingt heures quarante-cinq.
- 21:55 vingt et **une** heure**s** cinquante-cinq.
- 22:15 vingt-deux heures quinze.
- 00:51 zéro heure cinquante et **une** (minutes)

G 27 *j'attends, je descends* – Die Verben auf *-dre*

	attendre	[atɑ̃dr]	warten
j'	attend**s**	[atɑ̃]	
tu	attend**s**	[atɑ̃]	
il / elle / on	attend	[atɑ̃]	
nous	attend**ons**	[atɑ̃dɔ̃]	
vous	attend**ez**	[atɑ̃de]	
ils / elles	attend**ent**	[atɑ̃d]	

	descendre	[desɑ̃dr]	hinuntergehen/ aussteigen
je	descend**s**	[desɑ̃]	
tu	descend**s**	[desɑ̃]	
il / elle / on	descend	[desɑ̃]	
nous	descend**ons**	[desɑ̃dɔ̃]	
vous	descend**ez**	[desɑ̃de]	
ils / elles	descend**ent**	[desɑ̃d]	

Ebenso: entendre, répondre, perdre
(j'entend**s**, je répond**s**, je perd**s**)

Imperativ: Attend**s.**
Attend**ons.**
Attend**ez.**

Imperativ: Descend**s.**
Descend**ons.**
Descend**ez.**

passé composé:
elle **a** attend**u**

passé composé:
il **est** descend**u**
elle **est** descend**ue**
ils **sont** descend**us**

Ebenso: elle **a** entend**u**, elle **a** répond**u**, elle **a** perd**u**

LEÇON 6

A G 28 *Il lui montre ...* – Die indirekten Objektpronomen *lui/leur*

– Vous racontez l'histoire **au prof** ?
– Oui, on **lui** raconte tout.

– Vous décrivez le garçon **à la principale** ?
– Oui, on **lui** décrit le garçon.

– Vous expliquez le problème **aux parents** ?
– Oui, on **leur** explique le problème.

– Vous montrez l'exposé **aux parents** ?
– Non, on **ne leur** montre **pas** l'exposé aujourd'hui.

- Pendant la récré, Jean a vu Naïma et il **lui a montré** son blouson.
- Après le collège, un jeune **lui prend** son blouson.

Objektpronomen + Verb

- Mais demain, il va rencontrer les copains et il **va leur raconter** l'histoire.
- Quelques jours plus tard, les copains **peuvent lui donner** le résultat de l'enquête.

Verb + Objektpronomen + Infinitiv

lui → **ihr** / **ihm**

leur → **ihnen**

G 29 *je connais, tu connais ...* – Das Verb *connaître*

	connaître	[kɔnɛtr]	kennen
je	connais	[kɔnɛ]	
tu	connais	[kɔnɛ]	
il / elle / on	connaît	[kɔnɛ]	
nous	connaissons	[kɔnɛsõ]	
vous	connaissez	[kɔnɛse]	
ils / elles	connaissent	[kɔnɛs]	

passé composé: j'ai **connu** [kɔny]

B G 30 *je dis, je lis, j'écris* – Die Verben *dire, lire, écrire*

	dire	[dir] sagen
je	**dis**	[di]
tu	**dis**	[di]
il / elle / on	**dit**	[di]
nous	**disons**	[dizõ]
vous	**dites**	[dit]
ils / elles	**disent**	[diz]

	lire	[lir] lesen
je	**lis**	[li]
tu	**lis**	[li]
il / elle / on	**lit**	[li]
nous	**lisons**	[lizõ]
vous	**lisez**	[lize]
ils / elles	**lisent**	[liz]

	écrire	[ekrir] schreiben
j'	**écris**	[ekri]
tu	**écris**	[ekri]
il / elle / on	**écrit**	[ekri]
nous	**écrivons**	[ekrivõ]
vous	**écrivez**	[ekrive]
ils / elles	**écrivent**	[ekriv]

Ebenso: décrire (je décri**s**, nous décri**vons**)

Imperativ: Di**s** / Di**sons** / **Dites** } la réponse.

Imperativ: Li**s** / Li**sons** / Li**sez** } l'article.

Imperativ: Ecri**s** / Ecri**vons** / Ecri**vez** } une lettre.

passé composé: j'ai **dit** [di]

passé composé: j'ai **lu** [ly]

passé composé: j'ai **écrit** [ekri]

Ebenso: décrire (j'ai **décrit**)

G 31 *à qui …, de quoi …* – Fragen stellen

A qui **est-ce que** vous avez volé de l'argent?

De qui **est-ce que** vous avez eu l'information?

Avec qui **est-ce que** vous avez fait le racket?

Chez qui **est-ce que** vous avez mis le portefeuille?

Präposition + qui = Frage nach Personen

De quoi **est-ce que** les élèves parlent?

Contre quoi **est-ce que** les élèves font leur projet?

Sur quoi **est-ce que** le groupe fait une enquête?

Präposition + quoi = Frage nach Sachen und Tätigkeiten

G 32 *Il dit que …* – Die indirekte Rede / *Il demande si …* – Die indirekte Frage

Arthur **dit que** le résultat de l'enquête est intéressant.

Théo **dit qu'** Arthur a raison.

Mme Garcia **demande si** c'est un élève du collège.

Mme Garcia **demande s'** il y a une page Internet sur le racket.

direkte Rede
Theo **dit**: Arthur a raison.

indirekte Rede
Théo **dit qu'**Arthur a raison.

direkte Frage
Madame Garcia **demande**:
– Est-ce que le garçon a volé de l'argent?

indirekte Frage
Elle demande **si** le garçon a volé de l'argent.
s' il a volé de l'argent.

Révisions 3

Déjà vu!

- **indirekte Rede/Frage**
  - *je pense que …*
  - *je demande si …*
- **Fragen**
  - *à qui …*
  - *de quoi …*
- **Pronomen**
  - direkte Objektpronomen *le, la, l', les*
  - indirekte Objektpronomen *lui, leur*
- **unregelmäßige Verben**
  - *venir*
  - *connaître*
  - *dire, lire, écrire*
- **Verben auf -dre**
  - *attendre*
  - *descendre*
- **Nomen und Begleiter**
  - Fragebegleiter *quel*

indirekte Rede/ indirekte Frage

G 32

M. Boussac:	«La 4^{e}A fait un projet sur la violence à l'école.»
Il dit que	la 4^{e}A fait un projet sur la violence à l'école.
Mme Garcia:	«Est-ce qu'ils présentent leur projet aux autres?»
Elle demande s'	ils présentent leur projet aux autres.

Fragen

G 31

– **A qui** est-ce que les élèves ont décrit le garçon?
– **Au prof** et **à la principale.**
} **Personen**

– **De quoi** est-ce qu'ils ont parlé?
– Ils ont parlé **du racket**, bien sûr.
} **Gegenstände**

Pronomen

G 22

Où est **le portable**?	Je **le** cherche.
Où est **la bouteille**?	Je **la** cherche.
Où sont **les billets**?	Je **les** cherche aussi, mais je **ne les** trouve **pas**.
Vous racontez l'histoire **au prof** / **à la prof**?	Oui, on **lui** raconte tout.
Et vous le dites **aux parents**?	Oui, on **leur** dit tout.
passé composé:	Je **lui ai écrit** un e-mail.
futur composé:	On **va leur donner** un exemple.

Révisions 3

unregelmäßige Verben

G 24, 29

	venir		**connaître**
je	**viens**	je	connais
tu	**viens**	tu	connais
il / elle / on	**vient**	il / elle / on	connaî**t**
nous	ve**nons**	nous	connai**ssons**
vous	ve**nez**	vous	connai**ssez**
ils / elles	**viennent**	ils / elles	connai**ssent**
passé composé:	**elle est** venu**e** **ils sont** venus	***passé composé:***	j'ai conn**u**

G 30

	dire		**lire**		**écrire**
je	**dis**	je	**lis**	j'	écri**s**
tu	**dis**	tu	**lis**	tu	écri**s**
il / elle / on	**dit**	il / elle / on	**lit**	il / elle / on	écri**t**
nous	di**sons**	nous	**lisons**	nous	écri**vons**
vous	**dites**	vous	**lisez**	vous	écri**vez**
ils / elles	di**sent**	ils / elles	**lisent**	ils / elles	écri**vent**
passé composé:	j'ai **dit**	***passé composé:***	j'ai **lu**	***passé composé:***	j'ai **écrit**

Verben auf -dre

G 27

	attendre		**descendre**
j'	attend**s**	je	descend**s**
tu	attend**s**	tu	descend**s**
il / elle / on	atten**d**	il / elle / on	descen**d**
nous	attend**ons**	nous	descend**ons**
vous	attend**ez**	vous	descend**ez**
ils / elles	attend**ent**	ils / elles	descend**ent**
passé composé:	elle a attend**u**	***passé composé:***	**elle est** descend**ue** **ils sont** descend**us**

Ebenso: entendre, répondre, perdre

Nomen und Begleiter

G 25

Quel âge est-ce que tu as?
Quels CD est-ce que tu as?

Quelle BD est-ce que tu aimes?
Quelles équipes est-ce que tu aimes?

LEÇON 7

G33 *tout le, toute la … – tout* als Begleiter des Nomens

Lola et Hugo font du scooter …

tout le week-end avec — das **ganze** Wochenende
tous les copains. — mit **allen** Freunden.

toute la journée avec — den **ganzen** Tag
toutes les copines. — mit **allen** Freundinnen.

tout le / l' toute la / l'	+ Nomen

tous les toutes les	+ Nomen

G34 *moi, toi, lui, elle …* – Die unverbundenen Personalpronomen

je / j' → **moi** – **Moi**, **je** veux un scooter.

tu → **toi** – **Toi**, **tu** veux un scooter?

il → **lui** – Euh …, mais Frédéric, **lui**, **il** a un scooter.

elle → **elle** – Et Lola, **elle**, **elle** vient aussi avec son nouveau scooter.

nous → **nous** – Hugo, tu viens **avec nous**?

vous → **vous** – J'ai une surprise **pour vous**.

ils → **eux** – Voilà Pascal et Fred. **Chez eux**, c'est vraiment sympa.

elles → **elles** – Lola et Isa arrivent aussi. Je vais discuter **avec elles**.

G35 *j'offre, j'ouvre* – Die Verben *offrir* und *ouvrir*

offrir [ɔfʀiʀ] anbieten, schenken

j'	offre	[ɔfʀ]
tu	offr**es**	[ɔfʀ]
il / elle / on	offre	[ɔfʀ]
nous	offr**ons**	[ɔfʀõ]
vous	offr**ez**	[ɔfʀe]
ils / elles	offr**ent**	[ɔfʀ]

Imperativ: Offre / Offr**ons** / Offr**ez** le CD à Isa.

passé composé:

il a offe**rt**
elle a offe**rt**

ouvrir [uvʀiʀ] öffnen

j'	ouvre	[uvʀ]
tu	ouvr**es**	[uvʀ]
il / elle / on	ouvre	[uvʀ]
nous	ouvr**ons**	[uvʀõ]
vous	ouvr**ez**	[uvʀe]
ils / elles	ouvr**ent**	[uvʀ]

Imperativ: Ouvre / Ouvr**ons** / Ouvr**ez** la porte.

passé composé:

il a ouve**rt**
elle a ouve**rt**

offert [ɔfɛʀ] klingt so wie ***faire***
ouvert [uvɛʀ] reimt sich auf ***vert***

MODULE 1

G 36 *Ne dors pas et regarde-moi.* – Der Imperativ (2)

1. Der verneinte Imperativ

ne + Imperativ + **pas**

2. Der bejahte Imperativ mit Objektpronomen

Imperativ mit direkten Objektpronomen

– Plouf, tu **me** regardes, s'il te plaît?	– Oui, c'est ça, Plouf, regarde-**moi**.
– Regarde, je lance **la balle**.	– Cherche-**la**.
– Je t'explique **l'exercice** encore une fois.	– Allez, fais-**le**, s'il te plaît.
– Plouf, tu ne dois pas fermer **les yeux**.	– Ouvre-**les**.

Imperativ mit indirekten Objektpronomen

– Donne quelque chose **à Plouf**.	– Donne-**lui** du pain.
– Plouf, tu **nous** apportes la balle?	– Apporte-**nous** la balle, Plouf.
– Tu vois, **papa et maman** sont là.	– Montre-**leur** que tu vas bien.

Apporte – nous ...
↓ ↓ ↓
Imperativ + Bindestrich + Pronomen

Attention!

me ⟶ moi

MODULE 2

G 37 *je me lave, tu t'habilles* – Die reflexiven Verben

	se laver	[səlave] sich waschen
je	**me** lave	[ʒəməlav]
tu	**te** lave**s**	[tytəlav]
il / elle / on	**se** lave	[il/ɛl/õsəlav]
nous	**nous** lav**ons**	[nunulavõ]
vous	**vous** lav**ez**	[vuvulave]
ils / elles	**se** lav**ent**	[il/ɛlsəlav]

	s' habiller	[sabije] sich anziehen
je	**m'** habille	[ʒəmabij]
tu	**t'** habille**s**	[tytabij]
il / elle / on	**s'** habille	[il/ɛl/õsabij]
nous	**nous** habill**ons**	[nunuzabijõ]
vous	**vous** habill**ez**	[vuvuzabije]
ils / elles	**s'** habill**ent**	[il/ɛlsabij]

Verneinung

Moi, je **ne** **me** coiffe **pas** le matin.

ne + **Pronomen** + **Verb** + **pas**

MODULE 3

G 38 *un club qui est génial* – Die Relativpronomen *qui, que, où*

Regarde ce garçon.	**Il** joue bien au volley.
→ Regarde ce garçon	**qui** joue bien au volley.
Ici, on rencontre des jeunes sympas.	**Ils** viennent de toute la France.
→ Ici, on rencontre des jeunes sympas	**qui** viennent de toute la France.
Voilà un club.	**Il** est vraiment génial.
→ Voilà un club	**qui** est vraiment génial.

qui = Subjekt des Nebensatzes

Il y a beaucoup de jeunes.	Tu vas **les** trouver sympas.
→ Il y a beaucoup de jeunes	**que** tu vas trouver sympas.
Le club propose des activités.	On peut partager **ces activités** avec des jeunes.
→ Le club propose des activités	**qu'** on peut partager avec des jeunes de notre âge.

que = Objekt des Nebensatzes

Cet après-midi, on va au café de la plage.	On va prendre un coca **au café**.
→ Cet après-midi, on va au café de la plage	**où** on va prendre un coca.
Ce soir, on va à la discothèque du club.	Il y a toujours une ambiance d'enfer **à la discothèque**.
→ Ce soir, on va à la discothèque du club	**où** il y a toujours une ambiance d'enfer.

où = Ortsbestimmung

MODULE 4

G 39 *la plus haute tour de Paris* – Das Adjektiv: Steigerung und Vergleich

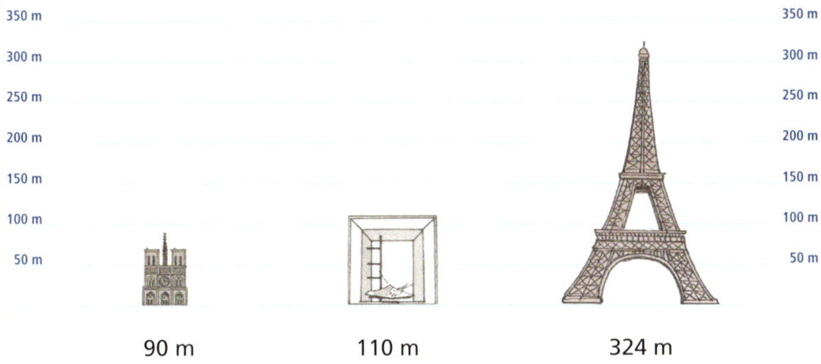

– Est-ce que Notre-Dame est **plus haute que** la tour Eiffel?
– Mais non, Notre-Dame est **moins haute que** la tour Eiffel,
et elle est presque **aussi haute que** la Grande Arche.

Komparativ

plus / **moins** / **aussi** } **+ Adjektiv + que**

La tour Eiffel est **la plus haute** tour de Paris.

Superlativ

le / **la** / **les** } **+ plus + Adjektiv**

Attention!

Komparativ von *bon*:

meilleur(s) / **meilleure(s)** } **+ que**

Superlativ von bon:

le meilleur
la meilleure
les meilleurs
les meilleures

MODULE 5

G40 *j'y vais, j'en viens* – Der Gebrauch von *y* und *en*

– Vous allez **où**?
– Vous allez **à l'** école?
au collège?
à la gare?
à Saint-Malo?
en ville?
chez Farid?
sur la plage?
dans les rochers?

– Oui, nous **y** allons.
– Non, nous **n'** **y** allons **pas**.

– Vous venez **d'où**?
– Vous venez **de l'** école?
du collège?
de la gare?
de Toulouse?
d' Allemagne?
de chez Nicolas?

– Oui, nous **en** venons.
– Non, nous **n'** **en** venons **pas**.

J'y vais **y + aller** →

← J'en viens **en + venir**

passé composé

Hier findest du das ***passé composé* der Verben**, die du in **Tous ensemble 1** und **2** gelernt hast.

Regelmäßige Verben

auf	**-er**		G 4, 5
achet	**er**	il **a** acheté	
appel	**er**	tu **as** appelé	
cherch	**er**	j'**ai** cherché	
arriv	**er**	**elle est** arrivé**e** **ils sont** arrivé**s**	
dérang	**er**	j'**ai** dérangé	
essay	**er**	elle **a** essayé	
paniqu	**er**	nous **avons** paniqué	
préfér	**er**	j'**ai** préféré	
rentr	**er**	**il est** rentré **elles sont** rentré**es**	
rest	**er**	**elle est** resté**e** **ils sont** resté**s**	
retourn	**er**	**il est** retourné **elle est** retourné**e**	
tomb	**er**	**il est** tombé **elles sont** tombé**es**	

auf	**-dre**		G 27
atten	**dre**	j'**ai** attendu	
enten	**dre**	j'**ai** entendu	
per	**dre**	vous **avez** perdu	
répon	**dre**	il **a** répondu	
ven	**dre**	j'**ai** vendu	
descen	**dre**	**elle est** descendu**e** **ils sont** descendu**s**	

auf	**-ir**		G 20
dorm	**ir**	j'**ai** dormi	
ment	**ir**	elle **a** menti	
sent	**ir**	il **a** senti	
part	**ir**	**il est** parti **elles sont** parti**es**	
sort	**ir**	**elle est** sorti**e** **ils sont** sorti**s**	

Unregelmäßige Verben

aller	**il est allé** **elle est allée** **ils sont allés** **elles sont allées**	G 6
apprendre	**j'ai appris**	
avoir	**j'ai eu**	G 4
comprendre	**j'ai compris**	
connaître	**j'ai connu**	G 29
décrire	**j'ai décrit**	G 30
dire	**j'ai dit**	G 30
être	**j'ai été**	
écrire	**j'ai écrit**	G 30
faire	**j'ai fait**	G 4
lire	**j'ai lu**	G 30
mettre	**j'ai mis**	G 4
offrir	**j'ai offert**	G 35
ouvrir	**j'ai ouvert**	G 35
plaire	**il a plu**	
pouvoir	**j'ai pu**	
prendre	**j'ai pris**	G 4
venir	**il est venu** **elle est venue**	G 24
voir	**j'ai vu**	G 11
vouloir	**j'ai voulu**	

Vocabulaire

Lautzeichen

Vokale

[a]	madame; wie das deutsche *a*.
[e]	café, manger, regardez; geschlossenes *e*, etwa wie in *geben*.
[ɛ]	il fait, il met, il est, merci; offenes *ä*, etwa wie in *Ärger.*
[i]	il, quiche; geschlossener als das deutsche *i*, Lippen stark spreizen.
[ɔ]	l'école, alors; offenes *o*, offener als in *Loch*.
[ø]	deux, monsieur; geschlossenes *ö*, etwa wie in *böse*.
[o]	photo, allô; geschlossenes *o*, wie in *Rose*.
[œ]	sœur, neuf, heure; offenes *ö*, bei kurzem Vokal etwa wie in *Röcke*.
[ə]	le, demain; der Laut liegt zwischen [œ] und [ø], näher bei [œ].
[u]	où; geschlossenes *u*, etwa wie in *Ufer.*
[y]	tu, rue; ähnlich dem deutschen *ü* in *Tüte*.

Nasalvokale

[ɛ̃]	un, chien, copain; nasales [ɛ]
[õ]	on, sont, nom; nasales [o]
[ɑ̃]	dans, je prends; nasales [ɑ]

Die Nasalvokale haben im Deutschen keine Entsprechung.

Beachte: *un, lundi:* Neben [ɛ̃] hört man in Frankreich auch [œ̃] = nasales [œ].

Konsonanten

[f]	frère; wie das deutsche *f* in *falsch*.
[v]	devant; wie das deutsche *w* in *werden*.
[s]	sœur, c'est, ça, rester, récréation; stimmloses *s*, wie in *Los*; als Anlaut vor Vokal ist *s* immer stimmlos.
[z]	phrase, maison, ils‿arrivent, zéro; stimmhaftes *s*, wie in *Esel*; zwischen zwei Vokalen ist *s* stimmhaft.
[ʒ]	je, bonjour, géo; wie *j* in *Journalist*.
[ʃ]	je cherche; stimmloses *sch*, wie in *schön*.
[ɲ]	gagné; etwa wie in *Kognak*.
[ŋ]	in Wörtern aus dem Englischen, z. B. ping-pong.
[ʀ]	regarder; Zäpfchen-Reibelaut; wird auch am Wortende und vor Konsonant deutlich ausgesprochen.

Die nicht erwähnten Konsonanten sind den deutschen sehr ähnlich.
Bei [p], [b], [t], [d], [k], [g] ist jedoch darauf zu achten, dass sie ohne „Hauchlaut" gesprochen werden.

Halbkonsonanten

[j]	quartier; weicher als das deutsche *j* in *ja*.
[w]	oui, toi; flüchtiger [u]-Laut, gehört zum folgenden Vokal.
[ɥ]	cuisine, je suis, huit; flüchtiger [y]-Laut, gehört zum folgenden Vokal.

Das Alphabet, das Buchstabieren und die Zeichensetzung

A [a]	D [de]	G [ʒe]	J [ʒɪ]	M [ɛm]	P [pe]	S [ɛs]	V [ve]	Y [igʀɛk]
B [be]	E [ə]	H [aʃ]	K [ka]	N [ɛn]	Q [ky]	T [te]	W [dubləve]	Z [zɛd]
C [se]	F [ɛf]	I [i]	L [ɛl]	O [o]	R [ɛʀ]	U [y]	X [iks]	

.	le point	der Punkt	,	la virgule	das Komma
?	le point d'interrogation	das Fragezeichen	:	les deux points	der Doppelpunkt
!	le point d'exclamation	das Ausrufezeichen	« »	les guillemets [legijmɛ]	die Anführungszeichen

rue Sorbier	s'écrit	**en deux mots.**	arriver	s'écrit	avec **deux «r».**
rue	s'écrit	avec **une minuscule.**	café	s'écrit	avec **«e» accent aigu.**
Sorbier	s'écrit	avec **une majuscule.**	très	s'écrit	avec **«e» accent grave.**
grand-mère	s'écrit	avec **un trait d'union.**	allô	s'écrit	avec **«o» accent circonflexe.**
l'hôpital	s'écrit	avec **«l» apostrophe.**	ça	s'écrit	avec **«c» cédille.**

Hinweise zum *Vocabulaire*

Am Anfang einer neuen Lektion steht immer ein allgemeiner **Vokabellerntipp,** den du dir genau ansehen solltest. Überlege dir, ob der Tipp für deine Art zu lernen sinnvoll ist. Im Zweifelsfall probier es doch einfach erst einmal aus!

Am Ende jeder Lektion kannst du überprüfen, ob du die wichtigsten Wörter und Redemittel beherrschst: Decke die deutsche und die französische Seite abwechselnd zu. Manche Wörter und Ausdrücke kann man nicht wörtlich übersetzen, deshalb gibt es manchmal mehrere Möglichkeiten. An den fett gedruckten Stellen musst du besonders gut aufpassen!

Das **Vocabulaire** hat drei Spalten.
Die **linke Spalte** zeigt die neuen Lernwörter in der Reihenfolge des Auftretens im Buch (also nicht alphabetisch!) mit der Aussprache und Angaben zum Sprachgebrauch wie z. B. *fam.*

Die **mittlere Spalte** hilft dir beim Lernen der Vokabeln. Sie zeigt dir in Beispielsätzen eine typische Verwendung des neuen Wortes. Die mittlere Spalte hat noch weitere Funktionen: Du findest dort auch nützliche Tipps, Erläuterungen, Hinweise.
Decke die linke Spalte ab und versuche, das neue Wort aus den Angaben in der mittleren Spalte zu erschließen. Das französische Wort wird durch eine **Tilde** (~) ersetzt. Sie kann ein einzelnes Wort oder auch mehrere Wörter ersetzen. Verändert sich das Wort im Beispielsatz, so findest du in einer Fußnote die richtige Form.

In der **rechten Spalte** findest du die deutsche Bedeutung des neuen französischen Lernwortes bzw. Ausdrucks.

Ausdrücke, die du schon kennst …
Eine *Lektion (= une leçon)* ist in folgende Teile untergliedert:
d'abord = zunächst: Hier wirst du vorab mit einer grammatischen Struktur der Lektion vertraut gemacht,
(le) texte = (der) Text: Es folgt der Text des Lektionsteils,
(l')atelier = (die) Werkstatt: Hier stehen die Übungen des Lektionsteils,
sur place = vor Ort: Auf der Abschluss-Seite der Lektion findest du interessante Informationen über Frankreich, Projektideen und Aufgaben, um das Hörverstehen zu trainieren.
Nach jeweils 2 Lektionen kannst du auswählen:
On fait des révisions. → Hier kannst du Wichtiges wiederholen.
C'est la récré (die Pause). → Hier kannst du interessante Texte außerhalb der Lektionen „schmökern".
On prépare le DELF. → Hier kannst du dich schon in Richtung DELF-Prüfung vorbereiten.

In der *Liste des mots* …
findest du leicht alle Wörter und Ausdrücke der Lektionstexte und der *Sur place*-Seiten (ausschließlich des Bandes 2) in alphabetischer Reihenfolge und zwar mit Lautschrift, der deutschen Übersetzung und Angabe der ersten „Fundstelle".

Die deutsch-französische Wortliste …
führt die wichtigsten obligatorischen Lernwörter aus den Bänden 1 und 2 ebenfalls in alphabetischer Reihenfolge auf. Sie kann dir beim Verfassen eigener französischer Texte hilfreich sein.

Wichtiges Übungsvokabular …
findest du in der Übersicht *Pour faire les exercices du livre* (S. 194) und in der *Liste des mots.*

Symbole und Abkürzungen

!	Achtung! Aufgepasst!	*ugs.*	umgangssprachlich
→	Vergleiche mit …	(Mund-Symbol)	Aussprache
⟷	Achte auf den Unterschied zwischen	*m.*	*masculin* (= maskulin)
=	Bedeutet … / Ist gleich …	*f.*	*féminin* (= feminin)
≠	Ist das Gegenteil von …	*sg.*	*singulier* (= Singular)
F	Französisch	*pl.*	*pluriel* (= Plural)
D	Deutsch	*qc*	*quelque chose* (= etwas)
E	Englisch	*qn*	*quelqu'un* (= jemand)
(Stift-Symbol)	Schreibung	*jdn.*	jemanden
fam.	*familier* (= umgangssprachlich)	*jdm.*	jemandem
frz.	französisch	⟨⟩	fakultativ

Erinnert ihr euch noch?

Hier könnt ihr eure Kenntnisse aus der Lektion 9 des ersten Bandes kurz auffrischen.

les noms …

une **journée** [ynʒuʀne]	ein Tag/ *(Tagesverlauf)*
un **train** [ɛ̃tʀɛ̃]	ein Zug
un **kilomètre** [ɛ̃kilɔmɛtʀ]	ein Kilometer
un **plan** [ɛ̃plɑ̃]	ein (Übersichts-) Plan
un **village** [ɛ̃vilaʒ]	ein Dorf
un **bateau** [ɛ̃bato]	ein Boot
un **pique-nique** [ɛ̃piknik]	ein Picknick
l'**eau** *(f.)* [lo]	das Wasser
un **portefeuille** [ɛ̃pɔʀt(ə)fœj]	eine Brieftasche
une **glace** [ynglas]	ein Eis

les verbes …

vouloir (faire) qc etw. (tun) wollen

je **veux**, tu **veux**,
il **veut**, elle **veut**, on **veut**,
nous voul**ons**, vous voul**ez**,
ils **veulent**, elles **veulent**

pouvoir (faire) qc etw. tun können

je **peux**, tu **peux**,
il **peut**, elle **peut**, on **peut**,
nous pouv**ons**, vous pouv**ez**,
ils **peuvent**, elles **peuvent**

rigoler [ʀigɔle]	Spaß haben/ herumalbern
bouger [buʒe]	sich bewegen
visiter qc [vizite]	etw. besichtigen
tomber [tɔ̃be]	fallen

et encore …

mouillé [muje]	nass
Ce n'est pas grave! [sənɛpagʀav]	Das ist nicht (so) schlimm!
si [si]	wenn/falls
ensemble [ɑ̃sɑ̃bl]	zusammen

Notre Tour de France

Kommt mit *Tous ensemble 2* auf unsere *Tour de France!* In **Leçon 1** geht es zunächst einmal nach …

Pont d'Arc [pɔ̃daʀk]

Vallon-Pont-d'Arc ist ein kleiner Ort in Südfrankreich, nicht weit von *Avignon*. Das Dorf ist nach dem *pont d'Arc* benannt, einem riesigen Kalksteinfelsen, der den Fluss *Ardèche* wie ein riesiger Bogen überspannt. In den Schluchten der *Ardèche* kann man tolle Kanu- und Raftingtouren machen oder klettern.

Auch die folgenden Orte werden in **Leçon 1** erwähnt:

Biarritz [bjaʀits]

Biarritz ist ein bekannter Badeort am Atlantik, nicht weit von der spanischen Grenze. Man kann hier viele Wassersportarten betreiben, zum Beispiel Surfen in den hohen Wellen des Atlantiks.

La Bresse [labʀɛs]

Die Gegend um den Ort *La Bresse* in den Vogesen ist gut geeignet für einen Aktivurlaub: Man kann dort z. B. Mountainbike fahren, Gleitschirm fliegen, wandern, im Winter auch Ski fahren.

In **Leçon 2** „entführen“ wir euch nach …

Saint-Malo [sɛ̃malo]

Saint-Malo ist eine historische Seefestung in der *Bretagne*, nicht weit von *Mont Saint-Michel*. Früher gab es hier viele Schmuggler und Piraten. Die Stadt hat einen riesigen Segelhafen. Im Sommer finden hier große Segelregatten statt.

Leçon 3 spielt wieder in *Paris*, wie die meisten Lektionen von *Tous ensemble 1*.
In **Leçon 4** reisen wir dann weiter in den Osten Frankreichs.

Grenoble [gʀənɔbl]

Grenoble ist die größte Stadt in den französischen Voralpen.

Méribel [meʀibɛl]

Der Wintersportort *Méribel* in den Savoyer Alpen ist etwa 90 km von *Grenoble* entfernt. Er liegt mitten im größten Skigebiet der Welt, den *Trois vallées*.

In **Leçon 5, 6** und **7** geht die *Tour de France* wieder in den Süden Frankreichs, nach …

Toulouse [tuluzl]

Die moderne Industriestadt *Toulouse* ist die Hauptstadt der Region *Midi-Pyrénées*. Besonders bekannt ist die Toulouser Raumfahrt- und Flugzeugindustrie:
In *Toulouse* wird der Airbus zusammengebaut. Seine Einzelteile stammen aus ganz Europa. In der *Cité de l'espace* können Besucher sich über Weltraumtechnik informieren und sogar in die Rakete *Ariane 5* klettern!
Im Sport ist *Toulouse* wegen der Rugbymannschaft bekannt. Sie ist eine der besten in Frankreich.

Donneville [dɔnvil]

Etwa 20 km von *Toulouse* entfernt liegt *Donneville*, ein kleines Dorf in der Nähe des *Canal du Midi*.

LEÇON 1

TIPP Wenn du einmal warten musst (beim Arzt/an der Bushaltestelle), nütze die Zeit zum Wörterlernen.

d'abord En France, le sport, on adore!

Qui est qui dans la leçon 1?

Ihr erinnert euch sicher an *Sébastien*, den *Charlotte* bei der Fete im *Club de roller* kennen gelernt hat … Nun trefft ihr ihn in einem Ferienlager in *Pont d'Arc* an der *Ardèche* wieder. Dort verbringt er mit *Manon*, *Sophie*, *Maxime*, *Rémi* und anderen Jugendlichen aus ganz Frankreich seine Sommerferien. Eines Tages unternehmen *Sébastien*, *Maxime*, *Sophie* und *Manon* eine Kanutour auf der *Ardèche*. *Rémi* und *Patrick* bleiben im Ferienlager zurück und denken sich etwas aus …

le **sport** [ləspɔʀ]	Le mercredi après-midi, nous n'allons pas au collège. Alors nous faisons du ~.	(der) Sport/die Sportart
les **vacances** *(f., pl.)* [levakɑ̃s]		die Ferien/der Urlaub
un **camp de vacances** [ɛ̃kɑ̃dəvakɑ̃s]		ein Ferienlager
l'**athlétisme** *(m.)* [latletism]		(die) Leichtathletik
faire de l'athlétisme [fɛʀdəlatletism]	Le samedi, Sebastien ~[1] au gymnase du quartier Gambetta.	Leichtathletik machen
le **rugby** [ləʀygbi]		das Rugby(-Spiel)
faire de la voile [fɛʀdəlavwal]	A Saint-Malo, on peut ~.	segeln
un **VTT** [ɛ̃vetete]	un VTT = un vélo tout terrain	ein Mountainbike
un **vélo** [ɛ̃velo]		ein Fahrrad
faire du VTT [fɛʀdyvetete]	Le dimanche, Sophie ~[2] à La Bresse.	Mountainbike fahren
le **surf** [ləsœʀf]	→ surfer sur Internet	das Surfen
le **canoë** [ləkanɔe]	F un canoë ⟷ E a canoe	das Kanu/der Kanusport
le **ski** [ləski]	F le ski ⟷ D der Ski	der Ski/das Skifahren
un **dessin** [ɛ̃dɛsɛ̃]	! F **un dessin** ⟷ D **eine** Zeichnung	eine Zeichnung
un **cheval**/des **chevaux** [ɛ̃ʃ(ə)val/deʃ(ə)vo]		ein Pferd/Pferde
faire du cheval [fɛʀdyʃ(ə)val]	Patrick veut ~, parce qu'il adore les chevaux.	reiten
le **handball** [ləɑ̃dbal]		Handball/das Handballspiel
le **judo** [ləʒydo]	Qu'est-ce que tu fais comme sport? – Je fais du ~ dans un club.	Judo/der Judosport
le **shopping** [ləʃɔpiŋ]		das Shoppen/Einkaufen
faire du shopping *(fam.)*	→ faire les courses	einkaufen gehen/shoppen gehen *(ugs.)*
la **danse** [ladɑ̃s]	→ danser	der Tanz/das Tanzen
la **natation** [lanatasjɔ̃]	Sophie fait ~[3] le mardi à 18 heures après le collège.	das Schwimmen
le **tennis** [lətɛnis]		das Tennis/der Tennissport
faire du sport [fɛʀdyspɔʀ]		Sport treiben

Faire du sport

faire du sport	Sport treiben	**faire du surf**	surfen
faire de la voile	segeln	**faire du cheval**	reiten
faire du VTT	Mountainbike fahren	**faire de la danse**	tanzen
faire du canoë	Kanu fahren	**faire de la natation**	schwimmen
faire du ski	Ski fahren	**faire du tennis**	Tennis spielen

Nicht nur beim Sport gibt es einiges zu **tun**…

faire de la musique **faire du camping** **faire du shopping** **faire des courses**

[1] fait de l'athlétisme – [2] fait du VTT – [3] de la natation

Au camp de vacances

passer (les/ses vacances) [pasele/sevakɑ̃s]	Nous ~[1] à Biarritz.	(die Ferien) verbringen
un **camping** [ɛ̃kɑ̃piŋ]		ein Campingplatz
faire du camping [fɛʀdykɑ̃piŋ]	On adore ~. Et toi?	campen/zelten
un **jeune**/une **jeune**/des **jeunes** [ɛ̃ʒœn/ynʒœn/deʒœn]	Allô! Pierre est là? – Non, il fait du VTT avec ~[2] de sa classe.	ein Jugendlicher/eine Jugendliche/Jugendliche
intéresser qn [ɛ̃teʀese]	F intéresser ⟷ E to interest	jdn. interessieren
Ça vous intéresse? [savuzɛ̃teʀɛs]	J'ai une super vidéo. ~?	Interessiert euch/Sie das?
Je ne te comprends pas. [ʒənətəkɔ̃pʀɑ̃pa]		Ich verstehe dich nicht.
C'est nul. *(fam.)* [sɛnyl]	≠ C'est super.	Das ist doof/blöd/öde. *(ugs.)*
en canoë [ɑ̃kanɔe]	→ une radonnée en canoë	mit dem Kanu
Saint-Martin [sɛ̃maʀtɛ̃]		*Ort im Tal der Ardèche*
un **groupe** [ɛ̃gʀup]		eine Gruppe
au bord de … [obɔʀdə]	Les jeunes font du canoë, puis ils mangent ~ l'eau.	am Ufer …
l'**Ardèche** [laʀdɛʃ] *(f.)*		*Fluss in Südfrankreich*
nager [naʒe]	→ faire de la natation	schwimmen
enfin [ɑ̃fɛ̃]	→ la fin	endlich/schließlich
aller chercher qc [aleʃɛʀʃe]	J'ai mal à la tête. Je ~[3] une casquette.	etw. holen (gehen)/suchen
une **tente** [yntɑ̃t]	F **une** tente ⟷ E a tent	ein Zelt
un **maillot de bain** [ɛ̃majodəbɛ̃]	On va nager? – D'accord, on va chercher nos ~[4]. 	eine Badehose/ein Badeanzug/ein Bikini
un **pantalon** [ɛ̃pɑ̃talɔ̃]		eine Hose
une **jupe** [ynʒyp]	Qu'est-ce que tu mets pour la fête, un pantalon ou ~?	ein Rock

Qu'est-ce que c'est en français?

Was machen wir? – Ich weiß nicht.	Qu'est-ce qu'on fait? – Je ne sais pas.
Möchtest du ein Tischtennismatch machen?	Tu **veux faire** un match de ping-pong?
Na ja,… ich finde das öde! Ich möchte lieber eine Kanutour machen.	Bof, …je trouve ça nul! Je **préfère faire** une rando en canoë.
Wenn du willst, können wir Kanu fahren.	Si tu veux, nous **pouvons faire** du canoë.
Das interessiert mich auch.	Ça **m'intéresse** aussi.
Ich hole meine Badehose.	Je vais chercher mon maillot de bain.
Und ich *(betont)* kann zwei Sandwiches in der Bäckerei neben der Kirche kaufen.	Et moi, je **peux acheter** deux sandwichs dans la boulangerie à côté de l'église.
Ich lade dich ein.	Je **t'invite**.
Super! Wir machen Sport und danach [machen wir] ein Picknick am Ufer.	Super! On fait du sport et après, on fait un pique-nique au bord de l'eau.

[1] passons les/nos vacances – [2] des jeunes
[3] vais chercher – [4] maillots de bain

atelier

2 **Bon, …** [bõ]		Gut, …/Also, …
4 **Ça m'est égal.** [samɛtegal]	Rémi, tu veux faire du canoë ou du VTT? – Je ne sais pas. ~	Das ist mir egal.
le **hip-hop** [ləipɔp]		der Hip-Hop

LEÇON 2

TIPP Wenn du einem Mitschüler / einer Mitschülerin eine SMS schickst, hänge am Schluss fünf deutsche Wörter aus der Lektion an. Er/sie muss dann mit der Antwort die französischen Entsprechungen und natürlich auch 5 Wörter auf Deutsch für dich zum Üben schicken.

d'abord Un blessé à Saint-Malo

Qui est qui dans la leçon?

Viel Zeit fürs Frühstück mit ihrem Sohn *Yann* bleibt der Kommissarin *Mme Le Gall* nicht: Sie muss einen rätselhaften Handydiebstahl in *Saint-Malo* aufklären. Dabei geht es zwischen den Verdächtigen *Frédéric Moulin, Anne Lepic* und *Alex Vanel* offensichtlich nicht nur ums Geld …

un **blessé**/une **blessée** [ɛ̃blɛse/ynblɛse]	A l'hôpital, il y a beaucoup de ~[1].	ein Verletzter/eine Verletzte
un/une **commissaire** [ɛ̃/ynkɔmisɛʀ]	F un commissaire ⟷ D ein Kommissar	ein Kommissar/eine Kommissarin
un **petit-déjeuner** [ɛ̃p(ə)tideʒøne]		ein Frühstück
prendre son petit-déjeuner [pʀɑ̃dʀsɔ̃p(ə)tideʒøne]	A quelle heure est-ce que tu ~[2]? – A 7 heures.	frühstücken
un **fils** [ɛ̃fis]	Yann est le ~ de Mme Le Gall.	ein Sohn
un **rocher** [ɛ̃ʀɔʃe]	F un rocher ⟷ E a rock	ein Fels/Felsen
hier [jɛʀ]	→ aujourd'hui, demain	gestern
Des touristes ont trouvé un blessé. [detuʀistɔ̃tʀuveɛ̃blɛse]		Touristen haben einen Verletzten gefunden.
la **police** [lapɔlis]	→ E the police	die Polizei
une **enquête** [ynɑ̃kɛt]	La commissaire, Mme Le Gall, fait ~.	eine Untersuchung/Ermittlung
Je sais. [ʒəsɛ]		Ich weiß (es).
voler qc [vɔle]	Qui a ~[3] les portables?	etw. stehlen

[1] blessés – [2] prends ton petit-déjeuner – [3] volé

Les accents

Die *accents* auf Vokalen sind eine Besonderheit der französischen Sprache:
accent aigu: é,
accent grave: è,
accent circonflexe: ê.

Auf *e* und *o* wirkt sich der *accent* auf die Aussprache aus:
Le coll**è**gue [ɛ] de Madame Le Gall fait une enqu**ê**te [ɛ] sur le bless**é** [e] à l'h**ô**pital [o].
Auch auf *a, i* und *u* können *accents* vorkommen:
O**ù** est Rémi? – Il est **à** l'hôpital avec Beno**î**t.

A A l'hôpital

interroger qn [ɛ̃tɛʀɔʒe]	Pour son enquête, Mme Le Gall veut ~ Frédéric.	jdn. befragen/vernehmen
pour (faire qc) [puʀfɛʀ]	Mme Le Gall va à l'hôpital ~ interroger Frédéric.	um (etw. zu tun)
Pas très bien. [patʀɛbjɛ̃]	→ Ça va bien. ≠ Ça ne va pas (très) bien.	Nicht sehr gut.
la **jambe** [laʒɑ̃b]		das Bein
le **dos** [lədo]	Monsieur, je peux aller à l'infirmerie? J'ai mal au ~.	der Rücken
une **dispute** [yndispyt]	Arrête la musique! Tu veux ~ avec Maman?	ein Streit/eine Meinungsverschiedenheit
Puis, il y a eu une dispute. [pɥiiljayyndispyt]		Dann gab es einen Streit.
pousser qn [puse]	Les jeunes ~[1] Frédéric dans les rochers.	jdn. stoßen/schubsen
Ils m'ont poussé. [ilmɔ̃puse]		Sie haben mich gestoßen/geschubst.
Aïe! [aj]		Aua!
J'ai mal! [ʒɛmal]		Das tut mir weh!
déranger qn [deʀɑ̃ʒe]	– Euh, pardon ... Je vous ~[2]? Je cherche la salle vidéo, s'il vous plaît.	jdn. stören
une **voiture** [ynvwatyʀ]	! F **une** voiture ⟷ D **ein** Auto	ein Auto
un **collègue**/une **collègue** [ɛ̃kɔlɛg/ynkɔlɛg]		ein Kollege/eine Kollegin
bizarre [bizaʀ]	Pourquoi est-ce que Frédéric n'est pas au collège? C'est ~!	komisch/seltsam

atelier

3 **avoir un 19 en maths**		(ein) Sehr gut (= 19 von 20 Punkten) in Mathe haben
4 **Pas mal.** [pamal]	Comment ça va aujourd'hui? – ~, merci.	Ganz gut!/Nicht schlecht.
une **dent** [yndɑ̃]	Ma sœur Manon a un an et elle a sept ~[3].	ein Zahn
un **bras**/des **bras** [ɛ̃bʀa/debʀa]	→ un bracelet	ein Arm/Arme
une **main** [ynmɛ̃]		eine Hand
le **ventre** [ləvɑ̃tʀ]		der Bauch
les **fesses** *(f.)* [lefɛs]	Hier, j'ai fait du cheval, et aujourd'hui, j'ai mal aux ~. Aïe!	der Po/Hintern
un **pied** [ɛ̃pje]	Non, Simon. Aujourd'hui, je ne peux pas danser. J'ai mal aux ~[4].	ein Fuß

[1] poussent/ont poussé – [2] dérange – [3] dents
[4] pieds

Vergleiche die Artikel im Deutschen und im Französischen.

B Une lettre anonyme

une **lettre** [ynlɛtʀ]	F une lettre ⟷ E a letter	ein Brief
anonyme [anɔnim]	F anonyme	anonym; *hier:* ohne Absender
une **porte** [ynpɔʀt]	Ne reste pas devant la ~. Entre, Maxime!	eine Tür
un **commissariat de police** [ɛ̃kɔmisaʀjadəpɔlis]	Qui a volé ma voiture? Je vais tout de suite au ~!	ein Polizeirevier/eine Polizeistation
vers [vɛʀ]	A quelle heure est-ce que tu vas à la fête? – Euh… ~ 7 heures.	gegen *(zeitlich)*
je suis allé(e)		ich bin gegangen

aller: je **suis** allé(e), tu **es** allé(e), il **est** allé, elle **est** allée, on **est** allé(e)s, nous **sommes** allé(e)s, vous **êtes** allé(e)s, ils **sont** allés, elles **sont** allées

la **mer** [lamɛʀ]		das Meer
monter [mɔ̃te]		hinaufgehen/hinaufsteigen
une **plage** [ynplaʒ]	Sur la ~ de Saint-Malo, il y a des rochers.	ein Strand
derrière [dɛʀjɛʀ]	≠ devant	hinter
partager qc [paʀtaʒe]	Anne ~[1] son sandwich avec Alex.	etw. teilen
entre [ɑ̃tʀ]	La police a trouvé le sac avec les portables ~ deux rochers.	zwischen
sans [sɑ̃]	≠ avec	ohne
arrêter qn [aʀɛte]	La police a ~[2] le voleur.	*hier:* jdn. festnehmen
un **ami**/une **amie** [ɛ̃nami/ynami]	= un copain/une copine	ein Freund/eine Freundin
la **vérité** [laveʀite]	C'est ~ = C'est vrai.	die Wahrheit

[1] partage – [2] arrêté

C Enfin la vérité!

un **jour** [ɛ̃ʒuʀ]	Eric passe trois **jours** à Saint Malo. Aujourd'hui, il a passé **la journée** sur la plage. ! une journée *(als Verlauf)*	ein Tag
ne … pas encore [nəpa(z)ɑ̃kɔʀ]		noch nicht
un **voleur**/une **voleuse** [ɛ̃vɔlœʀ/ynvɔløz]	→ voler	ein Dieb/eine Diebin

Monsieur ou Madame?

In dieser Lektion findet ihr einige Nomen in der männlichen und weiblichen Form.
Manche Nomen verändern sich in der weiblichen Form nicht,
an andere wird ein *e* angehängt,
manche bekommen eine andere Endung.

Beispiele:

Maskulinum	**Femininum**
un commissaire	une commissaire
un blessé	une blessée
un voleur	une voleuse

une **fois** [ynfwa]		einmal
raconter qc [ʀakɔ̃te]	Mais qu'est-ce que Rémi ~[1] ? Ce n'est pas la vérité.	etw. erzählen
accuser qn [akyze]	Alex ~[2] Frédéric dans la lettre anonyme.	jdn. beschuldigen/anklagen
entre toi et moi [ɑ̃tʀətwaemwa]		zwischen dir und mir
ne … rien [nə… ʀjɛ̃]	Tu as faim? – Non, je ~ veux ~ manger.	nichts
Il n'a rien fait.		Er hat nichts getan.
quitter qn [kite]	Anne ~[3] Alex. Maintenant, elle est la copine de Frédéric.	jdn. verlassen; *hier:* sitzen lassen
Tu m'as quitté. [tymakite]		Du hast mich sitzen lassen/verlassen.
retrouver qn [ʀətʀuve]	Hier, Marine et Charlotte ~[4] les copains au parc Debrousse.	jdn. (wieder) treffen
à cause de qn/qc [akozdə]	F à cause de ⟷ E because of	wegen jdm./etw.
à cause de toi [akozdətwa]		wegen dir/deinetwegen
paniquer [panike]	F paniquer ⟷ E to panic	in Panik geraten
laisser qn/qc [lɛse]	Je ne peux rien acheter: j'~[5] mon portefeuille à la maison.	jdn./etw. lassen/zurücklassen
la **peur** [lapœʀ]		die Angst
avoir peur de qn/qc [avwaʀpœʀ]	Frédéric n'~[6] de la police parce qu'il n'a rien volé.	Angst vor jdm./etw. haben
Tu as eu peur pour ton copain. [tyaypœʀ]		Du hast Angst um deinen Freund bekommen.

atelier

7 la **Bretagne** [labʀətaɲ]	Yann habite **en** ~ à Saint-Malo.	die Bretagne *(Region in Westfrankreich)*

[1] raconte – [2] accuse/a accusé – [3] a quitté
[4] ont retrouvé – [5] ai laissé – [6] a pas peur

In Frankreich gibt es verschiedene Küstenlandschaften: die nördliche Atlantikküste (wie bei *Saint-Malo*) ist eine Felsenküste mit rauem Meer und Algen, ein Paradis für Leute, die gerne Muscheln essen.
Die südliche Atlantikküste (wie bei *Biarritz*) ist eine lange Sandküste mit breiten Stränden und hohen Dünen.
Das Meer ist dort rau, es gibt Wind und hohe Wellen: für Surfer ideal!
An der Mittelmeerküste wechseln sich Felsen und Sandbuchten ab.
Das Meer ist dort sehr ruhig und zieht im Sommer viele Badetouristen an. Ebbe und Flut sind am Mittelmeer kaum zu spüren, anders dagegen an der Atlantikküste.

Versucht diese Küsten auf der Frankreichkarte der Umschlagseite zu finden.

Qu'est-ce que c'est en français?

Ich hasse das Krankenhaus!	Je déteste l'hôpital!
Ja, ich verstehe. Eine Woche im Krankenhaus, das ist nicht lustig!	Oui, je comprends. Une semaine à l'hôpital, ce n'est pas marrant!
Aber …, wie geht es dir [eigentlich]?	Mais … comment tu vas/ça va?
Nicht sehr gut. Man hat mich auf der Treppe geschubst und ich bin gestürzt.	Pas très bien. On m'**a poussé** dans l'escalier et je **suis tombé(e)**.
Mir tun immer noch die Arme weh.	Et j'ai encore mal aux bras.
Hat die Polizei den Dieb schon gefasst?	Est-ce que la police **a déjà arrêté** le voleur?
Nein, sie sucht noch.	Non, elle cherche encore.
Und deine Brieftasche?	Et ton portefeuille?
Die Polizei hat nichts gefunden.	La police **n'a rien** trouvé.

LEÇON 3

TIPP Gönne dir nach dem Wörterlernen eine kleine Belohnung, z. B. dein Lieblingslied anzuhören, deine Freundin / deinen Freund anzurufen, etwas zu naschen.

d'abord Question de look!

le **look** [ləluk]	Waouh, Nicolas, tu as un ~ super cool, aujourd'hui.	der Look
une **ville** [ynvil]	Saint-Malo et Calais sont deux ~[1] au bord de la mer.	eine Stadt
en ville [ɑ̃vil]	Samedi, on va faire du shopping ~!	in der/die Stadt
vert/verte [vɛʀ/vɛʀt]	Charlotte et sa sœur préparent une salade ~[2] et une quiche.	grün
C'est trop nul! [sɛtʀonyl]		Das ist zu/total doof!
une **chaussure** [ynʃosyʀ]		ein Schuh

[1] villes – [2] verte

à 30 € [atʀɑ̃tøʀo]		zu 30 €
Ouais! *(fam.)* [wɛ]	→ oui	Ja! *(ugs.)*
une **minijupe** [ynminiʒyp]	→ une jupe	ein Minirock
rouge/rouge [ʀuʒ/ʀuʒ]		rot
noir/noire [nwaʀ/nwaʀ]		schwarz
gris/grise [gʀi/gʀiz]		grau
bleu/bleue [blø/blø]		blau
jaune/jaune [ʒon/ʒon]		gelb
blanc/blanche [blɑ̃/blɑ̃ʃ]	Pour faire du tennis, Fanny met sa jupe ~[1].	weiß
un **T-shirt** [ɛ̃tiʃœʀt]	Pour le match de foot, Pierre a mis le ~ de son club.	ein T-Shirt
un **jean** [ɛ̃dʒin]	F **un jean** ⟷ D eine Jeans ⟷ E jeans	eine Jeans
un **anorak** [ɛ̃nanɔʀak]		ein Anorak
une **chaussette** [ynʃosɛt]	Léo aime jouer avec les ~[2] de Charlotte.	ein Strumpf/eine Socke
porter qc [pɔʀte]	Aujourd'hui, Manon ~[3] une minijupe rouge et un pull blanc.	etw. tragen

Les vêtements et les couleurs, une histoire de look!

Maskulinum		**Femininum**	
le pantalon	vert	la jupe	verte
l'anorak	rouge	la casquette	rouge
le T-shirt	jaune	la robe	jaune
le jean	bleu	la minijupe	bleue
le pull	gris	la jupe	grise
le pantalon	noir	les chaussettes	noires
le maillot de bain	blanc	les chaussures	blanches

A Le shopping avec Marine

Qui est qui dans la leçon 3?

Ein Wiedersehen mit der Clique aus Band 1: *Marine* und *Charlotte* haben zusammen einen Einkaufsbummel gemacht und sind begeistert von ihren neuen Schuhen … bis plötzlich ausgerechnet *Léa Mercier* aus der Parallelklasse mit genau den gleichen Schuhen ankommt! Und das ist noch nicht alles: *Farid* und *Pierre* bekommen ganz große Augen … Und das gibt Ärger!

les soldes *(m., pl.)* [lesɔld]	On va faire du shopping? C'est ~ en ville.	der Ausverkauf/Schlussverkauf
un **prix**/des **prix** [ɛ̃pʀi/depʀi]	F un prix ⟷ E a price	ein Preis/Preise
intéressant/intéressante [ɛ̃teʀesɑ̃/ɛ̃teʀesɑ̃t]	Aux soldes, les prix sont vraiment ~[4].	interessant; *hier:* günstig
les **affaires** *(f., pl.)* [lezafɛʀ]	Une minute! Je prends mes ~ de sport et j'arrive!	die Sachen

[1] blanche – [2] chaussettes – [3] porte
[4] intéressants

faire une affaire/des affaires [fɛʀynafɛʀ/dezafɛʀ]	Regarde les T-shirts à 8 euros: On va ~.	(ein) Schnäppchen machen/ etwas günstig einkaufen
fantastique/fantastique [fɑ̃tastik/fɑ̃tastik]	[F] fantas**tique** ⟷ [D] fantasti**sch** ⟷ [E] fantastic	toll/fantastisch
pendant [pɑ̃dɑ̃]	Marine et moi, on adore faire du shopping ~ les soldes.	während
pendant des heures		stundenlang
un **vêtement**/des **vêtements** [ɛ̃vɛtmɑ̃/devɛtmɑ̃]	Les pantalons, les T-shirts, les jupes et les chaussettes sont des ~[1].	ein Kleidungsstück/Kleider
sympa/sympa [sɛ̃pa/sɛ̃pa]	Farid, ta casquette noire est vraiment ~.	*hier:* toll/schön
un **magasin** [ɛ̃magazɛ̃]		ein Geschäft/Laden
voir qn/qc [vwaʀ]	→ une vue	jdn./etw. sehen

> **voir**
> je vois, tu vois, il voit, elle voit, on voit,
> nous voyons, vous voyez, ils voient, elles voient,
> j'ai **vu**

une **robe** [ynʀɔb]		ein Kleid
la 3^{e}E [latʀwazjɛmø]	= la troisième E	die Klasse 3 E *(entspricht der 9. Klasse im deutschen Schulsystem)*
Oh non, pas elle! *(fam.)* [ɔnɔ̃paɛl]		Oh nein, bloß nicht die schon wieder! *(ugs.)*
Tiens. [tjɛ̃]	~, regarde, voilà Léa!	Sieh mal einer an.
énervé/énervée [eneʀve/eneʀve]	Ma mère est ~[2] parce que je n'ai pas fait les courses.	genervt
idiot/idiote [idjo/idjɔt]		idiotisch/blöd/doof
essayer qc [esɛje]	Je voudrais ~ les chaussures rouges en 39, s'il vous plaît.	etw. anprobieren/versuchen
génial/géniale/ géniaux/géniales [ʒenjal/ʒenjal/ʒenjo/ʒenjal]	Marine trouve les vêtements ~[3] chez Miss Eighty.	genial/toll/super
la **couleur** [lakulœʀ]	[F] la **couleur** ⟷ [E] the colour	die Farbe
plaire à qn [plɛʀ]	→ s'il te plaît/s'il vous plaît	jdm. gefallen
aller à qn [ale]	La robe rouge te ~[4] très bien.	jdm. passen/stehen
Elles te vont super bien. *(fam.)*		Sie passen/stehen dir supergut. *(ugs.)*
cher/chère [ʃɛʀ/ʃɛʀ]	100 €! Dans ce magasin, les chaussures sont vraiment ~[5]!	teuer
promettre à qn de faire qc [pʀɔmɛtʀ]	Marine a ~[6] **à** Charlotte **de** mettre ses Dadidas lundi.	jdm. versprechen etw. zu tun
Promis! [pʀɔmi]		Versprochen!

[1] vêtements – [2] énervée – [3] géniaux – [4] va
[5] chères – [6] promis

atelier

3 **Debout!** [dəbu]	~ Il est déjà 7 heures!	Aufstehen!
4 un **sac à dos** [ɛ̃sakado]	→ le sac + le dos = le sac à dos	ein Rucksack
5 **Bon, je te laisse!**		*hier:* Also, so viel für heute.

B Les nouvelles chaussures

nouveau/nouvel/nouvelle/ nouveaux/nouvelles [nuvɔ/nuvɛl/nuvɛl/nuvɔ/nuvɛl]	Regarde mon ~[1] anorak. Il me va bien, non?	neu
ce/cet/cette/ces [sə/sɛt/sɛt/se]	Pour la fête, je vais mettre ~[2] jupe bleue et ~[3] T-shirt blanc.	dieser/diese/dieses
cet après-midi [sɛtapʀɛmidi]		heute Nachmittag
grand/grande [gʀɑ̃/gʀɑ̃d]	Julie a 10 ans et sa ~[4] sœur Charlotte a 14 ans.	groß
facile/facile [fasil]		leicht
une **glace** [ynglas]	Charlotte est devant sa ~. Elle regarde ses nouvelles chaussures.	ein Spiegel
petit/petite [p(ə)ti/p(ə)tit]	≠ grand/grande	klein
un **clown** [ɛ̃klun]	F un clown [ɛ̃klun] ⟷ E a clown	ein Clown
des **chaussures** *(f.)* **de clown** [deʃosyʀdəklun]		Clownschuhe; *hier:* komische Schuhe
une **petite peste** [ynp(ə)titpɛst]	Ma sœur est vraiment une ~!	eine Nervensäge
refermer qc [ʀəfɛʀme]	Charlotte est très énervée, alors Julie ~[5] vite la porte.	etw. wieder schließen

Wörter bilden ...
re- am Anfang des Wortes bedeutet oft *etw. wieder/noch einmal tun.*
Die Entsprechung im Deutschen ist dann *wieder/zurück:*
entrer → **r**entrer
trouver qn → **re**trouver qn
voir qn → au **re**voir

avoir raison [avwaʀʀɛzɔ̃]	Arrête! Tu veux toujours ~! On ne peut pas discuter avec toi!	Recht haben
moche/moche [mɔʃ]		hässlich
beau/bel/belle/beaux/belles [bo/bɛl/bɛl/bo/bɛl]	F beau ⟷ E beautiful	schön/hübsch

Unverändert cool bleiben ...
Die meisten Adjektive bilden den Plural mit einem angehängten *s:*
des garçons marrants, des filles sympas.
Super und *cool* dagegen bleiben auch im Plural unverändert:
deux filles super.
Vorsicht bei *génial, beau* und *nouveau!*
Ces nouv**eaux** vêtements sont b**eaux**.
Aber Tes nouv**elles** idées sont génia**les**.

[1] nouvel – [2] cette – [3] ce – [4] grande
[5] referme

atelier

4 le **petit copain**/la **petite copine** [ləp(ə)tikɔpɛ̃/lap(ə)tikɔpin]	= le petit ami/la petite amie	der Freund/die Freundin *(mit dem/der man „geht")*

Grand ou petit?

Auf Französisch sagt man *petit ami/petite amie* oder *petit copain/petite copine* zur Person, mit der man „geht". *Petit* bedeutet hier natürlich nicht wirklich *klein.* Die „Verkleinerungsform" ist eher liebevoll gemeint.
Un grand ami ist – im übertragenen Sinn – ein *dicker Freund,* der kann durchaus klein und dünn sein!

Charlotte est la grande copine de Marine.
Mais, elle n'est plus la petite copine de Simon.
C'est Léa, la petite amie de Simon, maintenant.

C'est moi … [sɛmwa]	~, son petit copain.	Ich *(betont)* bin …
une **carte** [ynkaʀt]		eine Karte
des **cadeaux** [dekado] *(m., pl.)*	→ un cadeau	Geschenke

C Charlotte, tu m'as promis!

Si. [si]	Tu **ne** veux **pas** aller au parc avec nous? – ~, j'arrive dans une minute.	Doch. *(Antwort auf eine verneinte Frage)*
Tu veux rigoler un peu? *(fam.)* [tyvøʀigɔleɛ̃pø]		Willst du mal was zu lachen haben? *(ugs.)*
Et alors? [ealɔʀ]	Marine a toujours des super notes. – ~	Na/Ja und?
Quoi? [kwa]	Simon a quitté Marine! – ~ Ce n'est pas vrai!	Was?
tourner qc [tuʀne]	Marine ~[1] la tête et elle voit Léa.	etw. drehen/umdrehen
un **look d'enfer** [ɛ̃lukdɑ̃fɛʀ]	Tu as vu ce garçon? Il a ~. 	ein Wahnsinnslook
vrai/vraie [vʀɛ/vʀɛ]	→ la vérité	wahr
Ce n'est pas vrai! [s(ə)nɛpavʀɛ]		Das darf doch wohl nicht wahr sein!
le **même**/la **même**/les **mêmes** [ləmɛm/lamɛm/lemɛm]	Tiens! Farid et Pierre ont ~[2] pull bleu.	derselbe/dieselbe/dasselbe/dieselben
Vous savez quoi? [vusawekwa]	→ je sais	Wisst ihr was?
ne … plus [nə…ply]	Marine ~ aime ~ ses chaussures rouges.	nicht mehr
en avoir marre de qc *(fam.)* [ɑ̃navwaʀmaʀdə]	Marine est énervée. Elle ~[3] des histoires avec Léa!	die Nase von etw. voll haben *(ugs.)*
Je ne veux plus te voir! [ʒənəvøplytəvwaʀ]		Ich will/kann dich nicht mehr sehen!/Geh mir aus den Augen!
expliquer qc à qn [ɛksplike]	Pierre ~[4] le problème de maths à son copain.	jdm. etw. erklären
Je vais t'expliquer! [ʒəvɛtɛksplike]		Ich kann dir das erklären!

[1] tourne – [2] le même – [3] en a marre
[4] explique

atelier

2 la **mode** [lamɔd]		die Mode
être à la mode [ɛtʀalamɔd]	Le pantalon de ma mère n'~[1].	modern sein/sich modisch kleiden
3 **Mademoiselle** [madmwazɛl]		*Anrede für eine junge Frau*
désirer qc [deziʀe]	Qu'est-ce que vous ~[2]? – Je voudrais un pantalon noir.	etw. wünschen
la **taille** [lataj]		die (Körper-)Größe
Quelle est votre taille? [kɛlɛvɔtʀtaj]	~ – Je prends du 36.	Welche Größe haben Sie?
la **pointure** [lapwɛ̃tyʀ]		die (Schuh-)Größe
Quelle est votre pointure?		Welche Schuhgröße haben Sie?
une **cabine** [ynkabin]	Rémi essaye un jean dans ~.	eine Umkleidekabine
s.v.p. = **s'il vous plaît**.		bitte
en ce moment [ɑ̃səmɔmɑ̃]		zurzeit
exactement [ɛgzaktəmɑ̃]	F exactement ⟷ E exactly	genau
coûter [kute]	Ce pantalon ~[3] combien? – Il fait 60 €.	kosten
une **caisse** [ynkɛs]		eine Kasse
une **vitrine** [ynvitrin]		ein Schaufenster

Qu'est-ce que c'est en français?

In einem Bekleidungsgeschäft kauft Léa günstig ein [= macht Schnäppchen]…	Dans un magasin de vêtements, Léa fait des affaires…
Sie probiert eine schwarze Hose und ein weißes T-Shirt an. Sie passen sehr gut und sind nicht teuer.	Elle essaye un pantalon **noir** et un T-shirt **blanc**. Ils vont très bien et ils ne sont pas **chers**.
Aber da [= plötzlich] kommen Charlotte und Marine…	Mais tout à coup, Charlotte et Marine arrivent …
Léa, diese Hose steht dir nicht. Und sie ist sehr hässlich!	Léa, ce pantalon ne te va pas. Et il est très moche!
Das darf doch wohl nicht wahr sein! Jetzt habe ich es [aber] satt. Ihr nervt mich wirklich. Ich kann euch nicht mehr sehen.	Ce n'est pas vrai! J'en ai marre, maintenant! Vous m'énervez vraiment. Je ne veux plus vous voir.
Gut, wir lassen dich [in Ruhe]. Bis bald, im Collège…	Bon, on te laisse. A bientôt, au collège…
… mit deiner neuen Hose, versprochen?	… avec ton **nouveau** pantalon, promis?
Ihr seid [richtige] Nervensägen!	Vous êtes des **petites** pestes!

[1] est pas à la mode – [2] désirez – [3] coûte

LEÇON 4

TIPP Schreibe die französischen Wörter/Wendungen, die für dich in einer Lektion wichtig sind, in großer Schrift auf dem Computer, drucke sie aus und hänge sie an einer Stelle auf, an der du oft vorbeikommst.

d'abord Un petit-déjeuner dans la famille Marot

Qui est qui dans la leçon 4?

Erst beschwert sich die Nachbarin *Mme Cassepieds* (casser les pieds à qn *(fam.)* = jdm. auf die Nerven gehen) bei *Clément Marot* über die zu laute Musik, dann bekommt er auch noch Krach mit *s*einer Schwester *Lucie!* Und so bleibt keine Zeit für die Hausaufgaben und fürs Einkaufen. Zum Glück hat ihr internetbegeisterter Opa eine gute Idee …

une **famille** [ynfamij]	F une famille ⟷ E a family	eine Familie
Grenoble [gʀənɔbl]	Les Marot habitent à ~.	*frz. Stadt am Rande der Alpen*
le **pain** [ləpɛ̃]		das Brot
la **confiture** [lakɔ̃fityʀ]	Lucie, tu veux un peu de ~ sur ton pain?	die Konfitüre
des **céréales** *(f., pl.)* [deseʀeal]		Cornflakes/Müsli
le **lait** [ləlɛ]	Sophie met du ~ dans ses céréales.	die Milch
le **chocolat** [ləʃɔkɔla]	F le chocolat ⟷ E chocolate	der Kakao/die Schokolade
au moins [omwɛ̃]		wenigstens
un **yaourt** [ɛ̃jauʀt]	F un yaourt ⟷ D ein Jogurt	ein Jogurt
la **récré** [laʀekʀe] *(fam.)* (= la récréation)		die (Schul-)Pause *(ugs.)*
le **café** [ləkafe]	Mme Marot prend du ~ au petit-déjeuner.	der Kaffee
le **fromage** [ləfʀɔmaʒ]	Avant le dessert, les Français mangent du ~.	der Käse
le **jambon** [ləʒɑ̃bɔ̃]	Qu'est-ce qu'il y a dans ton sandwich? – Il y a du fromage et du ~.	der Schinken
le **thé** [ləte]	F un thé ⟷ E tea	der Tee

A Il n'y a rien dans le frigo!

un **frigo** [ɛ̃fʀigo]	Pour la fête, Théo a mis des bouteilles de coca dans le ~.	ein Kühlschrank
devoir faire qc [dəvwaʀfɛʀ]	Papa, je peux aller au cinéma? – D'accord, mais d'abord, tu ~[1] tes devoirs.	etw. tun müssen

devoir
je dois, tu dois, il doit, elle doit, on doit,
nous devons, vous devez, ils doivent, elles doivent

[1] dois faire

ranger qc [ʀɑ̃ʒe]	Samedi, Kévin reste à la maison: il ~[1] sa chambre.	etw. aufräumen
le **travail** [lətʀavaj]		die Arbeit
retourner [ʀətuʀne]	F retourner ⟷ E to return	zurückkehren
la **radio** [laʀadjo]	Dans sa voiture, ma mère écoute toujours ~.	das Radio
mettre la radio fort [mɛtʀ(ə)laʀadjofɔʀ]		das Radio laut stellen
On sonne. [ɔ̃sɔn]		Es (= jemand) klingelt.
un **voisin**/une **voisine** [ɛ̃vwazɛ̃/ynvwazin]	Les Marot habitent 13 rue des Rochers. Leur ~[2], Mme Cassepieds, habite au numéro 15.	ein Nachbar/eine Nachbarin
moins fort [mwɛ̃fɔʀ]	J'ai mal à la tête. Tu peux mettre la musique un peu ~, s'il te plaît?	leiser
avoir une petite faim [avwaʀynp(ə)titfɛ̃]		ein bisschen Hunger haben/bekommen
ne … plus de … [nə…plydə]	Est-ce que tu peux acheter une bouteille d'huile? On ~ a ~[3] huile.	keinen/keine/kein … mehr
ne … pas de … [nə…padə]		keinen/keine/kein …
oublier qc [ublije]		etw. vergessen
la **soupe** [lasup]	F une soupe ⟷ E a soup	die Suppe
Beurk! [bœʀk]		Äh! *(Ausdruck des Ekels)*
barrer qc [baʀe]	Pourquoi est-ce que tu ~[4] la soupe?	etw. (durch)streichen
la **purée** [lapyʀe]	F **la purée** ⟷ D **das Püree**	das Püree
ajouter qc [aʒute]		etw. hinzufügen
un **hamburger** [ɛ̃ɑ̃buʀgœʀ]	J'ai une petite faim. – Tu veux manger ~?	ein Hamburger
l'**argent** *(m.)* [laʀʒɑ̃]	Zut! Je n'ai pas beaucoup d'~ dans mon portefeuille.	das Geld

Der Alltag

Wie ihr schon wisst, gehen die Schülerinnen und Schüler in Frankreich vor- und nachmittags ins *collège*, außer an einem Tag in der Woche: Am Mittwochnachmittag ist meistens keine Schule. *Lucie* und *Clément Marot* essen mittags in der *cantine* und kommen erst nach 17.00 Uhr heim. *Mme Marot* ist, wie die meisten Frauen in Frankreich, berufstätig und kommt abends erst gegen 20.00 Uhr nach Hause.

atelier

4 un **accident** [ɛ̃naksidɑ̃]	F un accident ⟷ E an accident	ein Unfall
un **exercice** [ɛ̃nɛgzɛʀsis]		eine Übung

B La dispute

fatigué/fatiguée [fatige]	Après sa journée au collège, Lucie est ~[5].	müde
sortir [sɔʀtiʀ]	≠ entrer	hinausgehen/weggehen
Tu rigoles! *(fam.)* [tyʀigɔl]	→ rigoler	*hier:* Du spinnst wohl! *(ugs.)*
la **colère** [lakɔlɛʀ]		die Wut
être en colère [ɛtʀɑ̃kɔlɛʀ]	Mon frère ~[6] parce que j'ai pris son nouveau pull.	wütend sein
la **télé** *(fam.)* (= la télévision) [latele]	F à la **télévision**/à la **télé** ⟷ E on television/on TV	das Fernsehen *(ugs.)*

[1] range – [2] voisine – [3] plus d' – [4] barres/as barré – [5] fatiguée – [6] est en colère

dormir [dɔʀmiʀ]	Patrick est rentré fatigué et maintenant, il ~[1]. 	schlafen

dormir
je dors, tu dors, il dort, elle dort, on dort,
nous dormons, vous dormez, ils dorment, elles dorment
j'ai dormi

il faut faire qc [ilfofɛʀ]	On va au CDI? – Oui, tu as raison. ~ des recherches sur Internet avant l'interro.	man muss etw. tun/wir müssen etw. tun
fermer qc [fɛʀme]	Vous pouvez ~ la porte, s'il vous plaît?	etw. schließen
Les magasins sont fermés.		Die Geschäfte sind/haben geschlossen.
Ça alors! [saalɔʀ]	→ Quoi? C'est vrai?	Das gibt's doch nicht!/Also sag' mal! *(Ausdruck des Erstaunens/der Entrüstung)*
C'est le bordel. *(fam.)* [sɛləbɔʀdɛl]		Das ist das totale Chaos. *(ugs.)*
Mon œil! *(fam.)* [mõnœj]	→ Ce n'est pas vrai! 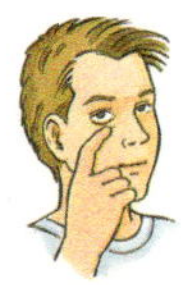	Wer's glaubt, wird selig!/Von wegen! *(ugs.)*
mentir [mɑ̃tiʀ]	C'est la vérité. Je ne ~[2] pas!	lügen

mentir
je mens, tu mens, il ment, elle ment, on ment,
nous mentons, vous mentez, ils mentent, elles mentent
j'ai menti

nul/nulle [nyl/nyl]	≠ super, génial	blöd/doof/öde
113 [sɑ̃tʀɛz]		*Name einer Rap-Gruppe aus Paris*
peut-être [pøtɛtʀ]	→ Je ne sais pas encore.	vielleicht
partir [paʀtiʀ]	≠ arriver	weggehen

partir
je pars, tu pars, il part, elle part, on part,
nous partons, vous partez, ils partent, elles partent
je **suis** parti(e)

un **répondeur** [ɛ̃ʀepõdœʀ]	Tiens, on a téléphoné: je vais écouter le ~.	ein Anrufbeantworter
un **message** [ɛ̃mɛsaʒ]	F un message ⟷ E a message	eine Nachricht
Qui a bien pu téléphoner?		Wer hat wohl angerufen?
un **enfant** [ɛ̃nɑ̃fɑ̃]	Les Dufour ont trois ~[3]: deux filles et un garçon.	ein Kind
le **grand-père** [ləgʀɑ̃pɛʀ]	→ la grand-mère	der Großvater/Opa
papi *(fam.)* [papi]	Mamie a 69 ans et ~ a déjà 75 ans.	Opa *(Anrede für den Großvater)*
il faut qc [ilfo]	~ du jambon pour la quiche.	man braucht/wir brauchen etw.
Tu n'as pas voulu faire les courses.		Du wolltest nicht einkaufen gehen.

[1] dort – [2] mens – [3] enfants

atelier

1 les **grands-parents** *(m., pl.)* [legʀɑ̃paʀɑ̃]	Mon grand-père et ma grand-mère, ce sont mes ~[1].	die Großeltern
3 un **chat** [ɛ̃ʃa]	F un chat ⟷ E a cat	eine Katze
4 **il ne faut pas faire qc** [ilnəfopa]	~ manger en classe.	man darf/soll etw. nicht tun
un **chewing-gum** [ɛ̃ʃwiŋgɔm]	F un chewing-gum ⟷ E a chewing gum	ein Kaugummi
écouter qn [ekute]	Chut! J'~[2] le prof de maths. Il explique le problème.	jdm. zuhören
5 **A plus!** [aplys] *(fam.)*	= A plus tard!	Bis später!/Tschüs! *(ugs.)*

In der SMS-Sprache schreibt sich *A plus!*: «A +».

C Cyberpapi

Cyberpapi [sibɛʀpapi]		*Spitzname für Opa Marot*
mieux [mjø]	Tu n'es plus malade? – Non, ça va ~.	besser
embrasser qn [ɑ̃bʀase]	F embrasser (→ le bras)	jdn. umarmen, *hier:* jdn. lieb grüßen

Salut!

In Frankreich begrüßt man sich (je nach Region!) mit 2 bis 4 angedeuteten „Küsschen" *(= les bises)* auf die Wangen. Jugendliche unter sich begrüßen sich selbst dann auf diese Weise, wenn sie nur zum erweiterten Freundeskreis gehören. Jungen untereinander begrüßen sich oft mit Handschlag.

aider qn [ɛde]	Clément tu peux aider papi? – Oui, je l'~[3].	jdm. helfen
les **pages jaunes** [lepaʒʒon]		die Gelben Seiten
commander qc [kɔmɑ̃de]		etw. bestellen
donner qc [dɔne]	Tu me ~[4] ta nouvelle adresse e-mail?	etw. geben
une **assiette** [ynasjɛt]	Papi met quatre ~[5] noires sur la table.	ein Teller
un **couteau**/des **couteaux** [ɛ̃kuto/dekuto]		ein Messer/Messer
une **fourchette** [ynfuʀʃɛt]	Tu peux apporter les couteaux et les ~[6], s'il te plaît?	eine Gabel
les **infos** *(f., pl.)* [lezɛ̃fo] (= les informations)		die Nachrichten
un **lit** [ɛ̃li]	Madame Marot est fatiguée, elle va au ~.	ein Bett
sentir [sɑ̃tiʀ]		riechen
bon/bonne [bɔ̃/bɔn]	Lucie a eu 18 en maths, c'est vraiment une très ~[7] note.	gut
Ça sent bon. [sasɑ̃bɔ̃]		Das riecht (aber) gut.
faire la cuisine [fɛrlakɥizin]		kochen

[1] grands-parents – [2] écoute – [3] aide
[4] donnes – [5] assiettes – [6] fourchettes
[7] bonne

gentil/gentille [ʒɑ̃ti/ʒɑ̃tij]	Mme Cassepieds est ~[1], mais elle n'aime pas la musique.	nett
la **vaisselle** [lavɛsɛl]		das Geschirr
faire la vaisselle [fɛʀlavɛsɛl]		abwaschen
énerver qn [enɛʀve]	Tu as menti et ça m'~[2]!	jdn. nerven

On met la table.

D'abord on met la table, puis on mange et après il faut faire la vaisselle.

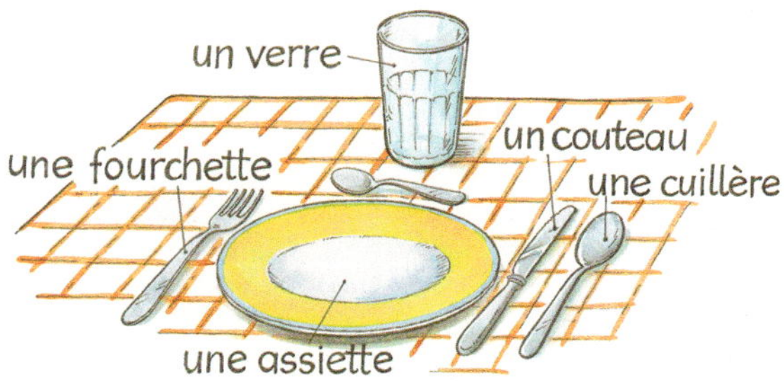

atelier

2	une **cuillère** [ynkɥijɛʀ]	F [ynkɥijɛʀ]	ein Löffel
	passer qc [pase]	Clément, tu me ~[3] l'eau, s'il te plaît?	etw. reichen/geben
	le **sucre** [ləsykʀ]	Mon père met du ~ dans son café.	der Zucker
3	un **journal intime** [ɛ̃ʒuʀnalɛ̃tim]		ein Tagebuch
4	**comme chien et chat** [kɔmʃjɛ̃eʃa]	Il y a eu encore une dispute entre Léa et Charlotte. Elles sont ~.	wie Hund und Katze

Qu'est-ce que c'est en français?

Frau Marots Kinder, Lucie und Clément, müssen einkaufen [gehen].	Les enfants de Mme Marot, Lucie et Clément, doivent faire les courses.
Sie möchten einen leckeren [= guten] Salat zubereiten.	Ils veulent préparer une bonne salade.
Sie kaufen Tomaten, einen grünen Salat, eine Zitrone, Pilze und Öl…	Ils achètent **des** tomates, une salade verte, un citron, des champignons et **de** l'huile…
Mist! Wir haben das Brot vergessen!	Zut! Nous avons oublié le pain!
Zu spät: Zuhause haben wir kein Brot mehr und die Bäckerei schließt in 5 Minuten!	Trop tard: à la maison, il n'y a **plus de** pain et la boulangerie ferme dans 5 minutes!
Wer's glaubt, wird selig! Das stimmt [doch] nicht! Du spinnst wohl!	Mon œil! Ce n'est pas vrai! Tu rigoles…!
O.k., o.k. … Aber ich gehe heute abend weg [= aus]. Ich habe keine Zeit. Also schnell, gehen wir nach Hause und essen den Salat ohne Brot.	O.K., O.K. … Mais je sors ce soir. Je n'ai pas le temps. Alors vite, on rentre à la maison et on mange la salade sans pain.

[1] gentille – [2] énerve – [3] passes

LEÇON 5

TIPP Lerne an einem Platz, an dem dich nichts und niemand stören kann. Höre keine Musik und lass auch nicht den Fernseher laufen.

d'abord Chez les Ravel

Qui est qui dans la leçon 5?

Thomas und *Julien Ravel* aus *Toulouse* reisen mit dem Zug nach Brüssel, um ihre Cousins zu besuchen. In *Bordeaux* steigen *Emma* und *Antoine* zu. Durch Zufall erfährt *Thomas*, dass seine Lieblingsgruppe *Zebda* genau an diesem Tag in Paris auftritt ... eine gute Gelegenheit für einen kleinen Abstecher auf die *Champs-Elysées!*

Bruxelles [bʀyksɛl]	A ~, on parle le français.	Brüssel *(Hauptstadt Belgiens)*
un **cousin**/une **cousine** [ɛ̃kuzɛ̃/ynkuzin]	La sœur de ma mère a deux filles: ce sont mes ~[1].	ein Cousin/eine Cousine
Pâques *(f., pl.)* [pak]	En avril, on fête ~ à l'église.	Ostern
Zebda [zɛbda]		*Band aus Toulouse*

Die Gruppe Zebda
Die sieben Musiker aus *Toulouse* sind in Frankreich sehr bekannt. Ihre Musikrichtung ist ein Mix aus Rock, Rap, Raï, Reggae.
Zebda setzt sich für die Rechte Jugendlicher in den Vorstädten und gegen deren Benachteiligung ein.

un DVD [ɛ̃devede]	F [ɛ̃devede]	eine DVD
Taxi 3 [taksitʀwa]		*französischer Film*

Taxi 3
... ist ein französischer Film aus dem Jahr 2003.
Eine als Weihnachtsmänner verkleidete Gang treibt in *Marseille* ihr Unwesen. Die trottelige Marseiller Gendarmerie ist machtlos, aber der führerscheinlose Taxifahrer Daniel mit seinem Supergefährt „hilft" aus.

Bien sûr! [bjɛ̃syʀ]	J'ai un problème. Vous pouvez m'aider, s'il vous plaît? – ~!	Natürlich!
des **baskets** *(f., pl.)* [debaskɛt]	Le mardi, on a sport, alors je mets mes ~ dans mon sac.	Turnschuhe
sous [su]	sous ≠ sur	unter
partir en vacances *(f., pl.)* [paʀtiʀɑ̃vakɑ̃s]		in (die) Ferien/in (den) Urlaub fahren

[1] cousines

A Bon voyage!

un **voyage** [ɛ̃vwajaʒ]	Au revoir et bon ~[1]! ! F un voyage ⟷ D **eine** Reise	eine Reise
le **départ** [lədepaʀ]	→ partir	die Abfahrt/Abreise
un **billet** [ɛ̃bijɛ]	Bonjour, monsieur. Je voudrais ~ **pour** Bruxelles, s'il vous plaît.	eine Fahrkarte
un **billet de train** [ɛ̃bijɛdətʀɛ̃]		eine Bahnfahrkarte
changer (de train) [ʃɑ̃ʒe]	Thomas et Julien doivent ~ de train à Paris.	umsteigen
une **gare** [yngaʀ]	Mon train arrive à 15 heures à la ~.	ein Bahnhof
la gare Montparnasse [lagaʀmõpaʀnas]		*Bahnhof in Paris*
la gare du Nord [lagaʀdynɔʀ]		*Bahnhof in Paris*
une **carte d'identité** [ynkaʀtdidɑ̃tite]	F une carte d'identité ⟷ E an identity card	ein Personalausweis
La/Le voilà! [la/ləvwala]		Da ist sie/er (ja)!
un **appareil photo** [ɛ̃napaʀɛjfɔto]	Julien veut prendre des photos de Bruxelles avec son nouvel ~.	ein Fotoapparat
le **retard** [ləʀətaʀ]		die Verspätung
être en retard [ɛtʀɑ̃ʀətaʀ]	Vite! On ~[2]. Le concert commence dans 10 minutes.	spät dran sein
une **voie** [ynvwa]		ein Gleis
de quelle voie [dəkɛlvwa]	Le train pour Paris part ~? – Il part de la voie numéro 2.	von welchem Gleis
composter qc [kõpɔste]		etw. entwerten
un **TGV** [ɛ̃teʒeve]	= un train à grande vitesse	*frz. Hochgeschwindigkeitszug*
une **destination** [yndɛstinasjõ]		eine Richtung/ein Ziel
le TGV à destination de Paris		der TGV Richtung Paris
Attention! [atɑ̃sjõ]	→ E attention	Achtung!
Attention au départ! [atɑ̃sjõodepaʀ]	Le train à destination de Paris va partir dans deux minutes. ~	Vorsicht bei der Abfahrt!
monter (dans qc) [mõte]	Thomas et Julien sont ~[3] dans le train à Toulouse.	(in etw.) einsteigen
l'**arrivée** *(f.)* [laʀive]	≠ le départ	die Ankunft

Attention, attention!

In Paris gibt es 5 große **Bahnhöfe:** *la gare du Nord, la gare Montparnasse, la gare de l'Est, la gare de Lyon* und *la gare d'Austerlitz.* Jeder Bahnhof ist für eine bestimmte Region „zuständig", so kommen z. B. Reisende aus süd-östlicher Richtung am *gare de Lyon* an. Alle Bahnhöfe sind Sackbahnhöfe, das heißt: Reisende, deren Fahrt nicht in Paris endet, müssen mit der Metro, dem Bus oder dem Taxi von einem Bahnhof zum anderen gelangen. *Thomas* und *Julien* kommen aus *Bordeaux* und deshalb im *gare Montparnasse* an. Bevor sie nach *Bruxelles* (also nördlich von Paris) weiterfahren können, müssen sie zum *gare du Nord* fahren.

[1] voyage – [2] est en retard – [3] montés

atelier

1 les **petits-enfants** *(m., pl.)* [leptizɑ̃fɑ̃]	[!] les petits-enfants = die Enkelkinder ⟷ les petits enfants = die kleinen Kinder	die Enkel(kinder)
une **fille** [ynfij]	Les Costa ont un fils et deux ~[1]. *Du kennst schon:* une fille = ein Mädchen	eine Tochter
5 **Kiev** [kjɛv]	[F] Kiev ⟷ [D] Kiew	*Hauptstadt der Ukraine*
Bologne [bɔlɔɲ]	[F] Bologne ⟷ [D] Bologna	*Stadt in Norditalien*
Salzbourg [salsbuʀ]	[F] Salzbourg ⟷ [D] Salzburg	*Stadt in Österreich*
Prague [pʀag]	[F] Prague ⟷ [D] Prag	*Hauptstadt der Tschechischen Republik*
Berne [bɛʀn]	[F] Berne ⟷ [D] Bern	*Hauptstadt der Schweiz*
être jumelé(e) avec… [ɛtʀʒymleavɛk]		eine Städte-/Schulpartnerschaft haben mit …

B Fan de Zebda

un **fan**/une **fan** [ɛ̃fan/ynfan]	Emma est une grande ~ de foot. [F] un fan/une fan ⟷ [E] a fan	ein Fan
un **groupe** [ɛ̃gʀup]	[F] **un** groupe ⟷ [D] **eine** Gruppe	*hier:* eine Band/Musikgruppe
préféré/préférée [pʀefeʀe]		Lieblings-
la **BD préférée** [labedepʀefeʀe]		der Lieblingscomic
Bordeaux [bɔʀdo]	Emma et Antoine montent dans le train à ~.	*Stadt im Südwesten Frankreichs*
les **gens** *(m., pl.)* [leʒɑ̃]	A midi, il y a beaucoup de ~ à la gare.	die Leute
prendre place [pʀɑ̃dʀplas]		Platz nehmen
en face de [ɑ̃fasdə]	Emma et Antoine prennent place ~ Thomas et Julien.	gegenüber von
quelques [kɛlkə]	Attention, le train va partir dans ~ minutes!	einige/ein paar
un **magazine** [ɛ̃magazin]	Tu as acheté ~ à la gare? – Oui, j'ai acheté «Bleu Blanc Foot».	eine Zeitschrift
quel/quelle/quels/quelles [kɛl/kɛl/kɛl/kɛl]	→ Tu as ~[2] âge? → Il est ~[3] heure?	welcher/welche/welches
présenter qc [pʀezɑ̃te]	[F] présenter qc ⟷ [E] to present s.th.	etw. vorstellen
le **Virgin**		*große Medienkette*

Virgin
Die Mediengruppe *Virgin Megastore* ist mit 33 Zweigstellen in Paris ein Großanbieter von CDs, Videos, DVDs, Konzertkarten usw.

gratuit/gratuite [gʀatɥi/gʀatɥit]	[F] gratuit ⟷ [D] gratis	kostenlos
C'est gratuit. [sɛgʀatɥi]		*hier:* Der Eintritt ist frei.

[1] filles – [2] quel – [3] quelle

les Champs-Elysées [leʃɑ̃zelize]		*Prachtstraße von Paris*

> **Die Champs-Elysées**
> Die 2 km lange Prachtstraße von *Paris* führt vom *Place de la Concorde* bis zum *Arc de Triomphe.* Wichtige gesellschaftliche Ereignisse wie die jährliche Militärparade zum 14. Juli oder die Zieleinfahrt der *Tour de France* finden hier statt. Eine riesige Menschenmenge traf sich dort 1998, um den Weltmeisterschaftserfolg der französischen Fußballnationalmannschaft zu feiern.

venir [vəniʀ]		kommen

> **venir**
> je **viens**, tu **viens**, il **vient**, elle **vient**, on **vient**,
> nous **ven**ons, vous **ven**ez, ils **vienn**ent, elles **vienn**ent
> je suis **venu(e)**

venir de [vəniʀdə]	Thomas et Julien ~[1] Toulouse.	kommen aus/von
une **équipe** [ynekip]	Mon frère joue dans ~ de volley.	eine Mannschaft
là-bas [laba]	→ ici	dort/dorthin
la **direction** [ladiʀɛksjõ]	Ce train va dans quelle ~? – Il va à Bruxelles.	die Richtung
Charles de Gaulle [ʃaʀldəgol]		*Metrostation in Paris*
à droite [adʀwat]	Pardon, je cherche le Centre Pompidou. – C'est facile, vous prenez, la première rue ~. 	(nach) rechts
à gauche [agoʃ]		(nach) links
tout droit [tudʀwa]		geradeaus
le **premier**/la **première**/ les **premiers**/les **premières** … [ləpʀəmje/lapʀəmjɛʀ/ lepʀəmje/lepʀəmjɛʀ]	Pour son travail, ma mère prend souvent le TGV en ~[2] classe.	der erste/die erste(n)/ das erste …

atelier

3 **le collège Bellevue** [ləkɔlɛʒbɛlvy]		*Name eines Collège in Toulouse*
TGV		*Senegalesischer Film über eine Reise mit einem schnellen Bus nach Guinea*
Elephant [elefɑ̃]		*Film mit einem dramatischen Ende über Gewalt an einer amerikanischen Schule*
5 le **guichet** [ləgiʃɛ]	Emma achète son billet au ~.	der Schalter
un **voyageur**/une **voyageuse** [ɛ̃vwajaʒœʀ/ynvwajaʒøz]	→ un voyage	ein Reisender/eine Reisende
une **femme** [ynfam]		eine Frau
un **homme** [ɛ̃nɔm]		ein Mann
un **aller simple** [ɛ̃nalesɛ̃pl]	→ aller	eine (einfache) Fahrkarte
un **aller-retour** [ɛ̃naleʀətuʀ]	→ retourner	eine Rückfahrkarte

[1] viennent de – [2] première

le/la deuxième … [lə/ladøzjɛm]		der/die/das zweite …

Ordnung muss sein …
le premier/la première … — le/la quatrième …
le/la deuxième … — le/la cinquième …
le/la troisième … — le/la sixième …

une **réduction** [ynʀedyksjõ]	F une réduction ⟷ E a reduction	eine Ermäßigung/ein Rabatt
une **réservation** [ynʀezɛʀvasjõ]	Il faut toujours ~ pour prendre le TGV.	eine Reservierung
un **non-fumeur** [ɛ̃nõfymœʀ]		ein Nichtraucher
direct/directe [diʀɛkt]	Vous ne devez pas changer de train. C'est ~[1].	direkt
les **horaires** *(m., pl.)* [lezɔʀɛʀ]	A quelle heure est-ce que le train part? Tu as ~?	der Fahrplan

C Paris, nous voilà!

descendre [desɑ̃dʀ]	≠ monter	aussteigen/hinuntergehen
descendre du train [desɑ̃dʀdytʀɛ̃]	descendre **du** train ≠ monter **dans le** train	aus dem Zug aussteigen
Montparnasse-Bienvenüe [mõpaʀnasbjɛ̃vəny]		*Metrostation in Paris*
un **ticket** [ɛ̃tikɛ]	! un **ticket** de métro ⟷ un **billet** de train	eine Fahrkarte
traverser qc [tʀavɛʀse]	Regarde à droite, puis à gauche. Après, tu peux ~ la rue.	etw. überqueren
loin [lwɛ̃]	C'est à 200 mètres d'ici. Ce n'est pas ~.	weit
de loin [dəlwɛ̃]		von weitem
entendre qc [ɑ̃tɑ̃dʀ]	Thomas ~[2] de loin la musique de Zebda.	etw. hören
être pressé(s)/pressée(s) [ɛtʀpʀɛse]	Marine, pourquoi est-ce que tu ~[3] comme ça? – Le film commence dans dix minutes!	es eilig haben
attendre qn/qc [atɑ̃dʀ]	Les gens ~[4] le métro dans la station.	auf jdn./etw. warten

Die Verben auf *-dre*: attendre
j'attend**s**, tu attend**s**, il attend, elle attend, on attend,
nous attend**ons**, vous attend**ez**, ils attend**ent**, elles attend**ent**
j'ai attend**u**

l'Arc de Triomphe [laʀkdətʀijõf]	Les touristes montent à ~.		der Triumphbogen

L'Arc de Triomphe

Der Triumphbogen von Paris wurde von *Napoléon I* im Jahre 1806 in Auftrag gegeben.
Er bildet den Anfang der berühmten Prachtstraße *Avenue des Champs-Elysées* und befindet sich mitten auf dem *Place Charles de Gaulle*, einem sternförmigen Platz, dessen 15 „Strahlen" viel befahrene Straßen sind. Ein schöner Rundumblick für Besucher und eine „Herausforderung" für Autofahrer!

[1] direct – [2] entend – [3] es pressée – [4] attendent

à pied [apje]		zu Fuß
perdre qc [pɛʀdʀ]	Oh là là! J'~[1] mon ticket! Ah non, il est là, dans mon sac!	etw. verlieren
crier [kʀije]	Chut! Tu ~[2] trop fort!	schreien
une **chanson** [ynʃɑ̃sõ]	→ chanter	ein Lied
répondre [ʀepõdʀ]	L'élève demande : «On fait l'interro demain?» Le prof ~[3]: «Non, on la fait maintenant!»	antworten
Clic! [klik]		Klick!
près de qc [pʀɛdə]	≠ loin de qc	nahe bei/neben etw.

Vergiss nicht:

près de …	≠ loin de …	à côté de … – en face de … – près de …
sous	≠ sur	entre
devant	≠ derrière	dans

signer qc [siɲe]	F signer ⟷ E to sign 	etw. unterschreiben; *hier:* signieren/mit Autogramm versehen
fier/fière [fjɛʀ/fjɛʀ]	Charlotte a des super notes. Elle est très ~[4].	stolz
Châtelet [ʃatlɛ]		*Metrostation in Paris*
Il est trop tard. [ilɛtʀotaʀ]		Es ist zu spät.
prochain/prochaine [pʀɔʃɛ̃/pʀɔʃɛn]		nächster/nächste/nächstes

atelier

2 **Paris Nord**		*andere Bezeichnung für* la gare du Nord
Bruxelles-Midi [bʀyksɛlmidi]		*Name eines Bahnhofs in Brüssel*
3 **rater qc** [ʀate]	Zut! J'~[5] le métro, mais ce n'est pas grave. Le prochain métro est dans trois minutes.	etw. verpassen
un **oncle** [ɛ̃nõkl]	F un **oncle** ⟷ D ein On**kel** ⟷ E an **uncle**	ein Onkel
une **tante** [yntɑ̃t]		eine Tante
5 **Quelle journée!** [kɛlʒuʀne]		Was für ein Tag!

La famille

le grand-père et la grand-mère	=	les grands-parents
le père et la mère	=	les parents
le fils et la fille	=	les enfants
le petit-fils et la petite-fille	=	les petits-enfants
l'oncle et la tante	=	les oncles et tantes
le cousin et la cousine	=	les cousins

[1] ai perdu – [2] cries – [3] répond – [4] fière– [5] ai raté

Qu'est-ce que c'est en français?

Thomas und Julien kommen aus Toulouse und sie fahren nach Brüssel.	Thomas et Julien **viennent de** Toulouse et ils **vont à** Bruxelles.
Gute Reise!	Bon voyage!
In Bordeaux steigen Emma und Antoine in den TGV nach Paris ein.	A Bordeaux, Emma et Antoine **montent dans** le TGV à destination de Paris.
Thomas und Julien müssen in Paris umsteigen.	Thomas et Julien doivent **changer de** train à Paris.
Wann fährt unser Zug?	Notre train part **à quelle** heure?
Schauen wir [doch] auf den Fahrplan!	Regardons les horaires!
In den Gängen [= Fluren] der Metrostation hören die Reisenden von weitem die Musik von Zebda.	Dans les couloirs de la station de métro, les voyageurs entendent de loin la musique de Zebda.

LEÇON 6

TIPP Lerne deine Wörter regelmäßig, z. B. jeden Tag 10 Minuten vor dem Zu-Bett-Gehen.

d'abord Un racket au collège!

Qui est qui dans la leçon 6?

Jean Lacoste aus *Toulouse* ist stolz auf seine neue Jacke, bis sie ihm von einem älteren Schüler abgenommen wird! *Jeans* Freunde, *Naïma*, *Fanny* und *Théo*, wollen nicht länger schweigen: Sie beschweren sich beim Klassenlehrer und schließlich macht die ganze Klasse ein Projekt gegen Gewalt an der Schule.

un **racket** [ɛ̃ʀakɛt]		eine Erpressung
un **blouson** [ɛ̃bluzɔ̃]	Qui a volé le beau ~ de Jean?	eine Jacke
lui [lɥi]		ihm/ihr
un **coup** [ɛ̃ku]	David est un idiot! Il a donné des ~[1] à mon frère.	ein Schlag
prendre qc à qn [pʀɑ̃dʀ]	≠ donner qc à qn	*hier:* jdm. etw. wegnehmen
le **lendemain** [ləlɑ̃dəmɛ̃]		am Tag darauf
leur [lœʀ]	Fanny discute avec **ses copines**. Elle ~ raconte tout.	ihnen
poser des questions à qn [pozedekɛstjɔ̃]	→ interroger qn	jdm. Fragen stellen

[1] coups

A «NON à la violence!»

la **violence** [lavjɔlɑ̃s]	F la violence ⟷ E violence	die Gewalt
Vie de classe *(f.)* [vidəklas]		(eine) Verfügungsstunde/Klassen(lehrer)stunde

Vie de classe
Die Gesprächsthemen dieser wöchentlichen Stunde mit dem Klassenlehrer werden von den Schülern mitbestimmt. Alle Probleme des Schulalltags bis hin zu grundsätzlichen Themen des Miteinanders in Schule und Gesellschaft können auf Wunsch der Schülerinnen und Schüler diskutiert werden.

le **professeur principal**/la **professeur principale** [ləpʀɔfɛsœʀpʀɛ̃sipal/lapʀɔfɛsœʀpʀɛ̃sipal]	Les élèvent discutent des problèmes avec Madame Renaud, leur ~[1].	der Klassenlehrer/die Klassenlehrerin
excité/excitée [ɛksite]	F excité ⟷ E excit**ed**	aufgeregt
demander qc à qn [dəmɑ̃de]	Fanny ~[2] le nom du voleur ~ une fille du collège.	jdn. (nach) etw. fragen
Enfin … si. [ɑ̃fɛ̃si]		Eigentlich … schon.
connaître qn/qc [kɔnɛtʀ]	Vous ~[3] le racketteur? – Non, nous ne le ~[4] pas.	jdn./etw. kennen

connaître
je connais, tu connais, il connaît, elle connaît, on connaît,
nous connaissons, vous connaissez, ils connaissent, elles connaissent
j'ai connu

A qui est-ce que… ? [akiɛskə]		Wem … ?
un **racketteur**/une **racketteuse** [ɛ̃ʀakɛtœʀ/ynʀakɛtøz]	Le ~ m'a donné des coups, mais je n'ai pas donné mon portefeuille.	ein Erpresser/eine Erpresserin
décrire qn/qc [dekʀiʀ]	F décrire qn/qc ⟷ E to describe s.o./s.th.	jdn./etw. beschreiben
un **cheveu**/des **cheveux** [ɛ̃ʃ(ə)vø/deʃ(ə)vø]	Coralie a des beaux ~[5].	ein Haar/Haare
blond/blonde [blɔ̃/blɔ̃d]		blond
pour … [puʀ]	~ ton problème, il faut téléphoner à la police.	was … angeht
un **principal**/une **principale** [ɛ̃pʀɛ̃sipal/ynpʀɛ̃sipal]	→ le professeur principal	ein Rektor/eine Rektorin *(am Collège)*
un **cours** [ɛ̃kuʀ]	F un cours ⟷ D ein Kurs	eine Unterrichtsstunde
aller voir qn [alevwaʀ]	Fanny est ~[6] la principale à cause du racket.	zu jdm. gehen/jdn. besuchen
quelque chose [kɛlk(ə)ʃoz]	Clément, mange ~, au moins un yaourt!	etwas
contre [kɔ̃tʀ]	≠ pour	gegen

[1] professeur principale – [2] demande
[3] connaissez – [4] connaissons – [5] cheveux
[6] allée voir

un **exemple** [ɛ̃nɛgzɑ̃pl]		ein Beispiel
par exemple [paʀɛgzɑ̃pl]	F par exemple ⟷ E for example	zum Beispiel

2 Pünktchen machen stark!
Wenn bei zwei aufeinanderfolgenden Vokalen auf dem zweiten Vokal ein seltsamer Doppelpunkt (= *le tréma)* steht, dann signalisieren euch diese Pünktchen, dass ihr auch den zweiten Vokal voll aussprechen müsst.
Ihr kennt zum Beispiel schon einige Vornamen mit „ï“: Loïc [loik], Naïma [naima], Aïcha [aiʃa]

Und wie sieht es mit dem Häkchen (= la cédille) unter dem c (= ç) aus?
Mit *cédille* spricht man c wie [s].
Vor *e* und *i* braucht ihr nie *cédille:* **C'est facile!**
Aber vor *a, o* und *u* manchmal schon: **Ça**, c'est ma **leçon** de **français**.

un **titre** [ɛ̃titʀ]	F un titre ⟷ D ein Titel ⟷ E a title	ein Titel
mauvais/mauvaise [movɛ/movɛz]	C'est une bonne idée. ≠ C'est une ~[1] idée.	schlecht

atelier

1 une **ligne** [ynliɲ]		eine Zeile
2 **travailler** [tʀavaje]	→ le travail	arbeiten
3 **gros/grosse** [gʀo/gʀos]	Obélix est grand et ~[2].	dick
mince/mince [mɛ̃s]	≠ gros/grosse	dünn
brun/brune [bʀɛ̃/bʀyn]	F brun ⟷ D braun ⟷ E brown	braun
un **œil**/des **yeux** [ɛ̃nœj/dezjø]	un œil – deux yeux	ein Auge/Augen
des **lunettes** *(f.)* [delynɛt]		eine Brille
un **piercing** [ɛ̃piʀsiŋ]		ein Piercing
4 **Hambourg** [ɑ̃buʀ]	F Hambourg ⟷ D Hamburg	Hamburg
un **échange** [ɛ̃neʃɑ̃ʒ]	F un échange ⟷ E an exchange	ein Austausch
un **échange scolaire** [ɛ̃neʃɑ̃ʒskɔlɛʀ]	→ changer	ein Schüleraustausch

Schüleraustausch
Schüler- und Jugendaustauschprogramme bilden eine wichtige Grundlage der deutsch-französischen Zusammenarbeit. Sie bestehen seit der Gründung des Deutsch-Französischen Jugendwerks durch Bundeskanzler Adenauer und General de Gaulle im Jahre 1963.

un **contact** [ɛ̃kɔ̃takt]	F un contact ⟷ D ein Kontakt	ein Kontakt
prendre contact avec qn [pʀɑ̃dʀkɔ̃taktavɛk]		mit jdm. Kontakt aufnehmen
une **information** [ynɛ̃fɔʀmasjɔ̃]		eine Information
5 **Cher/Chère ...** [ʃɛʀ/ʃɛʀ]		Lieber/Liebe ... *(in der Anrede)*
un **Allemand**/une **Allemande** [ɛ̃nalmɑ̃/ynalmɑ̃d]		ein Deutscher/eine Deutsche

[1] mauvaise – [2] gros

être **connu/connue** pour qc [ɛtʀkɔnypuʀ]		für etw. bekannt sein
Munich [mynik]		München

B Ça te concerne aussi!

concerner qn [kɔ̃sɛʀne]	F concerner ⟷ E to concern	jdn. angehen/betreffen
une **heure de permanence** [ynœʀdəpɛʀmanɑ̃s]	Ce soir, Naïma n'a plus de travail: elle a fait ses devoirs pendant l'~.	eine Hohlstunde/Freistunde

Une heure de permanence
Wenn französische Schülerinnen und Schüler eine Hohlstunde/Freistunde haben, müssen sie in den *salle de permanence* (= der Aufenthaltsraum) gehen. Das ist ein Raum, in dem sie unter Aufsicht von Studenten/Studentinnen Hausaufgaben machen können.

Te voilà! [təvwala]	→ La voilà!	Da bist du ja!
réglé/réglée [ʀegle]	La police a trouvé le voleur. Alors, l'affaire est ~[1]!	geregelt
dire qc à qn [diʀ]	Léa a ~[2] quelque chose à Nicolas, mais il n'a rien compris.	jdm. etw. sagen

dire
je dis, tu dis, il dit, elle dit, on dit,
nous disons, vous **dites**, ils disent, elles disent
j'ai **dit**

écrire qc à qn [ekʀiʀ]	→ écrire une lettre, un e-mail, un poème	jdm. etw. schreiben

écrire
j'écris, tu écris, il écrit, elle écrit, on écrit,
nous écrivons, vous écrivez, ils écrivent, elles écrivent
j'ai **écrit**

un **mot** [ɛ̃mo]		ein Wort
une **clé** [ynkle]		ein Schlüssel
un **mot-clé**/des **mots-clés** [ɛ̃mokle/demokle]	D'abord, on cherche des idées et après, on écrit les ~[3].	ein Schlüsselwort/Schlüsselwörter
la **Belgique** [labɛlʒik]		Belgien
décrire qc à qn [dekʀiʀ]	→ écrire	jdm. etw. beschreiben
excellent/excellente [ɛkselɑ̃/ɛkselɑ̃t]	→ génial, super	hervorragend
lire qc [liʀ]		etw. lesen

lire
je lis, tu lis, il lit, elle lit, on lit,
nous lisons, vous lisez, ils lisent, elles lisent
j'ai **lu**

[1] réglée – [2] dit – [3] mots-clés

prendre des notes [pʀɑ̃dʀdenɔt]		sich Notizen machen
pendant ce temps [pɑ̃dɑ̃s(ə)tɑ̃]		währenddessen
un **exposé** [ɛ̃nɛkspoze]	Demain, Arthur va présenter son ~ à la classe.	ein Referat/Vortrag
une **victime** [ynviktim]	! F **une** victime ⟷ D **ein** Opfer	ein Opfer
être victime [ɛtʀviktim]	Hier, Jean ~[1] d'un racket au collège.	Opfer sein
parler (de qc) à qn/avec qn	Il ne faut pas avoir peur. Il faut ~ **du** racket.	mit jdm. (über etw.) sprechen
De quoi … ? [dəkwa]	~ est-ce que vous discutez? – Nous parlons de notre exposé.	Wovon … ?

Qu'est-ce que vous prenez?

Im Französischen gibt es viele Redewendungen mit dem Verb *prendre.*
Einige Beispiele kennt ihr schon, z. B. *prendre son petit-déjeuner, prendre place.*

Le projet de la 4^{e}A:
Naïma et Théo **prennent contact avec** un collège.
Ils vont à ce collège, ils **prennent des notes** et Fanny **prend des photos**.

atelier

5 **Geva Caban** [ʒevakabɑ̃]		*frz. Schriftstellerin*

C Notre projet contre la violence

chaque/chaque [ʃak]		jeder/jede/jedes
un **résultat** [ɛ̃ʀezylta]	F un résultat ⟷ E a result	ein Ergebnis/Resultat
il explique que … [ilɛksplikkə]		er erklärt, dass …
plusieurs [plyzjœʀ]	Les élèves ont écrit ~ lettres à leurs corres.	mehrere
une **langue** [ynlɑ̃g]	Arthur fait l'affiche en deux ~[2]: en français et en allemand.	eine Sprache
partout [paʀtu]	Il y a des gens ~ : ici, là et là-bas.	überall
autre [otʀ(ə)]		anderer/andere/anderes
un **sketch** [ɛ̃skɛtʃ]	F un sketch ⟷ D ein Sketsch	ein Sketsch
un **pour cent** [ɛpuʀsɑ]	On dit ~, mais on écrit 1 %.	ein Prozent
une **année** [ynane]	Il y a 365 jours dans ~.	ein Jahr *(Verlauf)*
le **respect** [ləʀɛspɛ]	F le respect ⟷ E respect ⟷ D der Respekt	die Rücksichtnahme
changer qc [ʃɑ̃ʒe]	Le respect, ça ~[3] notre école.	etw. ändern/verändern
respecter qn/qc [ʀɛspɛkte]		jdn./etw. respektieren/achten
une **scène** [ynsɛn]		eine Szene
demander si … [dəmɑ̃desi]		fragen, ob …
répondre que … [ʀepõdʀkə]		antworten, dass …
content/contente [kõtɑ̃/kõtɑ̃t]		glücklich/zufrieden
être content de qn/qc [ɛtʀkõtɑ̃də]	Fanny n'a rien trouvé sur Internet. Elle n'~[4] ses recherches.	mit jdm./etw. zufrieden sein

[1] a été victime – [2] langues – [3] change
[4] est pas contente de

Qu'est-ce que vous avez pensé du projet?		Wie habt ihr das Projekt gefunden?
important/importante [ɛ̃pɔʀtɑ̃/ɛ̃pɔʀtɑ̃t]	C'est très ~ de parler de nos problèmes.	wichtig
Le sketch m'a plu. [ləskɛtʃmaply]		Der Sketsch hat mir gefallen.
utile/utile [ytil/ytil]	L'affiche contre la violence va être ~.	nützlich
surtout [syʀtu]	Julien aime lire, ~ les BD.	vor allem/besonders
ouvert/ouverte [uvɛʀ/uvɛʀt]	Entrez! C'est ~[1].	offen
une **journée portes ouvertes** [ynʒuʀnepɔʀtuvɛʀt]		ein Tag der offenen Tür

atelier

2 un **avis** [ɛ̃navi]		eine Meinung/Ansicht
donner son avis [dɔnesɔ̃navi]	Les élèves ont parlé du racket et Arthur a ~[2].	seine Meinung sagen
à mon avis [amɔ̃navi]		meiner Meinung nach
Je suis de ton avis.		Ich bin deiner Meinung.
ne … pas du tout [nə … padytu]		überhaupt nicht
4 un **sujet** [ɛ̃syʒɛ]	F un sujet ⟷ E a subject	ein Thema
après (ça) [apʀɛsa]		danach/dann
les **statistiques** *(f., pl.)* [lestatistik]	F les statisti**ques** ⟷ E statisti**cs**	die Statistik
la **conclusion** [lakɔ̃klyzjɔ̃]		der Schluss/die Schlussfolgerung
en conclusion *(f.)* [ɑ̃kɔ̃klyzjɔ̃]	D'abord, Arthur présente le problème et ~, Naïma propose des solutions.	zum Schluss

Un an – une année?

Im Französischen unterscheidet man zwischen einem Jahr als Ganzes (*un an*) und einem Jahr im Verlauf (*une année*).

un an – une année : J'ai 14 **ans** et cette **année**, je vais avoir 15 ans.

Ähnlich wie bei *un an/une année:*

un jour – une journée : Nous partons en France pour 10 **jours** et pendant la première **journée** nous allons visiter Paris.

un soir – une soirée : Tous les **soirs**, je regarde les informations, mais demain, j'ai une **soirée** cinéma.

Qu'est-ce que c'est en français?

Fanny kann den Erpresser beschreiben, aber sie kennt seinen Namen nicht.	Fanny peut décrire le racketteur, mais elle ne connaît pas son nom.
Sie erklärt Herrn Boussac, dass der Erpresser braune Haare hat.	Elle explique à M. Boussac que le racketteur a les cheveux bruns.
Théo denkt, dass man etwas gegen die Gewalt tun müsse.	Théo pense qu'**il faut** faire quelque chose contre la violence.
Herr Boussac fragt, ob die Schüler [schon] mit der Rektorin gesprochen haben.	M. Boussac demande si les élèves ont parlé **à** la principale.
Er findet, dass man ihr das Problem erklären sollte.	Il trouve qu'il faut **lui** expliquer le problème.
Die Schüler äußern ihre Meinung …	Les élèves donnent leur avis …

[1] ouvert – [2] donné son avis

LEÇON 7

TIPP Lerne die Wörter in deinem Vokabellernheft.
Markiere die Wörter, die dir Probleme machen, mit einem Sternchen.
Lerne später deine Sternchen-Wörter in einem eigenen Durchgang.

d'abord Un scooter à 14 ans

Qui est qui dans la leçon 7?

Louis Bernac aus *Donneville*, einem kleinen Dorf bei *Toulouse*, hat ein Problem: Seine Freunde *Hugo*, *David* und *Lola* haben alle einen Roller – nur *Louis* fährt noch sein altes Fahrrad. Seine Eltern verstehen wieder einmal rein gar nichts. Doch mit seinem Freund *David* findet *Louis* eine Lösung …

un **scooter** [ɛ̃skutœʀ]	Louis veut avoir ~, mais ses parents ne sont pas d'accord.	ein Roller/Motorroller

Anders als in Deutschland darf man in Frankreich schon mit 14 Jahren Roller bis 49 cm³ fahren. Erforderlich ist die Prüfung BSR *(Brevet de sécurité routière)*. Man muss 3 Stunden Fahrpraxis nachweisen und eine theoretische Prüfung in der *5ᵉ* im *Collège* ablegen.

tout le/toute la/ tous les/toutes les … [tulə/tutla/tule/tutle]		der/die/das ganz(e)/ alle … *(Begleiter)*
toute la journée [tutlaʒuʀne]	Louis, qu'est-ce que tu as fait ~? – Ben, j'ai lu des BD.	den ganzen Tag
tous les garçons [tulegaʀsõ]	~ de ma classe ont un portable.	alle Jungen
les garçons de mon âge [legaʀsõdəmõnaʒ]		die Jungen in meinem Alter

Tout le monde a un scooter!

le **monde** [ləmõd]		die Welt
tout le monde [tul(ə)mõd]	Louis dit que ~ a un scooter dans sa classe.	jeder/alle (Leute)
en vélo		mit dem Fahrrad

Man bewegt sich:
en vélo, **en** train, **en** scooter, **en** voiture, **en** taxi, **en** métro, **en** train, **en** bateau, **en** roller
Aber: **à** pied

la **Fête de la Musique** [lafɛtdəlamyzik]	~, c'est le 21 juin.	die Fête de la Musique

Die Fête de la Musique
Seit 1982 wird jedes Jahr am 21. Juni des Jahres, Sommeranfang, in ganz Frankreich die *Fête de la Musique* gefeiert. Auf den Straßen, den Plätzen, überall wird von Amateuren und Profis Musik unterschiedlicher Stilrichtungen gemacht. Die Menschen tanzen dazu bis in die Morgenstunden.

être vexé/vexée [ɛtʀvɛkse]		gekränkt/beleidigt sein
coûter cher [kuteʃɛʀ]	F coûter ⟷ D kosten	teuer sein/viel (Geld) kosten
ne … pas non plus [nə … panɔ̃ply]	Jean n'aime pas la violence. Fanny ~'aime ~ la violence.	auch nicht
dangereux/dangereuse [dɑ̃ʒ(ə)ʀø/dɑ̃ʒ(ə)ʀøz]	F danger**eux** ⟷ E danger**ous**	gefährlich
triste/triste [tʀist]	≠ content/contente	traurig
mentir à qn [mɑ̃tiʀ]	Le voleur n'a pas dit la vérité **à la commissaire**: Il **lui** ~[1].	jdn. anlügen/belügen
sauf [sof]		außer
sauf moi [sofmwa]	Tout le monde a une télé dans sa chambre, ~!	außer mir
gagner de l'argent [gaɲedəlaʀʒɑ̃]	Si tu veux ~, il faut travailler.	Geld verdienen
vendre qc [vɑ̃dʀ]	≠ acheter qc	etw. verkaufen
offrir qc à qn [ɔfʀiʀ]	Sébastien a ~[2] un cadeau à Lucie.	jdm. etw. schenken/anbieten

offrir
j'offre, tu offres, il offre, elle offre, on offre,
nous offrons, vous offrez, ils offrent, elles offrent
j'ai **offert**

l'**aide** *(f.)* [lɛd]	→ aider qn	die Hilfe
offrir son aide à qn [ɔfʀiʀsɔ̃nɛd]		jdm. seine Hilfe anbieten
un **garage** [ɛ̃gaʀaʒ]	! F **un** garage	eine Werkstatt/Autowerkstatt
une **poche** [ynpɔʃ]		eine (Hosen-)Tasche
l'**argent** *(m.)* **de poche** [laʀʒɑ̃d(ə)pɔʃ]	Toutes les semaines, les parents de Louis lui donnent 12 €. C'est son ~.	das Taschengeld
ne … jamais [nə…ʒamɛ]	Tu es déjà allée à la rando roller? – Non, je ~ suis ~ allée à la rando.	nie/niemals
assez [ase]		genug
assez de …[asedə]	→ un peu d'argent – assez d'argent – beaucoup d'argent – trop d'argent	genug …
quand [kɑ̃]		wenn/als
C'est toujours la même chose avec vous!		Es ist immer dasselbe mit euch!
ouvrir qc [uvʀiʀ]	≠ fermer qc	etw. öffnen

ouvrir
j'ouvre, tu ouvres, il ouvre, elle ouvre, on ouvre
nous ouvrons, vous ouvrez, ils ouvrent, elles ouvrent
j'ai **ouvert**

[1] a menti – [2] offert

atelier

2 un **hôtel-restaurant** [ɛ̃notɛlʀɛstɔʀɑ̃]	Dans ~, on peut manger et dormir.	ein Hotel mit Gaststätte
4 un **hôtel de ville** [ɛ̃notɛldəvil]		ein Rathaus *(einer größeren Stadt)*
5 la **place du Capitole** [laplasdykapitɔl]		*Platz in Toulouse*
offrir un verre à qn [ɔfʀiʀɛ̃vɛʀ]	→ offrir un cadeau à qn	jdn. auf ein Glas einladen
10 **Désolé!/Désolée!** [dezɔle]		Es tut mir leid!
la **poste** [lapɔst]	Lola a écrit deux lettres et maintenant, elle va à ~.	die Post

Qu'est-ce que c'est en français?

Louis unterhält sich mit Naïma:	Louis discute avec Naïma:
Ich habe immer [noch] keinen Roller!	Je n'ai toujours pas de scooter!
Ohne Roller kann man in unserem Dorf nichts machen!	On **ne** peut **rien** faire sans scooter dans notre village!
Und deine Eltern? Verstehen sie dich?	Et tes parents? Ils te comprennent?
Nein, sie verstehen nichts. Und sie wollen nicht mehr mit mir über den Roller sprechen.	Non, ils **ne** comprennent **rien**. Et ils **ne** veulent **plus** parler du scooter avec moi.
Und du, Naïma, hast du schon mit deinen Eltern über das Problem gesprochen?	Et toi, Naïma, est-ce que tu as déjà parlé du problème avec tes parents?
Nein, wir haben noch nicht über den Roller gesprochen.	Non, nous **n'**avons **pas encore** parlé du scooter.
Ich habe auch keinen Roller, und ich mag mein Fahrrad überhaupt nicht …	Je **n'**ai pas **non plus** de scooter, et je n'aime **pas du tout** mon vélo …

MODULE 1

Aidez-moi

Aidez-moi! [edemwa]	Aïe, ma jambe! ~ Je dois aller à l'hôpital.	Helft mir!
un **jardin** [ɛ̃ʒaʀdɛ̃]	Devant la maison des parents de Jules, il y a ~.	ein Garten
un **jeu**/des **jeux** [ɛ̃ʒø/deʒø]		ein Spiel/Spiele
Encore ces jeux idiots! [ɑ̃kɔʀseʒø(z)idjo]		Immer diese idiotischen Spiele!
une **balle** [ynbal]	Plouf, va chercher la ~ de tennis!	ein (kleiner) Ball
lancer qc [lɑ̃se]	Jules ~[1] sa balle dans le jardin du voisin.	etw. werfen
un **arbre** [ɛ̃naʀbʀ]	Il y a un grand ~ dans le jardin de Jules.	ein Baum
monter dans un arbre [mɔ̃tedɑ̃zɛ̃naʀbʀ]	→ monter dans un train	auf einen Baum klettern
une **échelle** [yneʃɛl]		eine Leiter
5 **Chéri/Chérie** [ʃeʀi/ʃeʀi]		Liebling/Schatz *(als Anrede)*

[1] lance/a lancé

MODULE 2

On se calme!

se calmer [səkalme]	J'en ai marre de vos disputes! Vous ~[1] maintenant!	sich beruhigen
On se calme! [õsəkalm]		Beruhigt euch!/Ruhe!
se réveiller [səʀevɛje]		wach werden/aufwachen
se dépêcher [sədepɛʃe]	Notre train part dans une heure! Les enfants, vous ~[2], s'il vous plaît?	sich beeilen
s'habiller [sabije]	Lucie, comment tu ~[3] pour la fête? – Je mets mon nouveau jean.	sich anziehen
se coiffer [səkwafe]		sich kämmen/frisieren
la **salle de bains** [lasaldəbɛ̃]	M. Marot se coiffe dans ~.	das Badezimmer
se regarder [səʀəgaʀde]	Lucie met son nouveau jean, puis elle ~[4] dans la glace.	sich ansehen
s'énerver [senɛʀve]	→ énerver qn	sich aufregen
se laver [səlave]	Que fait Titeuf à 7h05 dans la salle de bains? – Il ~[5].	sich waschen
la **panique** [lapanik]	F la panique ⟷ E panic	die Panik

MODULE 3

Les vacances que tu vas adorer!

l'**action** *(f.)* [laksjõ]	E action	die Bewegung; *hier:* die Action *(ugs.)*
pratiquer un sport [pʀatikeɛ̃spɔʀ]	F pratiquer ⟷ E to practise	eine Sportart ausüben
proposer qc à qn [pʀɔpoze]	F proposer ⟷ E to propose	jdm. etw. vorschlagen
la **chair de poule** [laʃɛʀdəpul]	Oh là là, je ne monte pas dans le Grand Huit! J'ai trop peur! J'ai déjà ~!	die Gänsehaut
3 un **café** [ɛ̃kafe]		ein (frz.) Café
une **discothèque** [yndiskɔtɛk]	Alexandra adore danser à la ~.	eine Diskothek

[1] vous calmez – [2] vous dépêchez – [3] t'habilles
[4] se regarde – [5] se lave

4 le **Parc Tépacap** [ləpaʀktepakap]		*Erlebnispark in der Nähe von Toulouse*

Der Parc Tépacap
Der *Parc Tépacap* (Wortspiel Tépacap = T'es pas cap' = Tu n'es pas capable … = Du schaffst es nicht …) ist ein Erlebnispark in der Nähe von *Toulouse*. Verschiedene Erlebnispfade stehen verschiedenen Altersgruppen offen. Manchmal entscheidet sogar die Körpergröße (!). Intensive Sinneserfahrungen warten auf die Besucher, z. B. beim Begehen eines „Orientierungspfades" im Dunkeln, ermöglicht durch ein riesiges verzweigtes Rohrsystem, oder beim Balancieren auf einem Baumpfad, der zwischen drei und zehn Metern hoch ist.

mégacool *(fam.)* [megakul]	→ cool → supercool → mégacool	megacool *(ugs.)*

MODULE 4

La plus belle ville du monde!

la plus belle ville [laplybɛlvil]	A mon avis, ~ d'Allemagne, c'est Berlin.	die schönste Stadt
Francfort-sur-le-Main [fʀɑ̃kfɔʀsyʀləmɛ̃]	F Francfort ⟷ D Frankfurt	Frankfurt am Main
Il fait beau. [ilfɛbo]		Es ist schönes Wettter.
la tour Montparnasse [latuʀmɔ̃paʀnas]		*Hochhaus im Viertel Montparnasse*

Der Tour Montparnasse
Das *Montparnasse-Hochhaus* ist 210 m hoch und hat den schnellsten Aufzug Europas. Er bringt die Besucher in 38 Sek. in den 56. Stock, wo sich in 196 m Höhe eine Aussichtsplattform befindet. Sie bietet einen tollen Panoramablick über Paris.

haut/haute [o/ot]	La tour Montparnasse est très ~[1]: 210 mètres!	hoch
plus haut (que) [plyo(kə)]		höher (als)
que [kə]	La tour Eiffel est plus haute ~ la tour Montparnasse.	als
moins haut (que) [mwɛ̃o(kə)]	La tour Montparnasse est ~[2] la tour Eiffel.	kleiner/niedriger (als)
seulement [sœlmɑ̃]	Tobias, tu as des frères et des sœurs? – J'ai ~ une sœur.	nur
un **mètre** [ɛ̃mɛtʀ]	La tour Montparnasse est à 500 ~[3] d'ici.	ein Meter
La tour fait 210 mètres.		Der Turm ist 210 Meter hoch.

[1] haute – [2] moins haute que – [3] mètres

une **bibliothèque** [ynbiblijɔtɛk]		eine Bibliothek
la **Bibliothèque nationale de France** [labiblijɔtɛknasjɔnaldəfʀɑ̃s]		*Staatsbibliothek in Paris*

Die Bibliothèque nationale de France
1988 kündigte der damalige Staatspräsident Frankreichs, *François Mitterand,* den Neubau der *Bibliothèque nationale de France* an. Sie wurde 1998 vollendet und beherbergt heute mehr als 13 Millionen Bücher.
Die vier Türme der Bibliothek erinnern durch ihre Form an aufgeschlagene Bücher.

une **avenue** [ynavny]	Les Champs-Elysées, c'est une très grande ~.	eine Prachtstraße
partir de qc [paʀtiʀ]		*hier:* von etw. abgehen
la Défense [ladefɑ̃s]		*modernes Stadtviertel im Westen von Paris*

La Défense
La Défense ist ein modernes Geschäftsviertel im Westen von *Paris,* in dessen Zentrum die *Grande Arche* steht. Es ist ein 106 m hohes Bürogebäude in Form eines ausgehöhlten Würfels.

la Grande Arche [lagʀɑ̃daʀʃ]		*modernes Bürogebäude in La Défense*
presque [pʀɛsk]		fast
aussi [osi]		*hier:* genauso
aussi haut (que) [osio(kə)]	La Bibliothèque de France est presque ~[1] Notre-Dame.	genauso hoch (wie)
la tour TotalFinaElf [latuʀtɔtalfinaɛlf]		*Wolkenkratzer im Viertel La Défense*

Der Tour TotalFinaElf
Dieser 1985 fertig gestellte Wolkenkratzer in *Paris* im Stadtteil *La Défense* ist ein Bürogebäude mit 48 Stockwerken und einer Höhe von 187 m.

un **gratte-ciel** [ɛ̃gʀatsjɛl]	Une tour très haute, avec beaucoup d'étages, c'est ~.	ein Wolkenkratzer
l'Europe *(f.)* [løʀɔp]	L'Allemagne et la France sont **en** ~.	Europa
le meilleur … / la meilleure … [ləmɛjœʀ/lamɛjœʀ]	→ bon, meilleur, le meilleur → bonne, meilleure, la meilleure	der beste …/die beste …
l'île Saint-Louis [lilsɛ̃lwi]		*Seine-Insel in Paris, neben der Ile de la Cité*
un **guide** [ɛ̃gid]	F un guide ⟷ E a guide	ein (Reise-)Führer
4 le **pic du Midi** [ləpikdymidi]	Est-ce que tu trouves ~ sur la carte de ton livre?	*Berg in den Pyrenäen, 2877 m*
7 un **petit pain** [ɛ̃p(ə)tipɛ̃]	Les ~[2] sont aussi bons que la baguette.	ein Brötchen

[1] aussi haute que – [2] petits pains

MODULE 5

Souvenirs, souvenirs

un **souvenir** [ɛ̃suvəniʀ]	Les corres allemands ont des bons ~[1] de leur échange scolaire en France.	ein Souvenir/eine Erinnerung
prochain/prochaine [pʀɔʃɛ̃/pʀɔʃɛn]	[!] l'année **prochaine** ⟷ le **prochain** train	nächster/nächste/nächstes
Où ça? [usa] *(fam.)*	Emma habite en France. – ~ – A Bordeaux.	Wo denn? *(ugs.)*
Coblence [koblɑ̃s]	[F] **Coblence** ⟷ [D] **Koblenz**	Koblenz
y [i]	Tu vas à la soirée de Naomie? – Oui, j'~ vais.	dorthin/dort *(Adverbialpronomen)*
Ça ne va pas, non? [sanəvapanɔ̃] *(fam.)*	Donne ton blouson! – ~	Aber sonst geht's danke!/Du spinnst wohl! *(ugs.)*
quelqu'un [kɛlkɛ̃]	→ quelque chose	jemand
Rothéneuf [ʀɔtenœf]		*Badeort bei Saint-Malo*

Rothéneuf
… ist ein beliebter kleiner Familienbadeort bei *Saint-Malo*. Er ist bekannt durch die eindrucksvollen Felsenskulpturen aus dem 18. Jahrhundert.

depuis [dəpɥi]	J'apprends le français ~ deux ans.	seit
ne … personne [nə…pɛʀsɔn]	Les élèves sont en vacances : il ~ y a ~ au collège.	niemand
une **bande** [ynbɑ̃d]		eine Bande
Ça marche! [samaʀʃ]	On fait un match de rugby? – D'accord! ~	Einverstanden!
en [ɑ̃]	Sophie, tu es allée chez Naomie? – Oui, j'~ viens.	daher/davon *(Adverbialpronomen)*
pousser qc [puse]		*hier:* etw. schieben
Il pleut. [ilplø]		Es regnet.
5 un **café** [ɛ̃kafe]	Après le cours, on va prendre un coca au ~ de la gare.	ein (frz.) Café
une **discothèque** [yndiskɔtɛk]	✎ [F] une **discothèque** ⟷ [D] eine **Diskothek**	eine Diskothek

[1] souvenirs

Liste des mots

Die Zahlen verweisen auf das erstmalige Vorkommen der Wörter, z. B. une **adresse** [ynadʀɛs] eine Adresse **I 4B** = Band 1, Lektion 4, Lektionsteil **B**.
Steht nach der Lektionsteilangabe ein Komma und eine Zahl, so erfolgt die Einführung in der betreffenden Übung, Beispiel: une **information** eine Information **I 4B**,1: also Übung 1 des Lektionsteils 4 B in Band 1.
A = Lektionsteil, **B** = Lektionsteil, **C** = Lektionsteil, **E** = Einstiegsteil *d'abord*, **M** = Module, **Z** = zusätzlicher Lektionsteil *sur place*.
⟨ ⟩ Das Zeichen bedeutet, dass das Wort an dieser Stelle nur fakultativ eingeführt und in den folgenden Lektionen nicht als bekannt vorausgesetzt wird. Fakultative Wörter bzw. Wendungen aus Band 1 werden wie der Wortschatz der Modules aus Band 1 nicht mehr aufgelistet.
Grammatische Basiswörter wie z. B. die Subjektpronomen *je, tu* … usw. werden in der folgenden Liste nicht aufgeführt.
Grau gedruckte Vokabeln beziehen sich auf die Übungsanweisungen und gehören nicht zum Lernvokabular.

A

à [a] *verschiedene Bedeutungen, z. B. räumlich:* in, nach *(+ Ziel); zeitlich:* bis, um **I 5E**
A propos du texte [apʀɔpodytɛkst] Zum Text **I 2A**, 1
A vous. [avu] Jetzt seid ihr dran. **I 2B**, 2
à midi [amidi] mittags **I 5A**
C'est à qui? [sɛtaki] Wer ist dran? **I 7A**
à côté de [akotedə] neben **I 8B**
à … km de … km entfernt von … **I 9**
à 30 € zu 30 € **II 3E**
à droite [adʀwat] rechts **II 5B**
à gauche [agoʃ] links **II 5B**
à pied [apje] zu Fuß **II 5C**
A qui est-ce que… ? [akiɛskə] Wem … ? **II 6A**
à cause de qn [akozdə] wegen jdm. **II 2C**
un **accent** [ɛ̃naksɑ̃] ein Akzent ⟨**II 6Z**⟩
l' accent du Midi [laksɑ̃dymidi] der südfranzösische Akzent ⟨**II 6Z**⟩
un **accident** [ɛ̃naksidɑ̃] ein Unfall **II 4A**, 4
être accompagné de qn [ɛtʀakɔ̃paɲedə] von jdm. begleitet sein ⟨**II 5Z**⟩
un **accordéon** [ɛ̃nakɔʀdeɔ̃] ein Akkordeon ⟨**II 5Z**⟩
accuser qn [akyze] jdn. beschuldigen/anklagen **II 2C**
acheter qc [aʃte] etw. kaufen/einkaufen **I 7A**
l'**action** *(f.)* [laksjɔ̃] die Bewegung; *hier:* die Action *(ugs.)* ⟨**II M3**⟩
une **activité sportive** [ynaktivitespɔʀtiv] eine sportliche Aktivität ⟨**II 2Z**⟩
adorer qn/qc [adɔʀe] jdn./etw. (sehr) lieben/am liebsten haben/mögen **I 4B**
une **adresse** [ynadʀɛs] eine Adresse **I 4B**
une adresse e-mail [ynadʀɛsimel] eine E-Mail-Adresse **I 4C**, 2
l'**aérospatiale** *(f.)* [laeʀospasjal] die Luft- und Raumfahrtindustrie ⟨**II 6Z**⟩
les **affaires** *(f., pl.)* [lezafɛʀ] die Sachen **II 3A**
faire une/des affaire(s) [fɛʀynafɛʀ/dezafɛʀ] (ein) Schnäppchen machen/etw. günstig einkaufen **II 3A**
une **affiche** [ynafiʃ] ein Plakat **I 8E**
l'**âge** *(m.)* [laʒ] das Alter **I 4B**
Elles ont quel âge? [ɛlzɔ̃kɛlaʒ] Wie alt sind sie? **I 4C**, 2
les garçons de mon âge [legaʀsɔ̃dəmɔ̃naʒ] die Jungen in meinem Alter **II 7E**
un **agent** [ɛ̃naʒɑ̃] ein Polizist **I 2A**
l'**aide** *(f.)* [lɛd] die Hilfe **II 7**
offrir son aide à qn [ɔfʀiʀsɔ̃nɛd] jdm. seine Hilfe anbieten **II 7**
aider qn [ede] jdm. helfen **II 4C**
Aidez-moi! [edemwa] Helft mir! ⟨**II M1**⟩
Aïe! [aj] Aua! **II 2A**
aimer qn/qc [ɛme] jdn./etw. gern mögen/lieben **I 3E**
aimer faire qc [ɛmefɛʀ] etw. gern tun **I 4C**
ajouter qc [aʒute] etw. hinzufügen **II 4A**
l'**allemand** *(m.)* [lalmɑ̃] das Deutsche/die deutsche Sprache **I 4C**
un/une prof d'allemand *(fam.)* [ɛ̃/ynpʀɔfdalmɑ̃] ein Deutschlehrer/eine Deutschlehrerin *(ugs.)* **I 4E**
avoir allemand [avwaʀalmɑ̃] Deutsch/Deutschunterricht haben **I 4C**
un Allemand/une Allemande [ɛ̃nalmɑ̃/ynalmɑ̃d] ein Deutscher/eine Deutsche **II 6A**, 5
aller [ale] gehen/fahren **I 5E**
Ça va. [sava] Es geht (mir) gut. **I 1**
Ça va? [sava] Wie geht's? **I 1**
Tu vas où? [tyvau] Wohin gehst du? **I 5A**, 2
je suis allé ich bin gegangen **II 2B**
aller à qn [ale] jdm. passen/stehen **II 3A**
Je vais t'expliquer! [ʒəvɛtɛksplike] Ich kann's dir erklären! **II 3C**
aller voir qn [alevwaʀ] zu jdm. gehen/jdn. besuchen **II 6A**
Ça ne va pas, non? *(fam.)* [sanəvapanɔ̃] Aber sonst geht's danke!/Du spinnst wohl! *(ugs.)* ⟨**II M5**⟩
aller aux toilettes [aleotwalɛt] auf die Toilette gehen **I 5E**
aller faire qc [alefɛʀ] etw. tun werden **I 8E**
aller chercher qc [aleʃɛʀʃe] etw. holen (gehen)/suchen **II 1**
un **aller-retour** [ɛ̃naleʀətuʀ] eine Rückfahrkarte **II 5B**, 5
un **aller simple** [ɛ̃nalesɛ̃pl] eine (einfache) Fahrkarte **II 5B**, 5
Allez! [ale] Los! **I 7E**
Allô? [alo] Hallo? *(am Telefon)* **I 4C**
alors [alɔʀ] also **I 3A**
Et alors? [ealɔʀ] Na/Ja und? **II 3C**
Ça alors! [saalɔʀ] Also, sag' mal!/Das gibt's doch nicht! **II 4B**
une **ambiance** [ynɑ̃bjɑ̃s] eine Stimmung **I 8B**
une ambiance d'enfer [ynɑ̃bjɑ̃sdɑ̃fɛʀ] eine Superstimmung **I 8B**
un **ami**/une **amie** [ɛ̃nami/ynami] ein Freund/eine Freundin **II 2B**
la petite amie [lap(ə)titami] die Freundin *(mit der man „geht")* **II 3B**, 4
un **an** [ɛ̃nɑ̃] ein Jahr **I 4B**
un **ananas** [ɛ̃nanana(s)] eine Ananas **I 7E**
une **année** [ynane] ein Jahr *(als Verlauf)* **II 6C**
un **anniversaire** [ɛ̃nanivɛʀsɛʀ] ein Geburtstag **I 3A**
une fête d'anniversaire [ynfɛtdanivɛʀsɛʀ] eine Geburtstagsfete/Geburtstagsparty **I 8B**, 5
un cadeau d'anniversaire [ɛ̃kadodanivɛʀsɛʀ] ein Geburtstagsgeschenk **I 3B**

anonyme/anonyme [anɔnim] anonym; *hier:* ohne Absender **II 2B**
un **anorak** [ɛ̃nanɔʀak] ein Anorak **II 3E**
août *(m.)* [ut] August **I 8A**, 4
un **appareil photo** [ɛ̃napaʀɛjfɔto] ein Fotoapparat **II 5A**
un **appartement** [ɛ̃napaʀtəmɑ̃] eine Wohnung **I 3A**, 8
Comment tu t'appelles? [kɔmɑ̃tytapɛl] Wie heißt du? **I 1**
tu t'appelles ... [tytapɛl] du heißt ... **I 1**
il s'appelle ... [ilsapɛl] er heißt ... **I 4B**
appeler qn/qc [aple] jdn./etw. nennen **⟨II 6Z⟩**
l'**appétit** *(m.)* [lapeti] der Appetit **I 6C**
Bon appétit! [bɔnapeti] Guten Appetit! **I 6C**
apporter qc [apɔʀte] etw. bringen/mitbringen **I 7C**
apprendre qc [apʀɑ̃dʀ] etw. lernen **I 7C**
Apprenez par cœur. [apʀəneparkœʀ] Lernt auswendig. **I 9**, 4
après [apʀɛ] nach *((zeitlich))* **I 5A**
après (ça) [apʀesa] danach/dann **II 6C**, 4
un **après-midi** [ɛ̃napʀemidi] ein Nachmittag **I 5B**
cet après-midi [sɛtapʀemidi] heute Nachmittag **II 3B**
arabe/arabe [aʀab] arabisch **⟨II 5Z⟩**
un **arbre** [ɛ̃naʀbʀ] ein Baum **⟨II M1⟩**
l' **argent** *(m.)* [laʀʒɑ̃] das Geld **II 4A**
l'argent *(m.)* de poche [laʀʒɑ̃d(ə)pɔʃ] das Taschengeld **II 7**
arrêter [aʀɛte] aufhören **I 6C**
arrêter la musique [aʀɛtelamyzik] die Musik ausmachen **I 7C**
arrêter qn [aʀɛte] *hier:* jdn. festnehmen **II 2B**
l'**arrivée** *(f.)* [laʀive] die Ankunft **⟨II 1Z⟩; ⟨II 2Z⟩; II 5A**
arriver [aʀive] (an)kommen **I 5A**
un **article** [ɛ̃naʀtikl] ein Artikel/Zeitungsartikel **I 4E**
un **ascenseur** [ɛ̃nasɑ̃sœʀ] ein Fahrstuhl/Aufzug **I 6A**
assez [ase] genug **II 7**
assez de ...[asedə] genug ... **II 7**
une **assiette** [ynasjɛt] ein Teller **II 4C**
un **atelier** [ɛ̃natəlje] eine Werkstatt/ein Atelier **I 1**
l'**athlétisme** *(m.)* [latletism] (die) Leichtathletik **II 1E**
faire de l'athlétisme [fɛʀdəlatletism] Leichtathletik machen **II 1E**

attendre qn/qc [atɑ̃dʀ] auf jdn./etw. warten **II 5C**
Attention! [atɑ̃sjɔ̃] Achtung! **II 5A**
Attention au départ! [atɑ̃sjɔ̃odepaʀ] Vorsicht bei der Abfahrt! **II 5A**
aujourd'hui [oʒuʀdɥi] heute **I 7E**
aussi [osi] auch **I 2A**
aussi [osi] genauso **⟨II M4⟩**
aussi haut (que) [osio(kə)] genauso hoch (wie) **⟨II M4⟩**
autre [otʀ(ə)] anderer/andere/anderes **II 6C**
avant [avɑ̃] vor *(zeitlich)* **I 8A**
avec [avɛk] mit **I 1**
avec moi [avɛkmwa] mit mir **I 3E**
avec qui [avɛk(k)i] mit wem **I 5B**, 4
une **avenue** [ynavny] eine Prachtstraße **⟨II M4⟩**
un **avis** [ɛ̃navi] eine Meinung/Ansicht **II 6C**, 2
à mon avis [amɔnavi] meiner Meinung nach **II 6C**, 2
donner son avis [dɔnesɔnavi] seine Meinung sagen **II 6C**, 2
avoir [avwaʀ] haben **I 4C**
Elles ont quel âge? [ɛlzɔ̃kɛlaʒ] Wie alt sind sie? **I 4C**, 2
J'ai mal! [ʒemal] Das tut mir weh! **II 2A**
avoir peur de qn/qc [avwaʀpœʀ] Angst vor jdm./etw. haben **II 2C**
avoir raison [avwaʀʀɛzɔ̃] Recht haben **II 3B**
avoir allemand [avwaʀalmɑ̃] Deutsch/Deutschunterricht haben **I 4C**
avoir rendez-vous avec qn [avwaʀʀɑ̃devu] eine Verabredung mit jdm. haben/sich mit jdm. treffen **I 4C**
avoir mal à la tête [avwaʀmalalatɛt] Kopfschmerzen haben **I 5B**
avoir envie *(f.)* [avwaʀɑ̃vi] Lust haben **I 6A**
avoir faim *(f.)* [avwaʀfɛ̃] Hunger haben **I 6B**
avoir de la chance [avwaʀdəlaʃɑ̃s] Glück haben **I 7C**
avoir soif [avwaʀswaf] Durst haben **I 8B**
Tu as eu peur. [tyaypœʀ] Du hast Angst bekommen. **II 2C**
avril *(m.)* [avʀil] April **I 8A**, 4

B

une **baguette** [ynbagɛt] ein Baguette **I 2A**
une **balle** [ynbal] ein (kleiner) Ball **⟨II M1⟩**
une **banane** [ynbanan] eine Banane **I 2E**
une **bande** [ynbɑ̃d] eine Bande **⟨II M5⟩**
barrer qc [baʀe] etw. (durch)streichen **II 4A**
des **baskets** *(f., pl.)* [debaskɛt] Turnschuhe **II 5E**
la **basse** [labas] der Bass **⟨II 5Z⟩**
un **bateau** [ɛ̃bato] ein Schiff/Boot **I 9**
la **batterie** [labatʀi] das Schlagzeug **⟨II 5Z⟩**
battre qc [batʀ] etw. schlagen **⟨II 4Z⟩**
battre en neige [batʀɑ̃nɛʒ] steif schlagen **⟨II 4Z⟩**
une **BD**/des **BD** [ynbede] ein Comic/Comicheft **I 2E**
la **BD préférée** [labedepʀefeʀe] der Lieblingscomic **II 5B**
beau/bel/belle/beaux/belles [bo/bɛl/bɛl/bo/bɛl] schön/hübsch **II 3B**
Il fait beau. [ilfɛbo] Es ist schönes Wetter. **⟨II M4⟩**
la plus belle ville [laplybɛlvil] die schönste Stadt **⟨II M4⟩**
beaucoup [boku] viel **I 7B**
beaucoup de ... [bokudə] viel ... *(bei Mengen)* **I 7B**
Ben oui. [bɛ̃wi] Na klar! **I 7C**
Ben ... *(fam.)* [bɛ̃] Ja/Tja ... *(ugs.)* **I 9**
un **beur**/une **beur** [ɛ̃bœʀ/ynbœʀ] *Kind nordafrikanischer Einwanderer* **⟨II 5Z⟩**
Beurk! [bœʀk] Äh! **II 4A**
le **beurre** [ləbœʀ] die Butter **⟨II 4Z⟩**
beurrer qc [bœʀe] etw. einfetten **⟨II 4Z⟩**
une **bibliothèque** [ynbiblijɔtɛk] eine Bibliothek **⟨II M4⟩**
bien *(Adverb)* [bjɛ̃] gut **I 8B**
Bien sûr! [bjɛ̃syʀ] Natürlich! **II 5E**
bientôt [bjɛ̃to] bald **I 7A**, 6
A bientôt! [abjɛ̃to] Bis bald! **I 7A**, 6
Bienvenue! [bjɛ̃vəny] Willkommen! **⟨II 2Z⟩; ⟨II 6Z⟩**
un **billet** [ɛ̃bijɛ] eine Fahrkarte **II 5A**
un billet de train [ɛbijɛdətʀɛ̃] eine Bahnfahrkarte **II 5A**
les **biotechnologies** *(f.)* [lebjotɛknɔlɔʒi] Biotechnologien **⟨II 6Z⟩**
bizarre/bizarre [bizaʀ] komisch/seltsam **II 2A**
le **blanc** [ləblɑ̃] das Eiweiß **⟨II 4Z⟩**

blanc/blanche [blɑ̃/blɑ̃ʃ] weiß **II 3E**
un **blessé**/une **blessée** [ɛ̃blese/ynblese] ein Verletzter/eine Verletzte **II 2E**
bleu/bleue [blø/blø] blau **II 3E**
blond/blonde [blɔ̃/blɔ̃d] blond **II 6A**, 3
un **blouson** [ɛ̃bluzɔ̃] eine Jacke **II 6E**
Bof! *(fam.)* [bɔf] Na ja! *(ugs.)* **I 4C**
C'est bon! [sɛbɔ̃] Das schmeckt gut! **I 7C**
Ça sent bon! [sasɑ̃bɔ̃] Das riecht (aber) gut! **II 4C**
bon/bonne [bɔ̃/bɔn] gut **II 4C**
le bon ordre [ləbɔnɔʀdʀə] die richtige Reihenfolge **I 5B**, 2
Bon appétit! [bɔnapeti] Guten Appetit! **I 6C**
Bon week-end! [bɔ̃wikɛnd] Schönes Wochenende! **I 7A**
Bonne chance! [bɔnʃɑ̃s] Viel Glück! **⟨II 6Z⟩**
le meilleur .../la meilleure ... [ləmɛjœʀ/lamɛjœʀ] der beste .../die beste ... **⟨II M4⟩**
Bon, ... [bɔ̃] Gut, .../Also, ... **II 1**, 2
le **bonheur** [ləbɔnœʀ] das Glück **⟨II 7Z⟩**
Bonjour! [bɔ̃ʒuʀ] Guten Tag!/Guten Morgen! **I 1**
Bonjour, monsieur! Guten Tag! *(zu einem Mann)* **I 1**
Bonjour, madame! Guten Tag! *(zu einer Frau)* **I 1**
au bord de ... [obɔʀdə] am Ufer der/des ... **II 1**
C'est le bordel. *(fam.)* [sɛləbɔʀdɛl] Das ist das totale Chaos. *(ugs.)* **II 4B**
bouger [buʒe] sich bewegen, *hier:* schaukeln **I 9**
une **boulangerie** [ynbulɑ̃ʒʀi] eine Bäckerei **I 6B**
une **bouteille** [ynbutɛj] eine Flasche **I 7A**
une bouteille d'huile *(f.)* [ynbutɛjdɥil] eine Flasche Öl **I 7A**
un **bracelet** [ɛ̃bʀaslɛ] ein Armband **I 7C**
un **bras**/des **bras** [ɛ̃bʀa/debʀa] ein Arm/Arme **II 2A**, 4
Bravo! [bʀavo] Bravo! **I 7A**, 3
une **brique** [ynbʀik] ein Ziegelstein/Backstein **⟨II 6Z⟩**
une **brochure** [ynbʀɔʃyʀ] eine Broschüre **⟨II 6Z⟩**
brun/brune [bʀɛ̃/bʀyn] braun *(Haarfarbe)* **II 6A**, 3

C

ça [sa] das hier/das da **I 3E**
Ça va. [sava] Es geht (mir) gut. **I 1**
Ça, c'est moi. [sasɛmwa] Das hier, das bin ich. **I 3E**
Ça fait ... [safɛ] Das macht ... **I 6B**
Ça fait combien? [safɛkɔ̃bjɛ̃] Was macht das? **I 7A**
Et avec ça? [eavɛksa] Sonst noch etwas? **I 7A**
Ça alors! [saalɔʀ] Also, sag' mal!/Das gibt's doch nicht! **II 4B**
comme ça [kɔmsa] auf diese Weise **I 7C**
une **cabine** [ynkabin] eine Umkleidekabine **II 3C**, 3
un **cadeau** [ɛ̃kado] ein Geschenk **I 3E**
des cadeaux [dekado] *(m., pl.)* Geschenke **II 3B**, 4
un cadeau d'anniversaire [ɛ̃kadodanivɛʀsɛʀ] ein Geburtstagsgeschenk **I 3B**
un **café** [ɛ̃kafe] ein Café **⟨II M3, 3⟩**; **⟨II M5, 5⟩**
le **café** [ləkafe] der Kaffee **II 4E**
un **cahier** [ɛ̃kaje] ein Heft **I 3B**, 1
une **caisse** [ynkɛs] eine Kasse **II 3C**, 3
se **calmer** [səkalme] sich beruhigen **⟨II M2⟩**
On se calme! [ɔ̃səkalm] Beruhigt euch! **⟨II M2⟩**
un **camp de vacances** [ɛ̃kɑ̃dəvakɑ̃s] ein Ferienlager **⟨II 1E⟩**
un **camping** [ɛ̃kɑ̃piŋ] ein Campingplatz **II 1**
faire du camping [fɛʀdykɑ̃piŋ] campen/zelten **II 1**
le **canoë** [ləkanɔe] das Kanu/der Kanusport **II 1E**
faire du canoë [fɛʀdykanɔe] Kanu fahren **II 1E**
en canoë [ɑ̃kanɔe] mit dem Kanu **II 1**
une **cantine** [ynkɑ̃tin] eine Kantine **I 5E**
la **capitale** [lakapital] die Hauptstadt **⟨II 6Z⟩**
une **carotte** [ynkaʀɔt] eine Karotte/Möhre **I 7E**
une **carte** [ynkaʀt] eine Karte/Karteikarte **I 3A**, 5; **II 3B**, 4
un **jeu de cartes** [ɛ̃ʒød(ə)kaʀt] ein Kartenspiel **I 4A**, 5
une **carte d'identité** [ynkaʀtdidɑ̃tite] ein Personalausweis **II 5A**
un **carton** [ɛ̃kaʀtɔ̃] ein Karton **I 3A**
une **casquette** [ynkaskɛt] eine Baseballkappe **I 2E**
le **cassoulet** [ləkasulɛ] das Cassoulet **⟨II 6Z⟩**
un **catalogue** [ɛ̃katalɔg] **⟨II 2Z⟩**
une **catastrophe** [ynkatastʀɔf] eine Katastrophe **I 8B**
C'est la cata! *(fam.)* [sɛlakata] Das ist die reinste Katastrophe! *(ugs.)* **I 8B**
à cause de qn/qc [akozdə] wegen jdm./etw. **II 2C**
une **cave** [ynkav] ein Keller **⟨II 6Z⟩**
un **CD**/des **CD** [ɛ̃/desede] eine CD **I 3E**
un CD-ROM/des CD-ROM [ɛ̃sedeʀɔm/desedeʀɔm] eine CD-ROM **I 3B**
le **CDI** [ləsedei] das CDI **I 5A**
ce/cet/cette/ces [sə/sɛt/sɛt/se] dieser/diese/dieses **II 3B**
cet après-midi [sɛtapʀɛmidi] heute Nachmittag **II 3B**
ce/c' das *(z. B. in "c'est ..." = das ist)* **I 1**
C'est ... [sɛ] Das ist ... **I 1**
C'est où? [sɛu] Wo ist das? **I 2A**
C'est bon! [sɛbɔ̃] Das schmeckt gut! **I 7C**
Ce n'est pas grave. [sənɛpagʀav] Das ist (doch) nicht schlimm. **I 9**
un **centime** [ɛ̃sɑ̃tim] ein Cent **I 7A**
un **centre de vacances** [ɛ̃sɑ̃tʀdəvakɑ̃s] ein Ferienlager **⟨II 2Z⟩**
des **céréales** *(f., pl.)* [deseʀeal] Cornflakes/Müsli **II 4E**
la **chair de poule** [laʃɛʀdəpul] die Gänsehaut **⟨II M3⟩**
une **chambre** [ynʃɑ̃bʀ] ein (Schlaf-)-Zimmer **I 2E**
un **champignon** [ɛ̃ʃɑ̃piɲɔ̃] ein Pilz **I 7E**
avoir de la chance [avwaʀdəlaʃɑ̃s] Glück haben **I 7C**
Bonne chance! [bɔnʃɑ̃s] Viel Glück! **⟨II 6Z⟩**
changer (de train) [ʃɑ̃ʒe] umsteigen **II 5A**
changer qc [ʃɑ̃ʒe] etw. ändern/verändern **II 6C**
une **chanson** [ynʃɑ̃sɔ̃] ein Lied **II 5C**
chanter [ʃɑ̃te] singen **I 3A**
chaque/chaque [ʃak] jeder/jede/jedes **II 6C**
pour chaque partie [puʀʃakpaʀti] für jeden Abschnitt **I 6C**, 1
charmer qn [ʃaʀme] jdn. bezaubern **⟨II 6Z⟩**
un **chat** [ɛ̃ʃa] eine Katze **II 4B**, 3
une **chaussette** [ynʃosɛt] ein Strumpf/eine Socke **II 3E**
une **chaussure** [ynʃosyʀ] ein Schuh **II 3E**

cher/chère [ʃɛʀ] teuer **II 3A**
cher [ʃɛʀ] teuer **I 6A**
C'est trop cher! [sɛtʀoʃɛʀ] Das ist zu teuer! **I 6B**
Cher/Chère ... Lieber/Liebe *(in der Anrede)* **II 6A,** 5
coûter cher [kuteʃɛʀ] teuer sein **II 7**
chercher qc [ʃɛʀʃe] etw. suchen **I 3E**
Cherchez des mots avec ... [ʃɛʀʃedemoavɛk] Sucht Wörter mit ... **I 1,** 6
Chéri/Chérie [ʃeʀi/ʃeʀi] Schatz/Liebling *(als Anrede)* **II M1,** 5
un **cheval**/des **chevaux** [ɛ̃ʃval/deʃvo] ein Pferd/Pferde **II 1E**
faire du cheval [fɛʀdyʃval] reiten **II 1E**
un **cheveu**/des **cheveux** [ɛ̃ʃ(ə)vø/deʃ(ə)vø] ein Haar/Haare **II 6A**
un **chewing-gum** [ɛ̃ʃwiŋgɔm] ein Kaugummi **II 4B,** 4
chez [ʃe] bei *(+ Personen)* **I 4C;** zu *(+ Personen)* **I 5E**
chez moi [ʃemwa] bei mir **I 4C**
sonner chez qn [sɔneʃe] bei jdm. klingeln **I 4C**
un **chien** [ɛ̃ʃjɛ̃] ein Hund **I 1**
des **chips** *(f.) (pl.)* [deʃips] (Kartoffel-)Chips **I 8E**
le **chocolat** [ləʃɔkɔla] der Kakao/die Schokolade **II 4E**
Choisissez. [ʃwazise] Wählt aus. **I 6C,** 2
une **chose** [ynʃoz] eine Sache **II 6A**
Chut! [ʃyt] Psst!/Still! **I 5A**
ci-joint/ci-jointe [siʒwɛ̃/siʒwɛ̃t] beigefügt **⟨II 6Z⟩**
le **cinéma** [ləsinema] das Kino **I 4B**
une **cité** [ynsite] eine Stadt **⟨II 6Z⟩**
citer qc [site] etw. nennen/zitieren **⟨II 2Z⟩; II 6A,** 1
un **citron** [ɛ̃sitʀɔ̃] eine Zitrone **I 7E**
le jus de citron [ləʒydsitʀɔ̃] der Zitronensaft **I 7B**
une **classe** [ynklas] eine Klasse **I 4E**
une **clé** [ynkle] ein Schlüssel **II 6B**
Clic! [klik] Klick! **II 5C**
un **client**/une **cliente** [ɛ̃klijɑ̃/ynklijɑ̃t] ein Kunde/eine Kundin **I 7A,** 6
cliquer sur qc [klikesyʀ] auf etw. klicken/etw. anklicken **I 4B**
un **clown** [ɛ̃klun] ein Clown **II 3B**
des chaussures *(f.)* de clown [deʃosyʀdəklun] Clownschuhe; *hier:* komische Schuhe **II 3B**
un **club** [ɛ̃klœb] ein Club/Verein **I 8E**
un club de roller [ɛ̃klœbdəʀɔlœʀ] ein Skaterclub **I 8E**

un **coca** [ɛ̃kɔka] eine Cola **I 6C**
Cochez. [kɔʃe] Kreuzt an. **II 2E**
se coiffer [səkwafe] sich kämmen/sich frisieren **⟨II M2⟩**
la **colère** [lakɔlɛʀ] die Wut **II 4B**
être en colère [ɛtʀɑ̃kɔlɛʀ] wütend sein **II 4B**
un **collège** [ɛ̃kɔlɛʒ] ein Collège **I 5E**
un **collègue**/une **collègue** [ɛ̃kɔlɛg/ynkɔlɛg] ein Kollege/eine Kollegin **II 2A**
combien [kɔ̃bjɛ̃] wie viel **I 7A**
Ça fait combien? [safɛkɔ̃bjɛ̃] Was macht das? **I 7A**
C'est combien, l'ananas? Was kostet die Ananas? **I 7A**
combien de ... [kɔ̃bjɛ̃də] wie viel(e) ... **I 7A**
combiner qc [kɔ̃bine] etw. verbinden **II 3B,** 1
commander qc [kɔmɑ̃de] etw. bestellen **II 4C**
comme [kɔm] wie **I 4B**
comme toi [kɔmtwa] wie du **I 4B**
comme ça [kɔmsa] so/auf diese Weise **I 7C**
Comme ça. [kɔmsa] *hier:* Nur so. **I 8B**
comme chien et chat [kɔmʃjɛ̃eʃa] wie Hund und Katze **II 4C,** 4
comme [kɔm] als **I 7E**
commencer qc [kɔmɑ̃se] etw. anfangen/beginnen **I 8A**
Comment ... ? [kɔmɑ̃] Wie ... ? **I 1**
Comment tu t'appelles? [kɔmɑ̃tytapɛl] Wie heißt du? **I 1**
un/une **commissaire** [ɛ̃/ynkɔmisɛʀ] ein Kommissar/eine Kommissarin **II 2E**
un **commissariat de police** [ɛ̃komisaʀjadəpɔlis] ein Polizeirevier/eine Polizeistation **II 2B**
Comparez. [kɔ̃paʀe] Vergleicht. **I 6E**
un **complément de lieu** [ɛ̃kɔ̃plemɑ̃dəljø] eine Ortsangabe **⟨II M5, 2⟩**
Complétez. [kɔ̃plete] Ergänzt. **I 1,** 6
Complète. [kɔ̃plɛt] Vervollständige. **⟨II 1Z⟩**
composter qc [kɔ̃pɔste] etw. entwerten **II 5A**
comprendre qc [kɔ̃pʀɑ̃dʀ] etw. verstehen **I 6C**
un **compte** [ɛ̃kɔ̃t] eine Rechnung **⟨II 7Z⟩**
compter qc [kɔ̃te] etw. zählen **⟨II 6Z⟩**
concerner qn [kɔ̃sɛʀne] jdn. angehen/betreffen **II 6B**

une **conclusion** [ynkɔ̃klyzjɔ̃] ein Schluss/eine Schlussfolgerung **II 6C,** 4
la **confiture** [lakɔ̃fityʀ] die Konfitüre **II 4E**
conjuguer [kɔ̃ʒyge] konjugieren **II 4A,** 1
une forme conjuguée [ynfɔʀmkɔ̃ʒyge] eine konjugierte Form **II 4B,** 2
connaître qn/qc [kɔnɛtʀ] jdn./etw. kennen **II 6A**
être connu/connue pour qc [kɔny] für etw. bekannt sein **II 6A,** 5
un **contact** [ɛ̃kɔ̃takt] ein Kontakt **II 6A,** 4
prendre contact avec qn [pʀɑ̃dʀkɔ̃taktavɛk] mit jdm. Kontakt aufnehmen **II 6A,** 4
content/contente [kɔ̃tɑ̃/kɔ̃tɑ̃t] glücklich/zufrieden **II 6C**
être content de qn/qc [ɛtʀkɔ̃tɑ̃də] mit jdm./etw. zufrieden sein **II 6C**
continuer [kɔ̃tinɥe] weitermachen/fortfahren **I 4B**
Continuez. [kɔ̃tinɥe] Macht weiter. **I 2A,** 4
contre [kɔ̃tʀ] gegen **II 6A**
cool *(fam.)* [kul] cool *(ugs.)* **I 2B**
super cool *(fam.)* [sypɛʀkul] supercool *(ugs.)* **I 8B**
un **copain**/une **copine** [ɛ̃kɔpɛ̃/ynkɔpin] ein Freund/eine Freundin **I 1**
le petit copain/ la petite copine der Freund/die Freundin *(mit dem/der man „geht")* **II 3B,** 4
un **correspondant**/une **correspondante** [ɛ̃kɔʀɛspɔ̃dɑ̃/ynkɔʀɛspɔ̃dɑ̃t] ein Brieffreund/eine Brieffreundin/ein Austauschpartner/eine Austauschpartnerin **I 4E**
un/une corres *(fam.)* [ɛ̃/ynkɔʀɛs] ein Brieffreund/eine Brieffreundin *(ugs.)* **I 4A**
Corrigez ... [kɔʀiʒe] Korrigiert ... **I 4B,** 2
à côté de [akotedə] neben **I 8B**
la **couleur** [lakulœʀ] die Farbe **II 3A**
un **couloir** [ɛ̃kulwaʀ] ein Flur **I 3A**
un **coup** [ɛ̃ku] ein Schlag **II 6E**
le coup de foudre [ləkudfudʀ] *hier:* Liebe auf den ersten Blick **I 8B**
un **cours** [ɛ̃kuʀ] eine Unterrichtsstunde **II 6A**
les **courses** *(f.)* [lekuʀs] die Einkäufe **I 7A**
faire les courses einkaufen **I 7A**

une liste des courses [ynlistdekuʀs] eine Einkaufsliste/ein Einkaufszettel I 7A, 5
un **cousin**/une **cousine** [ɛ̃kuzɛ̃/ynkuzin] ein Cousin/eine Cousine II 5E
un **couteau**/des **couteaux** [ɛ̃kuto/dekuto] ein Messer/Messer **II 4C**
coûter [kute] kosten **II 3C**, 3
coûter cher [kuteʃɛʀ] teuer sein/viel (Geld) kosten **II 7**
crier [kʀije] schreien **II 5C**
une **cuillère** [ynkɥijɛʀ] ein Löffel II 4C, 2
une **cuisine** [ynkɥizin] eine Küche **I 3A**
faire la cuisine [fɛʀlakɥizin] kochen II 4C
la **cuisson** [lakɥisõ] die Koch-/Brat-/Backzeit ⟨**II 4Z**⟩
culinaire/culinaire [kylinɛʀ] kulinarisch ⟨**II 6Z**⟩

D

d'abord [dabɔʀ] zunächst/zuerst **I 2**
D'accord. [dakɔʀ] Einverstanden./O.k. **I 2B**
dangereux/dangereuse [dɑ̃ʒ(ə)ʀø/dɑ̃ʒ(ə)ʀøz] gefährlich **II 7**
dans [dɑ̃] in **I 2A**
dans votre cahier [dɑ̃vɔtʀkaje] in euer Heft **I 3B**, 1
monter dans un arbre [mõtedɑ̃zɛ̃naʀbʀ] auf einen Baum klettern ⟨**II M1**⟩
la **danse** [ladɑ̃s] der Tanz/das Tanzen **II 1E**
faire de la danse [fɛʀdəladɑ̃s] tanzen **II 1E**
danser [dɑ̃se] tanzen **I 8A**
de/d' [də] *Hauptbedeutung:* von **I 1**
d'où [du] woher **I 2B**
de [də] von ... aus **I 6A**
de loin [dəlwɛ̃] von weitem **II 5C**
de quoi [dəkwa] wovon **II 6B**
un **dé** [ɛ̃de] ein Würfel **I 3A**, 5
Debout! [dəbu] Aufstehen! **II 3A**, 3
décembre *(m.)* [desɑ̃bʀ] Dezember **I 8A**, 4
On fait des découvertes. [õfɛdedekuvɛʀt] Wir machen Entdeckungen. **I**
décrire qn/qc [dekʀiʀ] jdn./etw. beschreiben **II 6A**
Décrivez. [dekʀive] Beschreibt. I 7A, 4
décrire qc à qn [dekʀiʀ] jdm. etw. beschreiben **II 6B**
déjà [deʒa] schon **I 4C**
un **petit-déjeuner** [ɛ̃p(ə)tideʒøne] ein Frühstück **II 2E**
délicatement [delikatmɑ̃] vorsichtig ⟨**II 4Z**⟩
demain [dəmɛ̃] morgen **I 4A**
demander qc [dəmɑ̃de] etw. fragen **I 8A**
demander qc à qn [dəmɑ̃de] jdn. (nach) etw. fragen **II 6A**
demander si ... [dəmɑ̃de] fragen, ob ... **II 6C**
Il est deux heures et demie. [ilɛdøzœʀedəmi] Es ist halb drei. **I 5B**
midi et demie [midied(ə)mi] halb eins **I 6B**
une **dent** [yndɑ̃] ein Zahn **II 2A**, 4
le **départ** [lədepaʀ] der Start ⟨**II 1Z**⟩; die Abfahrt/Abreise **II 5A**
dépasser qn [depase] jdn. überholen ⟨**I 6Z**⟩
se dépêcher [sədepɛʃe] sich beeilen ⟨**II M2**⟩
dépenser qc [depɑ̃se] etw. ausgeben ⟨**II 7Z**⟩
depuis [dəpɥi] seit ⟨**II 2Z**⟩; ⟨**II 3Z**⟩; ⟨**II M5**⟩
déranger qn [deʀɑ̃ʒe] jdn. stören **II 2A**
derrière [dɛʀjɛʀ] hinter **II 2B**
descendre [desɑ̃dʀ] aussteigen/hinuntergehen **II 5C**
descendre du train [desɑ̃dʀdytʀɛ̃] aus dem Zug aussteigen **II 5C**
désirer qc [deziʀe] etw. wünschen **II 3C**, 3
Désolé!/Désolée! [dezɔle] Es tut mir leid! **II 7**, 10
un **dessert** [ɛ̃desɛʀ] ein Nachtisch **I 7A**
un **dessin** [ɛ̃desɛ̃] eine Zeichnung I 7C, 1; **II 1E**
une **destination** [yndɛstinasjõ] eine Richtung/ein Ziel **II 5A**
détester qn/qc [detɛste] jdn./etw. überhaupt nicht mögen/hassen **I 3A**
le/la deuxième ... [døzjɛm] der/die/das zweite ... **II 5B**, 5
devant [dəvɑ̃] vor *(örtlich)* **I 4A**, 3
Devinez. [dəvine] Erratet. I 7A, 3
les **devoirs** *(m., pl.)* [ledəvwaʀ] die Hausaufgaben **I 4A**
les devoirs de français *(m., pl.)* [ledəvwaʀdəfʀɑ̃sɛ] die Französischhausaufgaben **I 4A**
devoir faire qc [dəvwaʀfɛʀ] etw. tun müssen **II 4A**
un **dialogue** [ɛ̃djalɔg] ein Dialog I 2B, 2
dimanche *(m.)* [dimɑ̃ʃ] (am) Sonntag/am nächsten Sonntag **I 4C**
dire qc à qn [diʀ] jdm. etw. sagen **II 6B**
on dit [õdi] man sagt I 1, 4
Dis donc, ... [didõ] Sag mal, ... **I 8A**
tu dis [tydi] du sagst ⟨**II 3Z**⟩
direct/directe [diʀɛkt] direkt **II 5B**, 5
la **direction** [ladiʀɛksjõ] die Richtung **II 5B**
une **discothèque** [yndiskɔtɛk] eine Diskothek ⟨**II M3**, 3⟩; ⟨**II M5**, 5⟩
discuter avec qn [diskyteavɛk] mit jdm. reden/diskutieren **I 8A**
une **dispute** [yndispyt] ein Streit/eine Meinungsverschiedenheit **II 2A**
un **documentaliste**/une **documentaliste** [ɛ̃/yndɔkymɑ̃talist] ein Schulbibliothekar/eine Schulbibliothekarin **I 5A**
un **domaine** [ɛ̃dɔmɛn] eine Domäne ⟨**II 6Z**⟩
C'est dommage! [sɛdɔmaʒ] Das ist (aber) schade! **I 8A**
donner qc [dɔne] etw. geben **II 4C**
donner son avis [dɔnesɔnavi] seine Meinung sagen **II 6C**, 2
dormir [dɔʀmiʀ] schlafen **II 4B**
le **dos** [lədo] der Rücken **II 2A**
une **douche** [ynduʃ] eine Dusche **I 3A**
tout droit [tudʀwa] geradeaus **II 5B**; ⟨**II 5Z**⟩
à droite [adʀwat] (nach) rechts **II 5B**
un **DVD** [ɛ̃devede] eine DVD **II 5E**
dynamique/dynamique [dinamik/dinamik] dynamisch ⟨**II 6Z**⟩

E

l'**eau** *(f.)* [lo] das Wasser **I 9**
un **échange** [ɛ̃neʃɑ̃ʒ] ein Austausch **II 6A**, 4
un échange scolaire [ɛ̃neʃɑ̃ʒskɔlɛʀ] ein Schüleraustausch **II 6A**, 4
faire un échange scolaire [fɛʀɛ̃neʃɑ̃ʒskɔlɛʀ] einen Schüleraustausch machen **II 6A**, 4
une **échelle** [yneʃɛl] eine Leiter ⟨**II M1**⟩
une **école** [ynekɔl] eine Schule **I 2A**
une école de musique [ynekɔldəmyzik] eine Musikschule **I 4E**
l'**économie** *(f.)* [lekɔnomi] die Wirtschaft ⟨**II 6Z**⟩
écouter qc [ekute] etw. hören **I 3B**
Ecoutez. [ekute] Hört zu. I 3A, 4
écouter qn [ekute] jdm. zuhören **II 4B**, 4

écrire qc [ekRiR] etw. schreiben **II 6B**
Ecrivez. [ekRive] Schreibt auf. **I 3A**, 4
Ça m'est égal. [samɛtegal] Das ist mir egal. **II 1**, 4
une **église** [yneɡliz] eine Kirche **I 6B**
un **élément** [ɛ̃nelemɑ̃] ein Element; *hier:* ein Satzteil **II 3B**, 1
un **éléphant** [ɛ̃nelefɑ̃] ein Elefant **I 3A**
un **élève**/une **élève** [ɛ̃nelɛv/ynelɛv] ein Schüler/eine Schülerin **I 4A**
un **e-mail** [ɛ̃nimel] eine E-Mail **I 8B**
embrasser qn [ɑ̃bRase] jdn. umarmen/küssen, *hier:* jdn. lieb grüßen **II 4C**
un **emploi du temps** [ɛ̃nɑ̃plwadytɑ̃] ein Stundenplan **I 5A**
en [ɑ̃] *verschiedene Bedeutungen* **I 2B**
en français [ɑ̃fRɑ̃sɛ] auf Französisch **I 2B**
en Allemagne [ɑ̃nalmaɲ] in Deutschland **I 4B**
en conclusion *(f.)* [ɑ̃kɔ̃klyzjɔ̃] als Schlussfolgerung **II 6C**, 4
en fonction de qc [ɑ̃fɔ̃ksjɔ̃də] einer Sache entsprechend/je nach ⟨**II 7Z**⟩
en vélo [ɑ̃velo] mit dem Fahrrad **II 7**
en [ɑ̃] daher/davon *Adverbialpronomen* ⟨**II M5**⟩
en avoir marre de qc *(fam.)* [ɑ̃navwaRmaRdə] die Nase von etw. voll haben *(ugs.)* **II 3C**
en face de [ɑ̃fasdə] gegenüber von **II 5B**
encore [ɑ̃kɔR] noch **I 6B**
ne … pas encore [nə…pa(z)ɑ̃kɔR] noch nicht **II 2C**
Encore ces jeux idiots! [ɑ̃kɔRseʒøidjo] *hier:* Immer diese idiotischen Spiele! ⟨**II M1**⟩
énervé/énervée [enɛRve] genervt **II 3A**
énerver qn [enɛRve] jdn. nerven **II 4C**
s'énerver [senɛRve] sich aufregen ⟨**II M2**⟩
un **enfant** [ɛ̃nɑ̃fɑ̃] ein Kind **II 4B**
l'**enfer** *(m.)* [lɑ̃fɛR] die Hölle ⟨**II 4Z**⟩
une ambiance d'enfer [ynɑ̃bjɑ̃sdɑ̃fɛR] eine Superstimmung **I 8B**
enfin [ɑ̃fɛ̃] endlich/schließlich **II 1**
Enfin … si. [ɑ̃fɛ̃si] Eigentlich … schon. **II 6A**
une **enquête** [ynɑ̃kɛt] eine Untersuchung/Ermittlung **II 2E**
ensemble [ɑ̃sɑ̃bl] zusammen **I 9**
tous ensemble [tusɑ̃sɑ̃bl] alle zusammen **I**
entendre qc [ɑ̃tɑ̃dR] etw. hören **II 2E**; **II 5C**
entre [ɑ̃tR] zwischen **II 2B**
entre toi et moi [ɑ̃tRətwaemwa] zwischen dir und mir **II 2C**
entrer [ɑ̃tRe] be-/eintreten/hineingehen **I 3B**
Entrez. [ɑ̃tRe] Kommt herein! **I 8B**
avoir envie *(f.)* [avwaRɑ̃vi] Lust haben **I 6A**
une **équipe** [ynekip] eine Mannschaft **II 5B**
l'**escalier** *(m.)* [lɛskalje] die Treppe **I 6A**
prendre l'escalier [pRɑ̃dRlɛskalje] die Treppe nehmen **I 6A**
essayer qc [esɛje] etw. anprobieren/versuchen **II 3A**
Est-ce que … ? [ɛskə] *(Frageformel)* **I 3A**
et [e] und **I**
Et avec ça? [eavɛksa] Sonst noch etwas? **I 7A**
un **étage** [ɛ̃netaʒ] eine Etage/ein Stockwerk **I 6A**
une **étape** [ynetap] eine Etappe ⟨**II 2Z**⟩
être [ɛtR] sein **I 2B**
C'est … [sɛ] Das ist … **I 1**
être de [ɛtRdə] sein aus/kommen aus **I 2B**
C'est à moi. [sɛtamwa] Ich bin dran. **I 7A**
être d'accord [ɛtRdakɔR] einverstanden sein **I 8B**
être jumelé(e) avec… [ɛtRʒymleavɛk] eine Städte-/Schulpartnerschaft haben mit … **II 5A**, 5
être né [ɛtRne] geboren werden ⟨**II 5Z**⟩
être victime [ɛtRviktim] Opfer sein **II 6B**
Où est … ? [uɛ] Wo ist … ? **I 3A**
Euh … [ø] Äh … *(Ausdruck des Zögerns)* **I 2B**
un **euro** [ɛ̃nøRo] ein Euro **I 6A**
exactement [ɛgzaktəmɑ] genau **II 3C**, 3
excellent/excellente [ɛkselɑ̃/ɛkselɑ̃t] hervorragend **II 6B**
excité/excitée [ɛksite] aufgeregt **II 6A**
un **exemple** [ɛ̃nɛgzɑ̃pl] ein Beispiel **I 1**, 3; **II 6A**
un **exercice** [ɛ̃nɛgzɛRsis] eine Übung **I 1**; **II 4A**, 4
expliquer qc [ɛksplike] etw. erklären **I 8B**
Je vais t'expliquer! [ʒəvɛtɛksplike] Ich kann's dir erklären! **II 3C**
expliquer qc à qn [ɛksplike] jdm. etw. erklären **II 3C**
un **exposé** [ɛ̃nɛkspoze] ein Referat/Vortrag **II 6B**
une **expression** [ynɛkspRɛsjɔ̃] ein Ausdruck **II 4A**, 1

F

fabriquer qc [fabRike] etw. fertigen ⟨**II 6Z**⟩
facile/facile [fasil] leicht **II 3B**
la **faim** [lafɛ̃] der Hunger **I 6B**
avoir faim *(f.)* [avwaRfɛ̃] Hunger haben **I 6B**
avoir une petite faim [avwaRynp(ə)titfɛ̃] ein bisschen Hunger haben/bekommen **II 4A**
faire qc [fɛR] etw. tun/machen **I 4A**
Faites des phrases. [fɛtdefRaz] Bildet Sätze. **I 2E**
Que fait … ? [kəfɛ] Was macht … ? **I 3A**
Que font …? [kəfɔ̃] Was machen … ? **I 3A**
faire les courses [fɛRlekuRs] einkaufen **I 7A**
Mais que faire? [mɛkəfɛR] Aber was tun? **I 8B**
faire du cheval [fɛRdyʃval] reiten **II 1E**
faire de l'athlétisme [fɛRdəlatletism] Leichtathletik machen **II 1E**
faire du VTT [fɛRdyvetete] Mountainbike fahren **II 1E**
faire de la voile [fɛRdəlavwal] segeln **II 1E**
faire du camping [fɛRdykɑ̃piŋ] campen/zelten **II 1**
faire une affaire [fɛRynafɛR] ein Schnäppchen machen/etw. günstig einkaufen **II 3A**
faire attention à qc [fɛRatɑ̃sjɔ̃] auf etw. achten ⟨**II 3Z**⟩
faire la cuisine [fɛRlakɥizin] kochen **II 4C**
faire cuire qc [fɛRkɥiR] etw. kochen ⟨**II 4Z**⟩
Il fait beau. [ilfɛbo] Es ist schönes Wetter. ⟨**II M4**⟩
La tour fait 210 mètres. Der Turm ist 210 Meter hoch. ⟨**II M4**⟩
une **famille** [ynfamij] eine Familie **II 4E**
un **fan**/une **fan** [ɛ̃fan/ynfan] ein Fan **II 5B**
fantastique/fantastique [fɑ̃tastik] toll/fantastisch **II 3A**
la **farine** [lafaRin] das Mehl ⟨**II 4Z**⟩
fatigué/fatiguée [fatiɡe] müde **II 4B**
il faut qc [ilfo] man braucht etw./wir brauchen etw. **II 4B**
il faut faire qc [ilfofɛR] man muss etw. tun/wir müssen etw. tun **II 4B**
il ne faut pas faire qc [ilnəfopa] man darf/soll etw. nicht tun **II 4B**, 4

une **femme** [ynfam] eine Frau **II 5B,** 5
fermer qc [fɛʀme] etw. schließen **II 4B**
refermer qc [ʀəfɛʀme] etw. wieder schließen **II 3B**
les **fesses** *(f.)* [lefɛs] der Po/Hintern **II 2A,** 4
une **fête** [ynfɛt] eine Fete/Party **I 8E**
une fête d'anniversaire [ynfɛtdanivɛʀsɛʀ] eine Geburtstagsfete/Geburtstagsparty **I 8B,** 5
février *(m.)* [fevʀije] Februar **I 8A,** 4
fier/fière [fjɛʀ/fjɛʀ] stolz **II 5C**
une **fille** [ynfij] ein Mädchen **I 4B**
une **fille** [ynfij] eine Tochter **II 5A,** 1
un **film** [ɛ̃film] ein Film **I 5B,** 4
un **fils** [ɛ̃fis] ein Sohn **II 2E**
la **fin** [lafɛ̃] das Ende **I 3E**
à la fin [alafɛ̃] am Ende/zum Schluss **I 7B**
un **fleuve** [ɛ̃flœv] ein Fluss ⟨**II 6Z**⟩
une **fois** [ynfwa] einmal **II 2C**
le **foot** [ləfut] Fußball *(als Sportart)* **I 4A**
une **forme** [ynfɔʀm] eine Form **I 9,** 4
une forme qui manque [ynfɔʀmkimɑ̃k] eine fehlende Form **II 3E**
une forme conjuguée [ynfɔʀmkɔ̃ʒyge] eine konjugierte Form **II 4B,** 2
formuler qc [fɔʀmyle] etw. formulieren **II 3B,** 2
mettre la radio fort [mɛtʀlaʀadjofɔʀ] das Radio laut stellen **II 4A**
moins fort [mwɛ̃fɔʀ] leiser **II 4A**
un **four** [ɛ̃fuʀ] ein Backofen ⟨**II 4Z**⟩
une **fourchette** [ynfuʀʃɛt] eine Gabel **II 4C**
le **français** [ləfʀɑ̃sɛ] das Französische/die französische Sprache **I 2B**
en français [ɑ̃fʀɑ̃sɛ] auf Französisch **I 2B**
les devoirs de français [ledəvwaʀdəfʀɑ̃sɛ] die Französischhausaufgaben **I 4A**
un **frère** [ɛ̃fʀɛʀ] ein Bruder **I 6C**
un **frigo** [ɛ̃fʀigo] ein Kühlschrank **II 4A**
des **frites** *(f., pl.)* [defʀit] Pommes frites **I 7C,** 2
le **fromage** [ləfʀɔmaʒ] der Käse **II 4E**
un **fruit** [ɛ̃fʀɥi] eine Frucht **I 7E**
les fruits *(m., pl.)* [lefʀɥi] das Obst **I 7E**
une salade de fruits [ynsaladdəfʀɥi] ein Obstsalat **I 7B**

G

gagner de l'argent [gaɲedəlaʀʒɑ̃] Geld verdienen **II 7**
Gagné! [gaɲe] Gewonnen! **I 2B**
un **garage** [ɛ̃gaʀaʒ] eine Werkstatt/Autowerkstatt **II 7**
un **garçon** [ɛ̃gaʀsɔ̃] ein Junge **I 2B**
garder qc [gaʀde] etw. behalten ⟨**II 3Z**⟩
une **gare** [yngaʀ] ein Bahnhof **II 5A**
un **gâteau** [ɛ̃gato] ein Kuchen ⟨**II 4Z**⟩
à gauche [agoʃ] (nach) links **II 5B**
génial/géniale/géniaux/géniales [ʒenjal/ʒenjo/ʒenjal] genial/toll/super **II 3A**
les **gens** *(m., pl.)* [leʒɑ̃] die Leute **II 5B**
gentil/gentille [ʒɑ̃ti/ʒɑ̃tij] nett **II 4C**
C'est gentil! [sɛʒɑ̃ti] Das ist (aber) nett! **I 7C**
une **glace** [ynglas] ein Eis **I 9,** 2
une **glace** [ynglas] ein Spiegel **II 3B**
grand/grande [gʀɑ̃/gʀɑ̃d] groß **II 3B**
un grand magasin [ɛ̃gʀɑ̃magazɛ̃] ein Kaufhaus **I 6A**
le Grand Huit [ləgʀɑ̃ɥit] die Achterbahn **I 9**
la **grand-mère** [lagʀɑ̃mɛʀ] die Großmutter/Oma **I 7A**
le **grand-père** [ləgʀɑ̃pɛʀ] der Großvater/Opa **II 4B**
les **grands-parents** *(m., pl.)* [legʀɑ̃paʀɑ̃] die Großeltern **II 4B,** 1
en gras [ɑ̃gʀa] fett gedruckt **II 6E**
un **gratte-ciel** [ɛ̃gʀatsjɛl] ein Wolkenkratzer ⟨**II M4**⟩
gratuit/gratuite [gʀatɥi/gʀatɥit] kostenlos **II 5B**
C'est gratuit. [sɛgʀatɥi] Der Eintritt ist frei. **II 5B**
grave/grave [gʀav] schlimm **I 9**
Ce n'est pas grave. [sənɛpagʀav] Das ist (doch) nicht schlimm. **I 9**
une **grille** [yngʀij] eine Tabelle **I 9,** 1
gris/grise [gʀi/gʀiz] grau **II 3E**
un **gris-gris** [ɛ̃gʀigʀi] ein Amulett **I 7C**
gros/grosse [gʀo/gʀos] dick **II 6A,** 3
un **groupe** [ɛ̃gʀup] eine Gruppe **II 1**; eine Musikgruppe/Band **II 5B**
le **guichet** [ləgiʃɛ] der Schalter **II 5B,** 5
un **guide** [ɛ̃gid] ein Führer ⟨**II M4**⟩
une **guitare** [yngitaʀ] eine Gitarre ⟨**II 5Z**⟩
un **gymnase** [ɛ̃ʒimnaz] eine Turnhalle **I 5E**

H

s'habiller [sabije] sich anziehen ⟨**II M2**⟩
un **habitant**/une **habitante** [ɛ̃nabitɑ̃/ynabitɑ̃t] ein Einwohner/ eine Einwohnerin ⟨**II 6Z**⟩
habiter [abite] wohnen **I 4B**
un **hamburger** [ɛ̃ɑ̃buʀgœʀ] ein Hamburger **II 4A**
le **handball** [ləɑ̃dbal] Handball/das Handballspiel **II 1E**
haut/haute [o/ot] hoch ⟨**II M4**⟩
moins haut (que) [mwɛ̃okə] kleiner (als) ⟨**II M4**⟩
une **heure** [ynœʀ] eine Stunde **I 3B**
à quatre heures et quart [akatʀœʀekaʀ] um Viertel nach vier **I 5A**
Il est deux heures et demie. [ilɛdøzœʀedəmi] Es ist halb drei. **I 5B**
cinq heures cinq [sɛ̃kœʀsɛ̃k] fünf nach fünf **I 5B**
quatre heures vingt [katʀœʀvɛ̃] zwanzig nach vier **I 5B**
Il est quelle heure? [ilɛkɛlœʀ] Wie spät ist es? **I 5B**
A quelle heure? [akɛlœʀ] Wann?/Um wie viel Uhr? **I 5B,** 1
pendant des heures [pɑ̃dɑ̃dezœʀ] stundenlang **II 3A**
quatre heures moins le quart [katʀœʀmwɛ̃l(ə)kaʀ] Viertel vor vier **I 5B**
une heure de permanence [ynœʀdəpɛʀmanɑ̃s] eine Hohlstunde/Freistunde **II 6B**
hier [jɛʀ] gestern **II 2E**
le **hip-hop** [ləipɔp] der Hip-Hop **II 1,** 4
histoire *(f.)* [istwaʀ] Geschichte *(als Schulfach)* **I 5B,** 2
une **histoire** [ynistwaʀ] eine Geschichte **I 8A,** 1
le **hobby** [ləɔbi] das Hobby **I 4B**
un **homme** [ɛ̃nɔm] ein Mann **II 5B,** 5
un **hôpital** [ɛ̃nɔpital] ein Krankenhaus **I 2A**
les **horaires** *(m., pl.)* [lezɔʀɛʀ] der Fahrplan **II 5B,** 5
un **hôtel de ville** [ɛ̃notɛldəvil] ein Rathaus *(einer größeren Stadt)* **II 7,** 4
un **hôtel-restaurant** [ɛ̃notɛlʀɛstɔʀɑ̃] ein Hotel mit Gaststätte **II 7,** 2
l'**huile** *(f.)* [lɥil] das Öl/Speiseöl **I 7A**
le **Grand Huit** [ləgʀɑ̃ɥit] die Achterbahn **I 9**
hyperimportant/hyperimportante [ipɛʀɛ̃pɔʀtɑ̃] sehr wichtig ⟨**II 7Z**⟩

I

ici [isi] hier **I 3B**
une **idée** [ynide] eine Idee **I 4C**
Ça, c'est une idée! [sasɛtynide] Das ist eine (tolle) Idee! **I 6B**
idiot/idiote [idjo/idjɔt] idiotisch/blöd/doof **II 3A**
il y a [ilja] es gibt **I 2A**
Imaginez d'abord une suite. [imaʒinedabɔʀynsɥit] Denkt euch zunächst eine Fortsetzung aus. I 8B, 1
Imagine ... [imaʒin] Stell dir ... vor. II 4B, 5
important/importante [ɛ̃pɔʀtɑ̃/ɛ̃pɔʀtɑ̃t] wichtig **II 6C**
industriel/industrielle [ɛ̃dystʀijɛl/ɛ̃dystʀijɛl] industriell **⟨II 6Z⟩**
une **infirmerie** [ynɛ̃fiʀməʀi] ein Krankenzimmer *(einer Schule)* **I 5E**
une **information** [ynɛ̃fɔʀmasjɔ̃] eine Information I 4B, 1; **II 6A, 4**
une information correcte eine richtige Information **I 8B**, 1
les **infos** *(pl., f.)* (= les informations) [lezɛ̃fo] die Nachrichten **II 4C**
l'**informatique** *(f.)* [lɛ̃fɔʀmatik] die Informatik **⟨II 6Z⟩**
installer qc [ɛ̃stale] etw. anschließen/aufbauen **I 3B**
intéressant/intéressante [ɛ̃teʀɛsɑ̃/ɛ̃teʀɛsɑ̃t] interessant; *hier:* günstig **II 3A**
intéresser qn [ɛ̃teʀese] jdn. interessieren **II 1**
Ça vous intéresse? [savuzɛ̃teʀɛs] Interessiert euch/Sie das? **II 1**
(l')**Internet** *(m.)* [ɛ̃tɛʀnɛt] das Internet **I 3B**
sur Internet [syʀɛ̃tɛʀnɛt] im Internet **I 3B**
une **interro** *(fam.)* (= une **interrogation**) [ynɛ̃teʀo] eine Klassenarbeit/Schulaufgabe *(ugs.)* **I 4C**
interroger qn [ɛ̃teʀɔʒe] jdn. befragen/vernehmen **II 2A**
une **invitation** [ynɛ̃vitasjɔ̃] eine Einladung **I 8A**
inviter qn [ɛ̃vite] jdn. einladen **I 7A**
inviter qn à la fête jdn. zur Fete/Party einladen **I 8E**

J

ne ... jamais [nə...ʒamɛ] nie/niemals **II 7**
la **jambe** [laʒɑ̃b] das Bein **II 2A**
le **jambon** [ləʒɑ̃bɔ̃] der Schinken **II 4E**
janvier *(m.)* [ʒɑ̃vje] Januar **I 8A**, 4
un **jardin** [ɛ̃ʒaʀdɛ̃] ein Garten **⟨II M1⟩**
le **jaune** [ləʒon] das Eigelb **⟨II 4Z⟩**
jaune/jaune [ʒon/ʒon] gelb **II 3E**
un **jean** [ɛ̃dʒin] eine Jeans **II 3E**
je m'appelle ... [ʒəmapɛl] ich heiße ... **I**
un **jeu** [ɛ̃ʒø] ein Spiel I 1, 7; **⟨II 1Z⟩**
un jeu de sons [ɛ̃ʒød(ə)sɔ̃] ein Spiel mit Lauten **I 1**, 7
un jeu de nombres [ɛ̃ʒødənɔ̃bʀ] ein Spiel mit Zahlen **I 3A**, 4
un jeu de dés [ʒødəde] ein Würfelspiel **I 3A**, 5
un jeu de mots [ɛ̃ʒød(ə)mo] ein Wortspiel **I 4E**
un jeu de cartes [ɛ̃ʒød(ə)kaʀt] ein Kartenspiel **I 4A**, 5
un jeu de pantomime [ɛ̃ʒødəpɑ̃tɔmim] ein Spiel mit Pantomimen **I 8B**, 3
un jeu/des jeux [ɛ̃ʒø/deʒø] ein Spiel/Spiele **⟨II M1⟩**
jeudi *(m.)* [ʒødi] Donnerstag **I 5B**, 4
un **jeune**/une **jeune**/des **jeunes** [ɛ̃ʒœn/ynʒœn/deʒœn] ein Jugendlicher/eine Jugendliche/Jugendliche **II 1**
un **job** [ɛ̃dʒɔb] ein Job **⟨II 7Z⟩**
un **jongleur** [ɛ̃ʒɔ̃glœʀ] ein Jongleur **I 6C**
jouer avec qn/qc [ʒweavɛk] mit jdm./etw. spielen **I 4C**, 4
Jouez à quatre. [ʒweakatʀ] Spielt zu viert. I 7E
un **joueur**/une **joueuse** [ɛ̃ʒwœʀ/ynʒwøz] ein Spieler/eine Spielerin **⟨II 1Z⟩**
un **jour** [ɛ̃ʒuʀ] ein Tag **II 2C**
un **journal intime** [ɛ̃ʒuʀnalɛ̃tim] ein Tagebuch **II 4C**, 3
une **journée** [ynʒuʀne] ein Tag *(im Verlauf)* **I 9**
une journée portes ouvertes [ynʒuʀnepɔʀtuvɛʀt] ein Tag der offenen Tür **II 6C**
Joyeux anniversaire! [ʒwajøzanivɛʀsɛʀ] Herzlichen Glückwunsch zum Geburtstag! **I 3B**
le **judo** [ləʒydo] Judo/der Judosport **II 1E**
faire du judo [fɛʀdyʒydo] Judo machen **II 1E**
juillet *(m.)* [ʒɥijɛ] Juli **I 8A**, 4
juin *(m.)* [ʒɥɛ̃] Juni **I 8A**, 4
être jumelé(e) avec... [ɛtʀʒymleavɛk] eine Städte-/Schulpartnerschaft haben mit ... **II 5A**, 5
une ville jumelée [ynvilʒymle] eine Partnerstadt **⟨II 6Z⟩**
une **jupe** [ynʒyp] ein Rock **II 1**
un **jus** [ɛ̃ʒy] ein Saft **I 7B**
le jus de citron [ləʒydsitʀɔ̃] der Zitronensaft **I 7B**
le jus d'orange [ləʒydɔʀɑ̃ʒ] der Orangensaft **I 8A**, 3

K

le **karaoké** [ləkaʀaɔke] das Karaoke **I 4C**
un **kilo** [ɛ̃kilo] ein Kilo **I 7E**
un kilo de ... [ɛ̃kilɔdə] ein Kilo ... **I 7A**
un **kilomètre** [ɛ̃kilɔmɛtʀ] ein Kilometer **I 9**
un **kiwi** [ɛ̃kiwi] eine Kiwi **I 7E**

L

là [la] da/dort **I 2A**
là-bas [laba] dort/dorthin **II 5B**
laisser qn/qc [lɛse] jdn./etw. lassen/zurücklassen **II 2C**
Bon, je te laisse. Also, so viel für heute. II 3A, 5
le **lait** [lɛ] die Milch **II 4E**
lancer qc [lɑ̃se] etw. werfen **⟨II M1⟩**
une **langue** [ynlɑ̃g] eine Sprache **II 6C**
se laver [səlave] sich waschen **⟨II M2⟩**
le lundi [ləlɛ̃di] montags/jeden Montag **I 5A**
une **leçon** [ynləsɔ̃] eine Lektion **I 1**
un **légume** [ɛ̃legym] ein Gemüse **I 7E**
le **lendemain** [ləlɑ̃dəmɛ̃] am Tag darauf **II 6E**
une **lettre** [ynlɛtʀ] ein Brief **II 2B**
la **liaison** [laljɛzɔ̃] die Bindung I 3B, 6
une **ligne** [ynliɲ] eine Zeile II 3C, 1; **II 6A**, 1; eine Linie II 5B, 4
lire qc [liʀ] etw. lesen **II 6B**
Lisez le poème à deux. [lizeləpɔɛmadø] Lest das Gedicht zu zweit. I 3E
Lisez ... [lize] Lest ... I 3E
Lis. [li] Lies. ⟨II 1Z⟩
une **liste** [ynlist] eine Liste **I 7A**, 5
une liste des courses [ynlistdekuʀs] eine Einkaufsliste/ein Einkaufszettel **I 7A**, 5

un **lit** [ɛ̃li] ein Bett **II 4C**
un **livre** [ɛ̃livʀ] ein Buch **I 8B**, 3
loin [lwɛ̃] weit **II 5C**
de loin [dəlwɛ̃] von weitem **II 5C**
les **loisirs** [lelwaziʀ] die Freizeit **II 1**, 5
le **look** [ləluk] der Look **II 3E**
un look d'enfer [ɛ̃lukdɑ̃fɛʀ] ein Wahnsinnslook **II 3C**
lundi *(m.)* [lɛ̃di] (am) Montag/am nächsten Montag **I 4C**
à lundi [alɛ̃di] Bis Montag! **I 4C**
lundi après-midi [lɛ̃diapʀɛmidi] Montagnachmittag **I 5B**
le lundi [ləlɛ̃di] montags/jeden Montag **I 5A**
lundi matin [lɛ̃dimatɛ̃] am Montagmorgen **I 5A**
des **lunettes** *(f., pl.)* [delynɛt] eine Brille **II 6A**, 3

M

madame ... [madam] Frau ... *(als Anrede)* **I 1**
Mme ... [madam] Frau ... *(Abkürzung von* Madame) **I 3A**, 1
Mademoiselle [madmwazɛl] *Anrede für eine junge Frau* **II 3C**, 3
un **magasin** [ɛ̃magazɛ̃] ein Geschäft/Laden **II 3A**
un grand magasin [ɛ̃gʀɑ̃magazɛ̃] ein Kaufhaus **I 6A**
un **magazine** [ɛ̃magazin] eine Zeitschrift **II 5B**
le **Maghreb** [ləmagʀɛb] der Magreb *(die Länder Tunesien, Algerien, Marokko)* 〈**II 5Z**〉
mai *(m.)* [mɛ] Mai **I 8A**, 4
un **maillot de bain** [ɛ̃majodəbɛ̃] eine Badehose/ein Badeanzug/ein Bikini **II 1**
une **main** [ynmɛ̃] eine Hand **II 2A**, 4
maintenant [mɛ̃t(ə)nɑ̃] jetzt **I 5B**
mais [mɛ] aber **I 3B**
Mais que faire? [mɛkəfɛʀ] Aber was tun? **I 8B**
une **maison** [ynmezõ] ein Haus **I 5B**
rentrer à la maison [ʀɑ̃tʀealamezõ] nach Hause gehen **I 5B**
avoir mal à la tête [avwaʀmalalatɛt] Kopfschmerzen haben **I 5B**
Pas mal. [pamal] Nicht schlecht./Ganz gut. **II 2A**, 4
Pas trop mal! [patʀomal] Ganz gut!/Es geht so! **II 2A**, 4
malade [malad] krank **I 5B**
maman [mamɑ̃] Mama/Mami **I 3A**
mamie *(fam.)* [mami] Oma/Omi *(ugs.)* *(Anrede für die Oma)* **I 7E**
manger qc [mɑ̃ʒe] etw. essen **I 7C**
un **marché** [ɛ̃maʀʃe] ein Markt **I 7E**
Ça marche! [samaʀʃ] Einverstanden! 〈**II M5**〉
mardi *(m.)* [maʀdi] Dienstag **I 5B**, 4
une **marinade** [ynmaʀinad] eine Marinade **I 7B**
une **marque** [ynmark] eine Marke 〈**II 3Z**〉
marrant/marrante [maʀɑ̃/maʀɑ̃t] lustig/witzig **II 3A**
marrant [maʀɑ̃] lustig/witzig **I 4A**
en avoir marre de qc *(fam.)* [ɑ̃navwaʀmaʀdə] die Nase von etw. voll haben *(ugs.)* **II 3C**
mars *(m.)* [maʀs] März **I 8A**, 4
un **match** [ɛ̃matʃ] ein Spiel/eine Runde/Partie **I 2B**
On fait un match? [õfɛɛ̃matʃ] Spielen wir eine Partie? **I 2B**
les **maths** [lemat] *(f., pl., fam.)* *(= les mathématiques)* Mathe **I 5A**
un **matin** [ɛ̃matɛ̃] ein Morgen **I 5A**
mauvais/mauvaise [movɛ/movɛz] schlecht **II 6A**
le **maximum** [ləmaksimɔm] das Maximum **II 1**, 5
la **mayonnaise** [lamajɔnɛz] die Majonäse **I 3E**
médiéval/médiévale [medjeval/medjeval] mittelalterlich 〈**II 6Z**〉
mégacool *(fam.)* [megakul] megacool *(ugs.)* 〈**II M3**, 4〉
le meilleur ... / la meilleure ... [ləmɛjœʀ/lamɛjœʀ] der beste .../die beste ... 〈**II M4**〉
mélanger qc [melɑ̃ʒe] etw. mischen/umrühren 〈**II 4Z**〉
le même/la même/les mêmes [ləmɛm/lamɛm/lemɛm] derselbe/dieselbe/dasselbe/dieselben **II 3C**
mentir [mɑ̃tiʀ] lügen **II 4B**
mentir à qn [mɑ̃tiʀ] jdn. anlügen/belügen **II 7**
la **mer** [lamɛʀ] das Meer **II 2B**
la **mère** [lamɛʀ] die Mutter **I 6E**
Merci. [mɛʀsi] Danke. **I 1**
mercredi *(m.)* [mɛʀkʀədi] Mittwoch **I 5B**, 4
un **message** [ɛ̃mɛsaʒ] eine Nachricht **II 4B**
un **mètre** [ɛ̃mɛtʀ] ein Meter 〈**II M4**〉
le **métro** [ləmetʀo] die Metro/U-Bahn **I 6A**
prendre le métro [pʀɑ̃dʀləmetʀo] die Metro nehmen **I 6A**
mettre qc [mɛtʀ] etw. setzen/stellen/legen/hineintun **I 7B**; etw. anziehen/anlegen **I 7C**
mettre la table [mɛtʀlatabl] den Tisch decken **I 7C**
mettre la radio fort [mɛtʀlaʀadjofɔʀ] das Radio laut stellen **II 4A**
à midi [amidi] mittags **I 5A**
midi et demie [midied(ə)mi] halb eins **I 6B**
mieux [mjø] besser **II 4C**
un **million** [ɛ̃miljõ] eine Million 〈**II 5Z**〉
mince/mince [mɛ̃s] dünn **II 6A**, 3
une **minijupe** [ynminiʒyp] ein Minirock **II 3E**
au minimum [ominimɔm] mindestens **II 1**, 5
une **minute** [ynminyt] eine Minute **I 3B**
Une minute! [ynminyt] Einen Moment (mal)! **I 6A**
Mme ... [madam] Frau ... *(Abkürzung von* Madame) **I 3A**, 1
moche/moche [mɔʃ] hässlich **II 3B**
la **mode** [lamɔd] die Mode **II 3C**, 2
être à la mode [ɛtʀalamɔd] modern sein/sich modisch kleiden **II 3C**, 2
moi [mwa] ich *(betont)* **I**
avec moi [avɛkmwa] mit mir **I 3E**
C'est à moi. [sɛtamwa] Ich bin dran. **I 7A**
C'est moi ... [sɛmwa] Ich *(betont)* bin ... **II 3B**, 4
chez moi [ʃemwa] bei mir **I 4C**
moins [mwɛ̃] weniger **I 7A**, 3
quatre heures moins dix [katʀœʀmwɛ̃dis] zehn vor vier **I 5B**
quatre heures moins le quart [katʀœʀmwɛ̃l(ə)kaʀ] Viertel vor vier **I 5B**
au moins [omwɛ̃] wenigstens **II 4E**
moins fort [mwɛ̃fɔʀ] leiser **II 4A**
les enfants de moins de ... ans [lezɑ̃fɑ̃dəmwɛ̃də ... ɑ̃] die Kinder unter ... Jahren 〈**II 7Z**〉
moins haut (que) [mwɛ̃okə] kleiner/tiefer (als) 〈**II M4**〉
un **mois** [ɛ̃mwa] ein Monat 〈**II 7Z**〉
par mois [paʀmwa] monatlich 〈**II 7Z**〉
en ce moment [ɑ̃səmɔmɑ̃] zurzeit **II 3C**, 3
le **monde** [ləmõd] die Welt **II 7**
tout le monde [tuləmõd] jeder/alle **II 7**
monsieur ... [məsjø] Herr ... *(als Anrede)* **I 1**
M. ... [məsjø] Herr ... *(Abkürzung von Monsieur)* **I 3A**, 1

monter [mɔ̃te] hinaufgehen/hinaufsteigen **II 2B**
monter (dans qc) [mɔ̃te] (in etw.) einsteigen **II 5A**
monter dans un arbre [mɔ̃tedɑ̃zɛ̃naʀbʀ] auf einen Baum klettern **⟨II M1⟩**
montrer qc [mɔ̃tʀe] etw. zeigen **I 4E**
Je montre le collège à Nicolas. Ich zeige Nicolas das Collège. **I 5A**
un **mot** [ɛ̃mo] ein Wort I 1, 6; **II 6B**
un **mot-clé**/des **mots-clés** [ɛ̃mokle/demokle] ein Schlüsselwort/Schlüsselwörter **II 6B**
mouillé [muje] nass **I 9**
un **moule** [ɛ̃mul] eine Form/Backform **⟨II 4Z⟩**
un **musicien** [ɛ̃myzisjɛ̃] ein Musiker **I 6C**
la **musique** [lamyzik] die Musik **I 4E**
une école de musique [ynekɔldəmyzik] eine Musikschule **I 4E**

N

nager [naʒe] schwimmen **II 1**
la **natation** [lanatasjɔ̃] das Schwimmen **II 1E**
faire de la natation [fɛʀdəlanatasjɔ̃] schwimmen **II 1E**
ne … pas [nə…pa] nicht **I 4B**
ne … pas encore [nə…pa(z)ɑ̃kɔʀ] noch nicht **II 2C**
ne … rien [nə…ʀjɛ̃] nichts **II 2C**
ne … plus [nə…ply] nicht mehr **II 3C**
ne … pas de [nə…padə] keinen/keine/kein **II 4A**
ne … plus de … [nə…plydə] kein/keine/keinen … mehr **II 4A**
ne … pas du tout [nə…padytu] überhaupt nicht **II 6C,** 2
ne … pas non plus [nə…panɔ̃ply] auch nicht **II 7**
ne … jamais [nə…ʒamɛ] nie/niemals **II 7**
ne … personne [nə…pɛʀsɔn] niemand **⟨II M5⟩**
la **neige** [lanɛʒ] der Schnee **⟨II 4Z⟩**
battre en neige [batʀɑ̃nɛʒ] steif schlagen **⟨II 4Z⟩**
noir/noire [nwaʀ/nwaʀ] schwarz **II 3E**
un **nom** [ɛ̃nɔ̃] ein Name **I 4B**
un **nombre** [ɛ̃nɔ̃bʀ] eine Zahl **I 3E**
Non. [nɔ̃] Nein. **I 1**
… , non? [nɔ̃] … , nicht wahr/oder? **I 2B**

un **non-fumeur** [ɛ̃nɔ̃fymœʀ] ein Nichtraucher **II 5B,** 5
une **note** [ynnɔt] eine Note/Schulnote **I 7C**
prendre des notes [pʀɑ̃dʀdenɔt] sich Notizen machen **II 6B**
Prenez des notes. Macht euch Notizen. II 4B, 5
un **nouveau** [ɛ̃nuvo] ein Neuer/neuer Schüler **I 5E**
nouveau/nouvel/nouvelle/nouveaux/nouvelles [nuvo/nuvɛl/nuvɛl/nuvo/nuvɛl] neu **II 3B**
novembre *(m.)* [nɔvɑ̃bʀ] November **I 8A,** 4
NRJ [ɛnɛʀʒi] Radiosender NRJ **⟨II 4Z⟩**
nul/nulle [nyl/nyl] blöd/doof/öde/schlecht **II 4B**
C'est nul. *(fam.)* [sɛnyl] Das ist blöd/doof/öde. *(ugs.)* **II 1**
C'est trop nul! [sɛtʀonyl] Das ist zu/total doof! **II 3E**
un **numéro** [ɛ̃nymeʀo] eine Nummer **I 5A,** 6
un numéro de téléphone [ɛ̃nymeʀodətelefɔn] eine Telefonnummer **I 5A,** 6
un numéro de portable [ɛ̃nymeʀod(ə)pɔʀtabl] eine Handynummer **I 8A**

O

un objet [ɛ̃nɔbʒɛ] eine Sache II 5E
octobre *(m.)* [ɔktɔbʀ] Oktober **I 5B,** 4
une **odeur** [ynɔdœʀ] ein Geruch **⟨II 7Z⟩**
un **œil**/des **yeux** [ɛ̃nœj/dezjø] ein Auge/Augen **II 6A,** 3
Mon œil! *(fam.)* [mɔ̃nœj] Wer's glaubt, wird selig!/Von wegen! *(ugs.)* **II 4B**
un **œuf**/des **œufs** [ɛ̃nœf/dezø] ein Ei/Eier **⟨II 4Z⟩**
offrir qc à qn [ɔfʀiʀ] jdm. etw. anbieten/schenken **II 7**
offrir son aide à qn [ɔfʀiʀsɔ̃nɛd] jdm. seine Hilfe anbieten **II 7**
offrir un verre à qn [ɔfʀiʀɛ̃vɛʀ] jdn. auf ein Glas einladen **II 7,** 5
Oh là là! [ɔlala] Ah! *(Ausdruck der Überraschung)* **I 8B**
un **oignon** [ɛ̃nɔɲɔ̃] eine Zwiebel **I 7E**
O.K. [ɔke] o.k. **I 8E**
on dit [ɔ̃di] man sagt I 1, 4
on fait [ɔ̃fɛ] man macht/wir machen **I 2B**

On sonne. [ɔ̃sɔn] Es (jemand) klingelt. **II 4A**
un **oncle** [ɛ̃nɔ̃kl] ein Onkel **II 5C,** 3
une **orange** [ynɔʀɑ̃ʒ] eine Orange/Apfelsine **I 2A**
un **ordinateur** [ɛ̃nɔʀdinatœʀ] ein Computer **I 3B**
organiser qc [ɔʀganize] etw. organisieren **I 8E**
ou [u] oder **I 3A,** 3
où [u] wo/wohin **I 2A**
C'est où? [sɛu] Wo ist das? **I 2A**
d'où [du] woher **I 2B**
Où est … ? [uɛ] Wo ist … ? **I 3A**
Tu vas où? [tyvau] Wohin gehst du? **I 5A,** 2
Où ça? *(fam.)* [usa] Wo denn? *(ugs.)* **⟨II M5⟩**
Ouah! [wa] Wau! **I**
Ouais! *(fam.)* [wɛ] Ja! *(ugs.)* **II 3E**
oublier qc [ublije] etw. vergessen **II 4A**
l'**ouest** *(m.)* [lwɛst] der Westen **⟨II 6Z⟩**
Ouf! [uf] Uff! **I 9**
Oui. [wi] Ja. **I 1**
Ben oui. [bɛ̃wi] Na klar! **I 7C**
ouvert/ouverte [uvɛʀ/uvɛʀt] offen **II 6C**
une journée portes ouvertes [ynʒuʀnepɔʀtuvɛʀt] ein Tag der offenen Tür **II 6C**
ouvrir qc [uvʀiʀ] etw. öffnen **II 7**

P

une **page** [ynpaʒ] eine Seite **I 4E**
une page Internet [ynpaʒɛ̃tɛʀnɛt] eine Internetseite **I 4E**
le **pain** [ləpɛ̃] das Brot **II 4E**
la **panique** [lapanik] die Panik **⟨II M2⟩**
paniquer [panike] in Panik geraten **II 2C**
un **pantalon** [ɛ̃pɑ̃talɔ̃] eine Hose **II 1**
un **jeu de pantomime** [ɛ̃ʒødəpɑ̃tɔmim] ein Spiel mit Pantomimen **I 8B,** 3
papa [papa] Papa **I 3A**
papi *(fam.)* [papi] Opa *(Anrede für den Großvater)* **II 4B**
Pâques *(f., pl.)* [pak] Ostern **II 5E**
un paquet [ɛ̃pakɛ] ein Paket/Stapel I 4A, 5
par exemple [paʀɛgzɑ̃pl] zum Beispiel **II 6A**
par mois [paʀmwa] monatlich **⟨II 7Z⟩**
le **paradis** [ləpaʀadi] das Paradies **⟨II 4Z⟩**

un **parc** [ɛ̃paʀk] ein Park **I 2B**
parce que [paʀskə] weil **I 8A**
Pardon. [paʀdɔ̃] Entschuldigung. **I 7A**
les **parents** *(m.)* [lepaʀɑ̃] die Eltern **I 8B**
parler (de qc) à qn/avec qn mit jdm. (über etw.) sprechen **II 6B**
partager qc [paʀtaʒe] etw. teilen **II 2B**
une **partie** [ynpaʀti] ein Teil/Abschnitt I 6C, 1
en partie [ɑ̃paʀti] zum Teil/teilweise ⟨**II 6Z**⟩
partir [paʀtiʀ] weggehen **II 4B**
partir de qc [paʀtiʀ] von etw. abgehen ⟨**II M4**⟩
à partir de … ans [apaʀtiʀdə … ɑ̃] ab … Jahren ⟨**II 7Z**⟩
partout [paʀtu] überall **II 6C**
ne … pas [nə … pa] nicht **I 4B**
Pas de problème! [pad(ə)pʀɔblɛm] Kein Problem! **I 7A, 2**
Pas mal! [pamal] Ganz gut!/Nicht schlecht! **II 2A, 4**
Oh non, pas elle! *(fam.)* [ɔnɔ̃paɛl] Oh nein, bloß nicht die schon wieder! *(ugs.)* **II 3A**
ne … pas de [nə…padə] keinen/keine/kein **II 4A**
ne … pas du tout [nə…padytu] überhaupt nicht **II 6C, 2**
il n'y a pas que … [ilnyapakə] es gibt nicht nur … ⟨**II 7Z**⟩
le **passé composé** [ləpasekɔ̃poze] das Passé composé **II 2E**
passer qc [pase] etw. geben/reichen **II 4C, 2**
passer qc [pase] etw. verbringen **II 1**
passer (les/ses vacances) [pasele/sevakɑ̃s] (die Ferien) verbringen **II 1**
un **peintre** [ɛ̃pɛ̃tʀ] ein Maler **I 6B**
pendant [pɑ̃dɑ̃] während **II 3A**
pendant des heures [pɑ̃dɑ̃dezœʀ] stundenlang **II 3A**
pendant ce temps [pɑ̃dɑ̃s(ə)tɑ̃] währenddessen **II 6B**
penser à qn/qc [pɑ̃sea] an jdn./etw. denken **I 8B**
penser de qc [pɑ̃se] über etw. denken **II 6C**
perdre qc [pɛʀdʀ] etw. verlieren **II 5C**
le **père** [ləpɛʀ] der Vater **I 6E**
une **personne** [ynpɛʀsɔn] eine Person **I 6A**
petit/petite [p(ə)ti/p(ə)tit] klein **II 3B**
le petit copain/la petite copine [ləp(ə)tikɔpɛ̃/lap(ə)titkɔpin] der Freund/die Freundin *(mit dem/der man „geht")* **II 3B, 4**
une petite peste [ynpətitpɛst] eine Nervensäge **II 2E**
un **petit-déjeuner** [ɛ̃p(ə)tideʒøne] ein Frühstück **II 2E**
un **petit pain** [ɛ̃p(ə)tipɛ̃] ein Brötchen ⟨**II M4, 7**⟩
les **petits-enfants** *(m., pl.)* [leptizɑ̃fɑ̃] die Enkel **II 5A, 1**
un peu [ɛ̃pø] ein bisschen/wenig **I 6C, 3**
un peu de [ɛ̃pødə] ein wenig/bisschen … *(bei Mengen)* **I 7B**
la **peur** [lapœʀ] die Angst **II 2C**
avoir peur de qn/qc [avwaʀpœʀ] Angst vor jdm./etw. haben **II 2C**
Tu as eu peur. [tyaypœʀ] Du hast Angst bekommen. **II 2C**
peut-être [pøtɛtʀ] vielleicht **II 4B**
une **photo** [ynfɔto] ein Foto **I 4E**
prendre des photos [pʀɑ̃dʀdefɔto] Fotos machen/fotografieren **I 6A**
une **phrase** [ynfʀaz] ein Satz I 2E
un **pied** [ɛ̃pje] ein Fuß **II 2A, 4**
à pied [apje] zu Fuß **II 5C**
un **piercing** [ɛ̃pɛʀsiŋ] ein Piercing **II 6A, 3**
le **ping-pong** [ləpiŋpɔ̃g] (das) Tischtennis *(als Sportart)* **I 4B**
un **pique-nique** [ɛ̃piknik] ein Picknick **I 9**
une **pizza** [ynpidza] eine Pizza **I 6A, 3**
une **place** [ynplas] ein Platz **I 6B**
prendre place [pʀɑ̃dʀplas] Platz nehmen **II 5B**
une **plage** [ynplaʒ] ein Strand **II 2B**
plaire à qn [plɛʀ] jdm. gefallen **II 3A**
s'il te plaît [siltəplɛ] bitte *(zu jemandem, den man duzt)* **I 5B**
s'il vous plaît [silvuplɛ] bitte *(zu jemandem, den man siezt bzw. zu mehreren Personen)* **I 5B**
Le sketch m'a plu. [ləskɛtʃmaply] Der Sketsch hat mir gefallen. **II 6C**
un **plan** [ɛ̃plɑ̃] ein Plan **I 2E**
Il pleut. [ilplø] Es regnet. ⟨**II M5**⟩
Plouf! [pluf] Platsch! **I 9**
la plupart des … [laplypaʀde] die meisten … ⟨**II 7Z**⟩
plus [plys] mehr **I 7A, 3**
A plus!/ A + (= A plus tard) *(fam.)* [aplys] Bis später! *(ugs.)*/Tschüs! **II 4B, 5**
la plus belle ville [laplybɛlvil] die schönste Stadt ⟨**II M4**⟩
ne … plus [nəply] nicht mehr **II 3C**
ne … plus de … [nəplydə] kein/keine/keinen … mehr **II 4A**
plus haut (que) [plyokə] höher (als) ⟨**II M4**⟩
plusieurs [plyzjœʀ] mehrere **II 6C**
plus tard [plytaʀ] später **I 3B**
une **poche** [ynpɔʃ] eine (Hosen-)Tasche **II 7**
un **poème** [ɛ̃pɔɛm] ein Gedicht **I 3E**
la **pointure** [lapwɛ̃tyʀ] die Schuhgröße **II 3C, 3**
Quelle est votre pointure? [kɛlɛvɔtʀpwɛ̃tyʀ] Welche Schuhgröße haben Sie? **II 3C, 3**
le **poivre** [ləpwavʀ] der Pfeffer **I 7B**
la **police** [lapɔlis] die Polizei **II 2E**
une **pomme** [ynpɔm] ein Apfel **I 7E**
un **portable** [ɛ̃pɔʀtabl] ein Handy **I 8A**
une **porte** [ynpɔʀt] eine Tür **II 2B**
un **porte-bonheur**/des **porte-bonheurs** [ɛ̃pɔʀtbɔnœʀ/depɔʀtbɔnœʀ] ein Glücksbringer **I 7C**
un **portefeuille** [ɛ̃pɔʀt(ə)fœj] eine Brieftasche **I 9**
porter qc [pɔʀte] etw. tragen **II 3E**
un **portrait** [ɛ̃pɔʀtʀɛ] ein Bild *(einer Person)* **I 6B**
poser des questions [pozedekɛstjɔ̃] Fragen stellen I 2B, 2; **I 8A, 5**
poser des question sur qc [pozedekɛstjɔ̃syʀ] Fragen stellen über etw. **I 6A, 4**
poser des questions à qn [pozedekɛstjɔ̃] jdm. Fragen stellen **II 6E**
la **poste** [lapɔst] die Post **II 7, 10**
un **poster** [ɛ̃pɔstɛʀ] ein Poster ⟨**II 2Z**⟩
un **poulet** [ɛ̃pulɛ] ein Hähnchen **I 1**
pour [puʀ] für **I 3E**
pour qui [puʀki] für wen **I 4A, 3**
pour moi [puʀmwa] für mich **I 6C**
pour trouver … [puʀtʀuve] um … zu finden **I 7C**
pour (faire) qc [puʀfɛʀ] um (etw. zu tun) **II 2A**
pour … [puʀ] was … angeht **II 6A**
un **pour cent** [ɛ̃puʀsɑ̃] ein Prozent **II 6C**
Pourquoi …? [puʀkwa] Warum …? **I 8A**
pousser qn [puse] jdn. stoßen/schubsen **II 2A**
Ils m'ont poussé. [ilmɔ̃puse] Sie haben mich gestoßen/geschubst. **II 2A**
pousser qc [puse] *hier:* etw. schieben ⟨**II M5**⟩
pouvoir [puvwaʀ] können **I 9**
pouvoir faire qc [puvwaʀfɛʀ] etw. tun können **I 9**
pratiquer un sport [pʀatikeɛ̃spɔʀ] eine Sportart ausüben ⟨**II M3**⟩

préchauffé/préchauffée [pʀeʃofe] vorgeheizt ⟨**II 4Z**⟩
préféré/préférée [pʀefeʀe] Lieblings- **II 5B**
le sport préféré [ləspɔʀpʀefeʀe] die Lieblingssportart **II 1E**
préférer faire qc [pʀefeʀefɛʀ] vorziehen etw. zu tun/etw. lieber tun **I 7C**
le **premier**/les **premiers**/la **première**/les **premières …** [ləpʀəmje/lepʀəmje/lapʀəmjɛʀ/lepʀəmjɛʀ] der erste …/die erste(n) … **II 5B**
le premier mars [ləpʀəmjemaʀs] der erste März **I 8A, 4**
prendre qc [pʀɑ̃dʀ] etw. nehmen **I 6A**
Qu'est-ce que vous prenez? [kɛskəvupʀəne] Was darf es sein? **I 6C**
prendre son petit-déjeuner [pʀɑ̃dʀsõp(ə)tideʒøne] frühstücken **II 2E**
Prenez des notes. [pʀənedenɔt] Macht euch Notizen. II 4B, 5
prendre place [pʀɑ̃dʀplas] Platz nehmen **II 5B**
prendre qc à qn [pʀɑ̃dʀ] *hier:* jdm. etw. wegnehmen **II 6E**
prendre contact avec qn [pʀɑ̃dʀkõtaktavɛk] mit jdm. Kontakt aufnehmen **II 6A, 4**
prendre des photos [pʀɑ̃dʀdefɔto] Fotos machen/fotografieren **I 6A**
prendre le métro [pʀɑ̃dʀləmetʀo] die Metro nehmen **I 6A**
prendre l'escalier [pʀɑ̃dʀlɛskalje] die Treppe nehmen **I 6A**
un **prénom** [ɛ̃pʀenõ] ein Vorname **I 4B**
une **préparation** [ynpʀepaʀasjõ] eine Vorbereitung ⟨**II 4Z**⟩
préparer qc [pʀepaʀe] etw. vor-/zubereiten **I 3A**
une **préposition** [ynpʀepozisjõ] eine Präposition II 2B, 4
près [pʀɛ] nahe **II 5C**
près de qc [pʀɛdə] nahe bei/neben etw. **II 5C**
le **présent** [ləpʀezɑ̃] die Gegenwart/das Präsens II 2E
présenter qc [pʀezɑ̃te] etw. vorstellen/präsentieren II 1E; **II 5B**
presque [pʀɛsk] fast ⟨**II M4**⟩
être pressé(s)/pressée(s) [ɛtʀpʀese] es eilig haben **II 5C**
prêter qc [pʀete] etw. leihen ⟨**II 7Z**⟩
une **preuve** [ynpʀœv] ein Beweis II 3C, 1
un **principal**/une **principale** [ɛ̃pʀɛ̃sipal/ynpʀɛ̃sipal] ein Rektor/eine Rektorin *am Collège* **II 6A**
un **prix**/des **prix** [ɛ̃/depʀi] ein Preis/Preise **II 3A**
un **problème** [ɛ̃pʀɔblɛm] ein Problem **I 3B**
prochain/prochaine [pʀɔʃɛ̃/pʀɔʃɛn] nächster/nächste/nächstes **II 5C**; ⟨**II M5**⟩
un/une **prof** *(fam.)* = un/une **professeur** [ɛ̃/ynpʀɔf] ein Lehrer/eine Lehrerin *(ugs.)* **I 4E**
un/une prof d'allemand *(fam.)* [ɛ̃/ynpʀɔfdalmɑ̃] ein Deutschlehrer/eine Deutschlehrerin *(ugs.)* **I 4E**
le **professeur principal**/la **professeur principale** [lə/lapʀɔfɛsœʀpʀɛ̃sipal] der Klassenlehrer/die Klassenlehrerin **II 6A**
un **projet** [ɛ̃pʀɔʒɛ] ein Projekt **I 4E**
promettre qc [pʀɔmɛtʀ] etw. versprechen **II 3A**
promettre à qn de faire qc [pʀɔmɛtʀ] jdm. versprechen etw. zu tun **II 3A**
Promis! [pʀɔmi] Versprochen! **II 3A**
un **verbe pronominal** [ɛ̃vɛʀbpʀonominal] ein Reflexivverb ⟨**II M2, 1**⟩
proposer qc à qn [pʀɔpoze] jdm. etw. vorschlagen ⟨**II M3**⟩
puis [pɥi] dann/danach **I 4B**
un **pull** [ɛ̃pyl] ein Pulli **I 2E**
la **purée** [lapyʀe] das Püree **II 4A**

Q

quand [kɑ̃] wann **I 6C, 4**
quand [kɑ̃] wenn/als **II 7**
quatre heures moins le quart [katʀœʀmwɛ̃l(ə)kaʀ] Viertel vor vier **I 5B**
un **quartier** [ɛ̃kaʀtje] ein Stadtviertel **I 2A**
que [kə] dass *(Konjunktion)* **II 6C**
Il explique que … [ilɛksplikkə] er erklärt, dass … **II 6C**
Que …? [kə] Was … ? **I 3A**
Que fait … ? [kəfɛ] Was macht … ? **I 3A**
que [kə] als ⟨**II M4**⟩
Qu'est-ce que …? [kɛskə] Was …? **I 2B**
Qu'est-ce que c'est? [kɛskəsɛ] Was ist das? **I 2B**
Qu'est-ce que c'est en français? [kɛskəsɛɑ̃fʀɑ̃sɛ] Was heißt das auf Französisch? **I 2B**
Qu'est-ce qu'il y a … ? [kɛskilja] Was ist /gibt es … ? **I 3B**
Qu'est-ce qu'il y a? [kɛskilja] *hier:* Was ist los/Was gibt es? **I 5B**
quel/quelle/quels/quelles [kɛl] welcher/welche/welches **II 5B**
Quel titre va avec quelle partie du texte? Welcher Titel passt zu welchem Textteil? I 6A, 1
Elles ont quel âge? [ɛlzõkɛlaʒ] Wie alt sind sie? **I 4C, 2**
Quelle journée! [kɛlʒuʀne] Was für ein Tag! **II 5C, 5**
Quelle est votre pointure? [kɛlɛvɔtʀpwɛ̃tyʀ] Welche Schuhgröße haben Sie? **II 3C, 3**
quelques [kɛlkə] einige/ein paar **II 5B**
quelque chose [kɛlk(ə)ʃoz] etwas **II 6A**
quelqu'un [kɛlkɛ̃] jemand ⟨**II M5**⟩
une **question** [ynkɛstjõ] eine Frage I 2B, 4; **I 8A, 5**
poser des questions sur qc [pozedekɛstjõsyʀ] Fragen stellen über etw. **I 6A, 4**
Qui …? [ki] Wer …? *(Fragepronomen)* **I 3B**
Qui est-ce? [kiɛs] Wer ist das? **I 1**
pour qui [puʀki] für wen **I 4A, 3**
avec qui [avɛk(k)i] mit wem **I 5B, 4**
C'est à qui? [sɛtaki] Wer ist dran? **I 7A**
Qui a bien pu téléphoner? [kiabjɛ̃pytelefone] Wer hat wohl angerufen? **II 4B**
une **quiche** [ynkiʃ] eine Quiche **I 1**
quitter qn [kite] jdn. verlassen; *hier:* sitzen lassen **II 2C**
Tu m'as quitté. [tymakite] Du hast mich sitzen lassen. **II 2C**
un **quiz** [ɛ̃kwis] ein Quiz ⟨**II 6Z**⟩
Quoi? [kwa] Was? **II 3C**
Vous savez quoi? [vusavekwa] Wisst ihr was? **II 3C**
de quoi [dəkwa] wovon **II 6B**

R

un **racket** [ɛ̃ʀakɛt] eine Erpressung **II 6E**
un **racketteur**/une **racketteuse** [ɛ̃ʀakɛtœʀ/ynʀakɛtøz] ein Erpresser/eine Erpresserin **II 6A**
raconter qc [ʀakõte] etw. erzählen **II 2C**
Racontez. [ʀakõte] Erzählt. I 5B, 2
la **radio** [laʀadjo] das Radio **II 4A**
mettre la radio fort [mɛtʀlaʀadjofɔʀ] das Radio laut stellen **II 4A**

une **raison** [ynʀɛzõ] ein Grund II 3C, 1
avoir raison [avwaʀʀɛzõ] Recht haben II 3B
une **rando** [ynʀɑ̃do] *(fam.)* = une **randonnée** eine Tour/Wanderung *(ugs.)* I 8B
une rando roller [ynʀɑ̃doʀɔlœʀ] eine Skatertour I 8B
une rando en canoë [ynʀɑ̃doɑ̃kanɔe] eine Kanutour II 1
ranger qc [ʀɑ̃ʒe] etw. aufräumen II 4A
le **rap** [ləʀap] der Rap I 3E
rater qc [ʀate] etw. verpassen II 5C, 3
une **recette** [ynʀəsɛt] ein Kochrezept I 7A
recevoir qc [ʀəsəvwaʀ] etw. erhalten II 7Z
une **recherche** [ynʀəʃɛʀʃ] eine Recherche/Nachforschung I 4A
Recherchez … [ʀəʃɛʀʃe] Recherchiert …/Sucht … II 5B, 1
la **récré** *(fam.)* (= la récréation) [laʀekʀe] die (Schul-)Pause II 4E
une **réduction** [ynʀedyksjõ] eine Ermäßigung/ein Rabatt II 5B, 5
refermer qc [ʀəfɛʀme] etw. wieder schließen II 3B
regarder qc [ʀəgaʀde] etw. ansehen/anschauen/betrachten I 4E
Regardez le texte. [ʀəgaʀdelətɛkst] Seht euch den Text an. I 2A, 1
se regarder [səʀəgaʀde] sich ansehen ⟨II M2⟩
une **région** [ynʀeʒjõ] eine Region/Gegend I 4B
une **règle** [ynʀɛglə] eine Regel I 4E
Trouvez la règle. [truvelaʀɛgl] Findet die Regel. I 4E
réglé/réglée [ʀegle] geregelt II 6B
Relisez. [ʀəlize] Lest noch einmal. I 9, 1
remarquer qc [ʀəmaʀke] etw. bemerken II 4E
remplacer qn/qc [ʀɑ̃plase] jdn./etw. ersetzen II 6E; ⟨II M5, 1⟩
rencontrer qn [ʀɑ̃kõtʀe] jdn. treffen I 7A
un **rendez-vous** [ɛ̃ʀɑ̃devu] eine Verabredung/ein Treffen I 4C
avoir rendez-vous avec qn [avwaʀʀɑ̃devu] eine Verabredung mit jdm. haben/sich mit jdm. treffen I 4C
rendre qc [ʀɑ̃dʀ] etw. zurückgeben ⟨II 7Z⟩
rentrer [ʀɑ̃tʀe] zurückkehren/zurückkommen I 5B
rentrer à la maison [ʀɑ̃tʀealamezõ] nach Hause gehen I 5B
Répétez. [ʀepete] Wiederholt. I 1, 7
un **répondeur** [ɛ̃ʀepõdœʀ] ein Anrufbeantworter II 4B
répondre [ʀepõdʀ] antworten II 5C
répondre que … [ʀepõdʀkə] antworten, dass … II 6C
une **réponse** [ynʀepõs] eine Antwort I 8E
la bonne réponse [labɔnʀepõs] die richtige Antwort II 2E
un **reporter**/une **reporter** [ɛ̃ʀəpɔʀtɛʀ/ynʀəpɔʀtɛʀ] ein Reporter/eine Reporterin I 3B, 2
une **réservation** [ynʀezɛʀvasjõ] eine Reservierung II 5B, 5
le **respect** [ləʀɛspɛ] die Rücksichtnahme II 6C
respecter qn/qc [ʀɛspɛkte] jdn./etw. respektieren/achten II 6C
rester [ʀɛste] bleiben I 5B
un **résultat** [ɛ̃ʀezylta] ein Ergebnis/Resultat I 8E; II 6C
un **résumé** [ɛ̃ʀezyme] eine Zusammenfassung I 7A, 1
Résumez. [ʀezyme] Fasst zusammen. I 6C, 1
le **retard** [ləʀətaʀ] die Verspätung II 5A
être en retard [ɛtʀɑ̃ʀətaʀ] spät dran sein/zu spät kommen II 5A
retourner [ʀətuʀne] zurückkehren II 4A
retrouver qn [ʀətʀuve] jdn. (wieder) treffen II 2C
se réveiller [səʀevɛje] wach werden/aufwachen ⟨II M2⟩
rêver de qc [ʀɛvedə] von etw. träumen I 5B, 3
Au revoir! [ɔʀvwaʀ] Auf Wiedersehen! I 1
riche/riche [ʀiʃ] reich ⟨II 7Z⟩
ne … rien [nə… ʀjɛ̃] nichts II 2C
rigoler [ʀigɔle] Spaß haben/herumalbern I 9
Tu veux rigoler un peu? *(fam.)* [tyvøʀigɔleɛ̃pø] Willst du mal was zu lachen haben? *(ugs.)* II 3C
Tu rigoles! *(fam.)* [tyʀigɔl] Du spinnst wohl! *(ugs.)* II 4B
le **riz** [ləʀi] der Reis I 7A
une **robe** [ynʀɔb] ein Kleid II 3A
un **rocher** [ɛ̃ʀɔʃe] ein Fels/Felsen II 2E
un **rôle** [ɛ̃ʀol] eine Rolle II 1, 6
le **roller** [ləʀɔlœʀ] das Inlineskaten *(als Sportart)* I 4B
un club de roller [ɛ̃klœbdəʀɔlœʀ] ein Skaterclub I 8E
un **roman-photo** [ɛ̃ʀɔmɑ̃fɔto] ein Fotoroman ⟨II 4Z⟩
rose/rose [ʀoz] rosa ⟨II 6Z⟩
rouge/rouge [ʀuʒ/ʀuʒ] rot II 3E
une **rue** [ynʀy] eine Straße I 2A
le **rugby** [ləʀygbi] das Rugby(-Spiel) II 1E
une équipe de rugby [ynekipdəʀygbi] eine Rugbymannschaft II 5B

S

un **sac** [ɛ̃sak] eine Tasche/Tüte/ein Rucksack I 2E
un **sac à dos** [ɛ̃sakado] ein Rucksack II 3A, 4
un **sachet** ein Päckchen ⟨II 4Z⟩
Je ne sais pas. [ʒənəsɛpa] Keine Ahnung./Ich weiß (es) nicht. I 4C
Je sais. [ʒəsɛ] Ich weiß (es). II 2E
une **salade** [ynsalad] ein Salat I 7B
une salade de fruits [ynsaladdəfʀɥi] ein Obstsalat I 7B
un **saladier** [ɛ̃saladje] eine Schüssel ⟨II 4Z⟩
une **salle** [ynsal] ein Saal/Raum I 5A
une salle vidéo [ynsalvideo] ein Videoraum I 5A
la **salle de bains** [lasaldəbɛ̃] das Badezimmer ⟨II M2⟩
un **salon** [ɛ̃salõ] ein Wohnzimmer I 3A
Salut! *(fam.)* [saly] Hallo! *(ugs.)* I ; Tschüs! *(ugs.)* I 1
samedi *(m.)* [samdi] (am) Samstag/am nächsten Samstag I 4C
un **sandwich** [ɛ̃sɑ̃dwitʃ] ein Sandwich/belegtes Brot I 6B
sans [sɑ̃] ohne II 2B
sauf [sof] außer II 7
sauf moi [sofmwa] außer mir II 7
Vous savez quoi? [vusawekwa] Wisst ihr was? II 3C
une **scène** [ynsɛn] eine Szene I 2B, 4; II 6C
scolaire/scolaire [skɔlɛʀ] schulisch II 6A, 4
un **scooter** [ɛ̃skutœʀ] ein Roller/Motorroller II 7E
le **sel** [ləsɛl] das Salz I 7B
une **semaine** [yns(ə)mɛn] eine Woche I 8E
sentir [sɑ̃tiʀ] riechen II 4C
Ça sent bon. [sasɑ̃bõ] Das riecht (aber) gut. II 4C
séparer qc [sepaʀe] etw. trennen ⟨II 4Z⟩
septembre *(m.)* [sɛptɑ̃bʀ] September I 5A
sérieux/sérieuse [seʀjø/seʀjøz] ernsthaftig ⟨II 7Z⟩
seulement [sœlmɑ̃] nur ⟨II 7Z⟩; ⟨II M4⟩

le **shopping** [ləʃɔpiŋ] das Shoppen/Einkaufen II 1E
faire du shopping *(fam.)* [fɛʀdyʃɔpiŋ] einkaufen gehen/shoppen gehen *(ugs.)* II 1E
si [si] so ⟨II 3Z⟩
Si. [si] Doch. *(Antwort auf eine verneinte Frage)* II 3C
si [si] wenn/falls I 9
s'il te plaît [siltəplɛ] bitte *(zu jemandem, den man duzt)* I 5B
s'il vous plaît [silvuplɛ] bitte *(zu jemandem, den man siezt bzw. zu mehreren Personen)* I 5B
signer qc [siɲe] etw. unterschreiben; *hier:* etw. signieren/mit Autogramm versehen II 5C
un **site internet** [ɛ̃sitɛ̃tɛʀnɛt] eine Homepage ⟨II 5Z⟩
une **situation** [ynsitɥasjɔ̃] eine Situation I 6C, 2
un **sketch** [ɛ̃skɛtʃ] ein Sketsch II 6C
le **ski** [ləski] der Ski/das Skifahren II 1E
faire du ski [fɛʀdyski] Ski fahren II 1E
une **sœur** [ynsœʀ] eine Schwester I 4C
avoir soif [avwaʀswaf] Durst haben I 8B
un **soir** [ɛ̃swaʀ] ein Abend I 7B; eines Abends ⟨II 2Z⟩
une **soirée** [ynswaʀe] ein Abend *(im Verlauf); hier:* eine Party/Fete I 4C
les **soldes** *(m., pl.)* [lesɔld] der Ausverkauf/Schlussverkauf II 3A
sonner [sɔne] klingeln/läuten I 4C
sonner chez qn [sɔneʃe] bei jdm. klingeln I 4C
sortir [sɔʀtiʀ] hinausgehen/weggehen II 4B
la **soupe** [lasup] die Suppe II 4A
sous [su] unter II 5E
un **souvenir** [ɛ̃suvəniʀ] ein Souvenir/eine Erinnerung ⟨II M5⟩
souvent [suvɑ̃] oft I 7C, 3
une **spécialité** [ynspesjalite] eine Spezialität ⟨II 6Z⟩
le **sport** [ləspɔʀ] (der) Sport/die Sportart II 1E
faire du sport [fɛʀdyspɔʀ] Sport treiben II 1E
une **star** [ynstaʀ] ein Star II 3Z
une **station** [ynstasjɔ̃] eine Haltestelle/Station I 6A
les **statistiques** *(f., pl.)* [lestatistik] die Statistik II 6C, 4
une **stratégie** [ynstʀateʒi] eine Strategie/Lerntechnik I 1, 5
le **sucre** [ləsykʀ] der Zucker II 4C, 2
le sucre vanillé [ləsykʀvanije] der Vanillezucker ⟨II 4Z⟩
le sucre en poudre [ləsykʀɑ̃pudʀ] der Puderzucker ⟨II 4Z⟩
le **sud** [ləsyd] der Süden ⟨II 6Z⟩
le Sud-Ouest [ləsydwɛst] der Südwesten ⟨II 6Z⟩
Imaginez d'abord une suite. [imaʒinedabɔʀynsɥit] Denkt euch zunächst eine Fortsetzung aus. I 8B, 1
un **sujet** [ɛ̃syʒɛ] ein Thema II 6C, 4
super *(fam.)* [sypɛʀ] super/toll *(ugs.)* I 2A
une super note [ynsypɛʀnɔt] eine Supernote I 7C
super cool *(fam.)* [sypɛʀkul] supercool *(ugs.)* I 8B
un **supermarché** [ɛ̃sypɛʀmaʀʃe] ein Supermarkt I 2A
une **superstar** [ynsypɛʀstaʀ] ein Superstar I 4A
sur [syʀ] über I 6A, 4
sur [syʀ] auf I 2A
sur le plan [syʀləplɑ̃] auf dem Stadtplan I 2A
sur Internet [syʀɛ̃tɛʀnɛt] im Internet I 3B
cliquer sur qc [klikesyʀ] auf etw. klicken/etw. anklicken I 4B
avoir 19 sur 20 19 von 20 Punkten haben/(ein) Sehr gut haben II 2A, 3
le **surf** [ləsœʀf] das Surfen II 1E
faire du surf [fɛʀdysœʀf] surfen II 1E
surfer [sœʀfe] surfen I 4A
surtout [syʀtu] vor allem/besonders II 6C
s.v.p. = s'il vous plaît. [silvuplɛ] bitte II 3C, 3
sympa *(fam.)* [sɛ̃pa] nett *(ugs.)* I 2B
Vos profs sont sympas? Sind eure Lehrerinnen und Lehrer nett? I 6E
sympa/sympa [sɛ̃pa] *hier:* toll/schön II 3A

T

une **table** [yntabl] ein Tisch I 3B
mettre la table [mɛtʀlatabl] den Tisch decken I 7C
la **taille** [lataj] die (Körper-)Größe II 3C, 3
Quelle est votre taille? [kɛlɛvɔtʀtaj] Welche Größe haben Sie? II 3C, 3
une **tante** [yntɑ̃t] eine Tante II 5C, 3
tard [taʀ] spät I 3B
la **télé** *(fam.) (= la télévision)* [latele] das Fernsehen II 4B
le **téléphone** [lətelefɔn] das Telefon I 4C
téléphoner à qn [telefɔne] jdn. anrufen/mit jdm. telefonieren I 8A
le **temps** [lətɑ̃] die Zeit I 6B
avoir le temps [avwaʀlətɑ̃] Zeit haben I 6B
Tiens. [tjɛ̃] Sieh mal einer an. II 3A
le **tennis** [lətɛnis] das Tennis/der Tennissport II 1E
faire du tennis [fɛʀdytɛnis] Tennis spielen II 1E
une **tente** [yntɑ̃t] ein Zelt II 1
une **terrasse** [yntɛʀas] eine Terrasse/Aussichtsplattform I 6A
tester qn [tɛste] jdn. testen II 3Z
une **tête** [yntɛt] ein Kopf I 5B
avoir mal à la tête [avwaʀmalalatɛt] Kopfschmerzen haben I 5B
un **texte** [ɛ̃tɛkst] I 3A, 1
un TGV *(= un train à grande vitesse)* [ɛ̃teʒeve] ein TGV II 5A
le **thé** [ləte] der Tee II 4E
un **thème** [ɛ̃tɛm] ein Thema II 1, 5
un **ticket** [ɛ̃tikɛ] eine Eintrittskarte; *hier:* eine Metrofahrkarte II 5C
Tiens. [tjɛ̃] Sieh mal einer an. II 3A
un **titre** [ɛ̃titʀ] ein Titel II 6A
Quel titre va avec quelle partie du texte? Welcher Titel passt zu welchem Textteil? I 6A, 1
toi [twa] du *(betont)* I
... et toi? [etwa] ... und du? I
comme toi [kɔmtwa] wie du I 4B
A toi! [atwa] Du *(betont)* bist dran! II 3B, 5
les **toilettes** *(f., pl.)* [letwalɛt] die Toiletten I 5E
aller aux toilettes [aleotwalɛt] auf die Toilette gehen I 5E
une **tomate** [yntɔmat] eine Tomate I 7E
tomber [tɔ̃be] fallen I 9
toujours [tuʒuʀ] immer/immer noch I 8B
toulousain/toulousaine [tuluzɛ̃/tuluzɛn] aus Toulouse ⟨II 5Z⟩
une **tour** [yntuʀ] ein Turm I 6A
le **Tour de France** [lətuʀdəfʀɑ̃s] II 1
un **touriste**/une **touriste** [ɛ̃tuʀist/yntuʀist] ein Tourist/eine Touristin I 6B
tourner qc [tuʀne] etw. drehen/umdrehen II 3C
tous ensemble [tusɑ̃sɑ̃bl] alle zusammen I
tout [tu] alles I 7A

C'est tout? [sɛtu] Ist das alles? **I 7A**
tout le/tous les/toute la/toutes les [tulə/tule/tutla/tutle] der/die/das ganze(n)/alle *(Begleiter)* **II 7E**
tous les jours [tuleʒuʀ] täglich **⟨II 5Z⟩**
toute la journée [tutlaʒuʀne] den ganzen Tag **II 7E**
tous les garçons [tulegaʀsõ] alle Jungen **II 7E**
tout le monde [tuləmõd] jeder/alle (Leute) **II 7**
tout à coup [tutaku] plötzlich **I 6C**
tout de suite [tutsɥit] sofort **I 7C**
tout droit [tudʀwa] geradeaus **II 5B; ⟨II 5Z⟩**
Traduisez. [tʀadɥize] Übersetzt. I 4E
un **train** [ɛ̃tʀɛ̃] ein Zug **I 9**
descendre du train [desɑ̃dʀdytʀɛ̃] aus dem Zug aussteigen **II 5C**
le **travail** [lətʀavaj] die Arbeit **II 4A**
travailler [tʀavaje] arbeiten II 4B, 2; **II 6A, 2**
traverser qc [tʀavɛʀse] etw. überqueren **II 5C**
très [tʀɛ] sehr **I 4A**
Pas très bien. [patʀɛbjɛ̃] Nicht sehr gut. **II 2A**
une **tribu** [yntʀiby] ein Stamm **⟨II 2Z⟩**
triste/triste [tʀist] traurig **II 7**
la 3e [latʀwazjɛm] die Klasse 3 *(entspricht der 9. Klasse im deutschen Schulsystem)* **II 3A**
trop [tʀo] zu/zu viel **I 6B**
C'est trop cher! [sɛtʀoʃɛʀ] Das ist zu teuer! **I 6B**
Pas trop mal! [patʀomal] Ganz gut!/Es geht so! **II 2A, 4**
un **trou** [ɛ̃tʀu] ein Loch **⟨II 3Z⟩**
trouver qc [tʀuve] etw. finden **I 3E**
Trouvez la règle. [truvelaʀɛgl] Findet die Regel. I 4E
pour trouver ... [puʀtʀuve] um ... zu finden **I 7C**
Trouvez les phrases qui vont ensemble. Findet die Sätze, die zusammenpassen. I 9, 5
un **T-shirt** [ɛ̃tiʃœʀt] ein T-Shirt **II 3E**
un T-shirt préféré [ɛ̃tiʃœʀtpʀefeʀe] ein Lieblings-T-Shirt **⟨II 3Z⟩**
une **tuile** [yntɥil] ein Dachziegel **⟨II 6Z⟩**
typique/typique [tipik/tipik] typisch **⟨II 4Z⟩; ⟨II 6Z⟩**

U

utile/utile [ytil] nützlich **II 6C**
Utilisez ... [ytilize] Gebraucht ... II 4A, 4

V

les **vacances** *(f., pl.)* [levakɑ̃s] die Ferien/der Urlaub **II 1E**
partir en vacances *(f., pl.)* [paʀtiʀɑ̃vakɑ̃s] in (die) Ferien/in (den) Urlaub fahren **II 5E**
un **centre de vacances** [ɛ̃sɑ̃tʀdəvakɑ̃s] ein Ferienlager **⟨II 2Z⟩**
la **vaisselle** [lavɛsɛl] das Geschirr **II 4C**
faire la vaisselle [fɛʀlavɛsɛl] abwaschen **II 4C**
un **vélo** [ɛ̃velo] ein Fahrrad **II 1E**
en vélo [ɑ̃velo] mit dem Fahrrad **II 7**
un **vendeur**/une **vendeuse** [ɛ̃vɑ̃dœʀ/ynvɑ̃døz] ein Verkäufer/eine Verkäuferin **I 7A, 6**
une vendeuse [ynvɑ̃døz] eine Verkäuferin **I 6C**
vendre qc [vɑ̃dʀ] etw. verkaufen **II 7**
vendredi *(m.)* [vɑ̃dʀədi] Freitag **I 5B, 4**
venir (à) [vəniʀ] kommen (nach) **II 5B**
venir de [vəniʀdə] kommen aus/von **II 5B**
le **ventre** [ləvɑ̃tʀ] der Bauch **II 2A, 4**
un **verbe** [ɛ̃vɛʀb] ein Verb **II 5B, 1**
un verbe pronominal [ɛ̃vɛʀbpʀɔnɔminal] ein Reflexivverb **⟨II M2, 1⟩**
la **vérité** [laveʀite] die Wahrheit **II 2B**
un **verre** [ɛ̃vɛʀ] ein Glas **I 8B**
un verre de coca [ɛ̃vɛʀdəkɔka] ein Glas Cola **I 8B**
offrir un verre à qn [ɔfʀiʀɛ̃vɛʀ] jdn. auf ein Glas einladen **II 7, 5**
vers [vɛʀ] gegen *(zeitlich)* **II 2B**
verser qc [vɛʀse] etw. hineinschütten **⟨II 4Z⟩**
vert/verte [vɛʀ/vɛʀt] grün **II 3E**
un **vêtement**/des **vêtements** [ɛ̃vɛtmɑ̃/devɛtmɑ̃] ein Kleidungsstück/Kleider **II 3A**
être vexé/vexée [ɛtʀvɛkse] gekränkt/beleidigt sein **II 7**
une **victime** [ynviktim] ein Opfer **II 6B**
être victime [ɛtʀviktim] Opfer sein **II 6B**
une **vidéo** [ynvideo] ein Videofilm **I 5A**
la **vie** [lavi] das Leben **⟨II 4Z⟩**
Vie de classe *(f.)* [vidəklas] (eine) Verfügungsstunde/Klassen(lehrer)stunde **II 6A**
un **village** [ɛ̃vilaʒ] ein Dorf **I 9**
une **ville** [ynvil] eine Stadt **II 3E**
en ville [ɑ̃vil] in der/die Stadt **II 3E**
une ville jumelée [ynvilʒymle] eine Partnerstadt **⟨II 6Z⟩**
la **violence** [lavjɔlɑ̃s] die Gewalt **II 6A**
une **visite** [ynvizit] eine Besichtigung/ein Besuch **I 6B**
visiter qc [vizite] etw. besichtigen **I 9**
vite [vit] schnell **I 5A**
une **vitrine** [ynvitʀin] ein Schaufenster **II 3C, 3**
une **voie** [ynvwa] ein Gleis **II 5A**
de quelle voie [dəkɛlvwa] von welchem Gleis **II 5A**
voilà ... [vwala] da(s) ist/sind ... **I**
La/Le voilà! [la/ləvwala] Da ist sie/er (ja)! **II 5A**
Te voilà! [təvwala] Da bist du ja! **II 6B**
faire de la voile [fɛʀdəlavwal] segeln **II 1E**
voir qn/qc [vwaʀ] jdn./etw. sehen **II 3A**
Je ne veux plus te voir! [ʒənəvøplytəvwaʀ] Ich will/kann dich nicht mehr sehen!/Geh mir aus den Augen! **II 3C**
un **voisin**/une **voisine** [ɛ̃vwazɛ̃/ynvwazin] ein Nachbar/eine Nachbarin **II 4A**
une **voiture** [ynvwatyʀ] ein Auto **II 2A**
voler qc [vɔle] etw. stehlen **II 2E**
un **voleur**/une **voleuse** [ɛ̃vɔlœʀ/ynvɔløz] ein Dieb/eine Diebin **II 2C**
le **volley** [ləvɔlɛ] Volleyball *(als Sportart)* **I 4B**
volontiers [vɔlõtje] gern **⟨II 7Z⟩**
vouloir qc [vulwaʀ] etw. wollen **I 9**
je voudrais [ʃəvudʀɛ] ich möchte **I 7E**
je voudrais bien ... *(+ infinitif)* [ʒəvudʀɛbjɛ̃] ich möchte gern ... *(+ Infinitiv)* **I 8B**
vouloir faire qc [vulwaʀfɛʀ] etw. tun wollen **I 9**
un **voyage** [ɛ̃vwajaʒ] eine Reise **⟨II 2Z⟩; II 5A**
un **voyageur**/une **voyageuse** [ɛ̃vwajaʒœʀ/ynvwajaʒøz] ein Reisender/eine Reisende **II 5B, 5**
vrai/vraie [vʀɛ/vʀɛ] wahr **II 3C**
C'est vrai. [sɛvʀɛ] Das ist wahr./Das stimmt. **I 6E**
Ce n'est pas vrai! [s(ə)nɛpavʀɛ] Das darf doch wohl nicht wahr sein! **II 3C**

vraiment [vʀɛmɑ̃] wirklich **I 8B**
un **VTT** (= un vélo tout terrain) [ɛ̃vetete] ein Mountainbike **II 1E**
une **vue** [ynvy] eine Aussicht/ein Blick **I 6A**

W

Waouh! [waɔ] Wow! *(Ausdruck der Begeisterung)* **I 8B**
un **week-end** [ɛ̃wikɛnd] ein Wochenende **I 6E**

Y

y [i] dort/dorthin *(Adverbialpronomen)* **⟨II M5⟩**; **⟨II 6Z⟩**
un **yaourt** [ɛ̃jauʀt] ein Jogurt **II 4E**
un **yassa** [ɛ̃jasa] ein Yassa **I 7A**
le yassa au poulet [ləjasaopulɛ] Yassa mit Huhn **I 7B**
un œil/des **yeux** [ɛ̃nœj/dezjø] ein Auge/Augen **II 6A**, 3

Z

Zut! *(fam.)* [zyt] Mist!/Verflixt! *(ugs.)* **I 1**

Prénoms masculins

Abdou [abdu] **I 7B**
Alex [alɛks] **II 2A**
Alexandre [alɛksɑ̃dʀə] **I 1**, 3
Alexis [alɛksis] **I 1**, 3
Amadou [amadu] **I 7C**
Antoine [ɑ̃twan] **II 5B**
Arthur [aʀtyʀ] **II 6A**
Benoît [bənwa] **I 1**, 3
Cédric [sedʀik] **II 5C**, 3
Christian [kʀistjɑ̃] **II 6A**, 3
Clément [klemɑ̃] **I 1**, 3
David [david] **I 4C**
Dominique [dɔminik] **⟨II 4Z⟩**
Eric [ɛʀik] **II 6B**, 5
Farid [faʀid] **I 1**, 3
Frédéric [fʀedeʀik] **I 1**, 3
Hakim [hakim] **II 5C**
Hugo [ygo] **II 3A**, 3
Jean [ʒɑ̃] **I 9**
Jean-Pierre [ʒɑ̃pjɛʀ] **II 4A**
Jérémy [ʒeʀemi] **II 6A**, 3
Jules [ʒyl] **⟨II 3Z⟩**; **⟨II M1⟩**
Julien [ʒyljɛ̃] **I 1**, 3
Karim [kaʀim] **I 1**, 3
Kévin [kɛvin] **II 1**, 6
Loïc [loik] **II 6A**
Louis [lui] **II 7E**
Lucas [lykas] **I 1**, 3
Marc [maʀk] **I 1**, 3
Marcel [maʀsɛl] **II 5C**, 3
Mathieu [matjø] **I 1**, 3
Maurice [mɔʀis] **II 3B**, 4
Max [maks] **II 3B**, 4
Maxime [maksim] **I 1**, 3
Mehdi [medi] **II 6A**, 3
Michel [miʃɛl] **I 6C**
Nicolas [nikɔla] **I 1**, 3
Pascal [paskal] **II 5C**
Patrick [patʀik] **II 1**
Paul [pɔl] **II 6A**, 3
Pierre [pjɛʀ] **I**
Rémi [ʀemi] **I 1**, 3
Sébastien [sebastjɛ̃] **I 8A**, 2
Simon [simɔ̃] **I 4B**
Stanislas [stanislas] **II 6C**
Théo [teɔ] **I 1**, 3
Thomas [toma] **II 5E**
Victor [viktɔʀ] **I 7A**, 2
Yann [jan] **II 2E**

Prénoms féminins

Aïcha [aiʃa] **II 2A**, 3
Alice [alis] **I 1**, 3
Amélie [ameli] **I**
Amina [amina] **I 1**, 3
Anabelle [anabɛl] **II 3A**, 3
Anne [an] **II 2B**
Camille [kamij] **II 3B**, 4
Céline [selin] **I 1**, 3
Charlotte [ʃaʀlɔt] **I**
Chloé [klɔe] **II 3A**, 3
Claire [klɛʀ] **I 1**, 3
Coralie [kɔʀali] **II 6A**
Emma [ɛma] **II 5B**
Fanny [fani] **II 6A**
Fatima [fatima] **I 1**, 3
Hanna **II 5C**, 3
Isabelle [izabɛl] **I 1**, 3
Julie [ʒyli] **I 1**, 3
Juliette [ʒyljɛt] **⟨II 4Z⟩**
Justine [ʒystin] **II 6C**
Karine [kaʀin] **II 2A**, 3
Lara [laʀa] **II 1**, 4
Léa [lea] **I 1**, 3
Lisa [liza] **II 7**, 4
Lorie [lɔʀi] **II 5C**, 3
Lucie [lysi] **II 4E**
Malika [malika] **I 1**, 3
Manon [manɔ̃] **I 1**, 3
Marie [maʀi] **I 8B**
Marine [maʀin] **I 1**, 3
Morgane [mɔʀgan] **I 1**, 3
Naïma [naima] **II 6E**
Naomie [naɔmi] **I 1**, 3
Sarah [saʀa] **I 1**, 3
Sophie [sofi] **I 8E**
Valérie [valeʀi] **I 5A**, 7

Noms de famille

Bernac [bɛʀnak] **II 7E**
Boussac [busak] **II 6A**
Boutal [butal] **I 5A**, 6
Brunet [bʀynɛ] **I 4B**
Carré [kaʀe] **I 6A**, 4
Cassepieds [kaspje] **II 4A**
Costa [kɔsta] **I 7A**, 7
Dufour [dyfuʀ] **I 7A**, 2
Dupont [dypɔ̃] **I 5E**
Garcia [gaʀsia] **II 6C**, 3
Garnier [gaʀnje] **I 3A**
Joli [ʒɔli] **I 8A**
Labadi [labadi] **II 6A**, 3
Lacoste [lakɔst] **II 6E**
Lacour [lakuʀ] **I 5A**
Le Gall [ləgal] **II 2E**
Lepic [ləpik] **II 2B**
Marot [maʀo] **II 4E**
Martin [maʀtɛ̃] **II 6A**, 3
Mercier [mɛʀsje] **II 3A**
Moulin [mulɛ̃] **II 2A**
Pelat [pəla] **II 7**, 2
Philippe [filip] **I 5B**
Pommier [pɔmje] **I 7A**
Portadonnez [pɔʀtadɔne] **II 4B**, 1
Ravel [ʀavɛl] **II 5E**
Renaud [ʀəno] **I 1**
Roques [ʀɔk] **II 6A**, 3
Sakho [sako] **I 7A**
Sireau [siʀo] **I 5B**
Vanel [vanɛl] **II 2A**
Vidal [vidal] **II 6A**, 3

Noms de villes

Berlin [bɛʀlɛ̃] **I 2B**
Berne [bɛʀn] **II 5A**, 5
Biarritz [bjaʀits] **II 1**
Bologne [bɔlɔɲ] **II 5A**, 5
Bordeaux [bɔʀdo] **II 5B**
La Bresse [labʀɛs] **II 1**
Bruxelles [bʀyksɛl] **II 5E**

Calais [kalɛ] **I 2B,** 2
Coblence [koblɑ̃s] **⟨II M5⟩**
Donneville [dɔnvil] **II 7**
Francfort-sur-le-Main [fʀɑ̃kfɔʀsyʀləmɛ̃] **⟨II M4⟩**
Grenoble [gʀənɔbl] **II 1**
Hambourg [ɑ̃buʀ] **II 6A,** 4
Kiev [kjɛf] **II 5A,** 5
Méribel [meʀibɛl] **II 1**
Munich [mynik] **II 6A,** 5
Paris [paʀi] **I**
Pont d'Arc [pɔ̃daʀk] **II 1**
Prague [pʀag] **II 5A,** 5
Roquefort [ʀɔkfɔʀ] **⟨II 6Z⟩**
Rothéneuf [ʀɔtenœf] **⟨II M5⟩**
Saint-Malo [sɛ̃malo] **II 1**
Saint-Martin [sɛ̃maʀtɛ̃] **II 1**
Salzbourg [saltsbuʀ] **II 5A,** 5
Toulon [tulɔ̃] **I 5E**
Toulouse [tuluz] **I 2B,** 2

Noms géographiques

l'Algérie *(f.)* [alʒeʀi] **⟨II 5Z⟩**
l'Allemagne *(f.)* [lalmaɲ] **I 4B**
l'Ardèche *(f.)* [laʀdɛʃ] **II 1**
la Belgique [labɛlʒik] **II 6B**
la Bretagne [labʀətaɲ] **II 2C,** 7
l'Europe *(f.)* [løʀɔp] **⟨II M4⟩**
la France [lafʀɑ̃s] **I 4B**
la Garonne [lagaʀɔn] **⟨II 6Z⟩**
le Maroc [ləmaʀɔk] **⟨II 5Z⟩**
le Midi [ləmidi] **⟨II 6Z⟩**
Midi-Pyrénées [midipiʀene] **⟨II 6Z⟩**
le pic du Midi [ləpikdymidi] **⟨II M4,** 4**⟩**
l'île Saint-Louis [lilsɛ̃lwi] **⟨II M4⟩**
le Mont Saint-Michel [ləmɔ̃sɛ̃miʃɛl] **⟨II 2Z⟩**
la Savoie [lasavwa] **⟨II 4Z⟩**
le Sénégal [ləsenegal] **I 7A**
la Tunisie [latynizi] **⟨II 5Z⟩**

Noms divers

Airbus [ɛʀbys] **II 6A,** 5
l'Arc de Triomphe [laʀkdətʀijɔ̃f] **II 5C**
Astérix [asteʀiks] **I 4C**
le Parc Astérix [ləpaʀkasteʀiks] **I 9**
Babou [babu] **I 3A**
Bastille [bastij] **⟨II 5Z⟩**
la rue Belgrand [laʀybɛlgʀɑ̃] **I 5A,** 6
le collège Bellevue [ləkɔlɛʒbɛlvy] **II 5B,** 3
la Bibliothèque nationale de France [labiblijɔtɛknasjɔnaldəfʀɑ̃s] **⟨II M4⟩**
Bruxelles-Midi [bʀyksɛlmidi] **II 5C,** 2
la place du Capitole [laplasdykapitɔl] **II 7,** 5
Casino [kazino] **I 2A,** 4
les Champs-Elysées [leʃɑ̃zelize] **⟨I 6Z⟩; II 5B**
Châtelet [ʃatlɛ] **II 5C**
la rue de la Chine [laʀydəlaʃin] **I 2A**
Cyberpapi [sibɛʀpapi] **II 4C**
Dana ⟨II 2Z⟩
le parc Debrousse [ləpaʀkdəbʀus] **I 2B**
la Défense [ladefɑ̃s] **⟨II M4⟩**
la place Charles de Gaulle [laplasʃaʀldəgol] **⟨II M4⟩**
la tour Eiffel [latuʀɛfɛl] **I 6A**
Elephant [elefɑ̃] **II 5B,** 3
le Tour de France [ləturdəfʀɑ̃s] **II 1**
le quartier Gambetta [ləkaʀtjegɑ̃bɛta] **I 2A**
la Grande Arche [lagʀɑ̃daʀʃ] **⟨II M4⟩**
le Grand Splatch [ləgʀɑ̃splatʃ] **I 9**
les Halles [leal] **I 6C**
Hôtel de ville [otɛldəvil] **⟨II 5Z⟩**
l'école Maurice Ravel [lekɔlmoʀisʀavɛl] **I 4B**
Manau [manɔ] **⟨II 2Z⟩**
«Mékefer» [mekəfɛʀ] **I 8B**
Milou [milu] **I 4E**
Minette [minɛt] **I 3A**
Montmartre [mɔ̃maʀtʀ(ə)] **I 2B,** 3
la gare Montparnasse [lagaʀmɔ̃paʀnas] **II 5A**
la tour Montparnasse [latuʀmɔ̃paʀnas] **⟨II M4⟩**
Montparnasse-Bienvenüe [mɔ̃paʀnasbjɛ̃vəny] **II 5C**
la gare du Nord [lagaʀdynɔʀ] **II 5A**
Notre-Dame [nɔtʀədam] **I 6A**
Obélix [ɔbeliks] **I 4C**
la rue Orfila [laʀyɔʀfila] **I 5A,** 6
les pages jaunes [lepaʒʒon] **II 4C**
la rando Pari Roller [laʀɑ̃dopaʀiʀɔlœʀ] **I 8B**
Paris Nord [paʀinɔʀ] **II 5C,** 2
le musée Picasso [ləmyzepikaso] **⟨II 5Z⟩**
Plouf [pluf] **⟨II M1⟩**
le Centre Pompidou [ləsɑ̃tʀəpɔ̃pidu] **I 6A**
la rue du Renard [laʀydyʀənaʀ] **I 6B**
le Sacré-Cœur [ləsakʀekœʀ] **I 6A**
Saint-Michel [sɛ̃miʃɛl] **⟨II 5Z⟩**
la Samaritaine [lasamaʀitɛn] **I 6A**
la rue Sorbier [laʀysɔʀbje] **I 4C**
Taxi 3 [taksitʀwa] **II 5E**
l'hôpital Tenon [lɔpitaltənɔ̃] **I 2A,** 4
le Parc Tépacap [ləpaʀktepakap] **⟨II M3,** 4**⟩**
la place du Tertre [laplasdytɛʀtʀ] **I 6B**
Titeuf [titœf] **II 7**
la tour TotalFinaElf [latuʀtɔtalfinaɛlf] **⟨II M4⟩**
le Virgin II 5B
Zarbi [zaʀbi] **I 3E**
Zebda [zɛbda] **II 5E**

Noms de personnes connues

Geva Caban [ʒevakabɑ̃] **II 6B,** 5
Charles de Gaulle [ʃaʀldəgol] **II 5B**
Maurice Ravel [mɔʀisʀavɛl] **I 4B**

Wortliste

A

ein Abend I 7B un soir
ein Abend (im Verlauf) I 4C une soirée
aber I 3B mais
Aber was (kann/soll man) tun? I 8B Mais que faire?
die Abfahrt II 5A le départ
Vorsicht bei der Abfahrt! II 5A Attention au départ!
die Abreise II 5A le départ
abwaschen II 4C faire la vaisselle
jdn./etw. achten II 6C respecter qn/qc
die Achterbahn I 9 le Grand Huit
Achtung! II 5A Attention!
eine Adresse I 4B une adresse
Keine Ahnung. I 4C Je ne sais pas.
alle II 7 tout le monde
alle zusammen I tous ensemble
alle Jungen II 7E tous les garçons
Ist das alles? I 7A C'est tout?
als I 7E comme
als II 7 quand
also I 3A alors
Also, … II 1, 2 Bon, …
Also, … *(Ausdruck des Zögerns), (ugs.)* **II 2A** Ben, … *(fam.)*
Wie alt sind sie? I 4C, 2 Elles ont quel âge?
das Alter I 4B l'âge *(m.)*
die Jungen in meinem Alter II 7E les garçons de mon âge
ein Amulett I 7C un gris-gris
eine Ananas I 7E un ananas
jdm. etw. anbieten II 7 offrir qc à qn
jdm. seine Hilfe anbieten II 7 offrir son aide à qn
anderer/andere/anderes II 6C autre
etw. ändern II 6C changer qc
etw. anfangen I 8A commencer qc
jdn. angehen II 6B concerner qn
was … angeht II 6A pour …
die Angst II 2C la peur
Angst vor jdm./etw. haben II 2C avoir peur de qn/qc
jdn. anklagen II 2C accuser qn
etw. anklicken I 4B cliquer sur qc
ankommen I 5A arriver
die Ankunft II 5A l'arrivée *(f.)*
etw. anlegen I 7C mettre qc
jdn. anlügen II 7 mentir à qn
anonym II 2B anonyme
ein Anorak II 3E un anorak
etw. anprobieren II 3A essayer qc
ein Anrufbeantworter II 4B un répondeur
jdn. anrufen I 8A téléphoner à qn
etw. anschauen I 4E regarder qc
etw. anschließen I 3B installer qc
etw. ansehen I 4E regarder qc
eine Ansicht II 6C, 2 un avis
antworten II 5C répondre
etw. anziehen I 7C mettre qc
ein Apfel I 7E une pomme
eine Apfelsine I 2A une orange
der Appetit I 6C l'appétit *(m.)*
Guten Appetit! I 6C Bon appétit!
April I 8A, 4 avril *(m.)*
die Arbeit II 4A le travail
arbeiten II 6A, 2 travailler
ein Arm II 2A, 4 un bras/des bras
ein Artikel I 4E un article
auch I 2A aussi
auch nicht II 7 ne … pas non plus
auf I 2A sur
Auf Wiedersehen! I 1 Au revoir!
etw. aufbauen I 3B installer qc
aufgeregt II 6A excité/excitée
aufhören I 6C arrêter
mit jdm. Kontakt aufnehmen II 6A, 4 prendre contact avec qn
etw. aufräumen II 4A ranger qc
Aufstehen! II 3A, 3 Debout!
ein Aufzug I 6A un ascenseur
ein Auge/Augen II 6A, 3 un œil/des yeux
Geh mir aus den Augen II 3C Je ne veux plus te voir!
August I 8A, 4 août *(m.)*
sein aus I 2B être de
die Musik ausmachen I 7C arrêter la musique
außer II 7 sauf
außer mir II 7 sauf moi
eine Aussicht I 6A une vue
aussteigen II 5C descendre
aus dem Zug aussteigen II 5C descendre du train
ein Austausch II 6A, 4 un échange
ein Austauschpartner/eine Austauschpartnerin I 4E un correspondant/une correspondante
der Ausverkauf II 3A les soldes *(m., pl.)*
ein Auto II 2A une voiture
eine Autowerkstatt II 7 un garage

B

eine Bäckerei I 6B une boulangerie
ein Badeanzug II 1 un maillot de bain
eine Badehose II 1 un maillot de bain
eine Bahnfahrkarte II 5A un billet de train
ein Bahnhof II 5A une gare
bald I 7A, 6 bientôt
eine Banane I 2E une banane
eine Band II 5B un groupe
eine Baseballkappe I 2E une casquette
der Bauch II 2A, 4 le ventre
etw. beginnen I 8A commencer qc
bei *(+ Personen)* **I 4C** chez
bei mir I 4C chez moi
das Bein II 2A la jambe
ein Beispiel II 6A; I 1, 3 un exemple
für etw. bekannt sein II 6A, 5 être connu/connue pour qc
Angst bekommen II 2C avoir peur
beleidigt sein II 7 être vexé/vexée
jdn. belügen II 7 mentir à qn
jdn./etw. beschreiben II 6A décrire qn/qc
jdm. etw. beschreiben II 6B décrire qc à qn
jdn. beschuldigen II 2C accuser qn
etw. besichtigen I 9 visiter qc
eine Besichtigung I 6B une visite
besonders II 6C surtout
besser II 4C mieux
etw. bestellen II 4C commander qc
ein Besuch I 6B une visite
jdn. besuchen II 6A aller voir qn
jdn. betreffen II 6B concerner qn
etw. betrachten I 4E regarder qc
betreten I 3B entrer
ein Bett II 4C un lit
sich bewegen I 9 bouger
ein Bikini II 1 un maillot de bain
ein Bild (einer Person) I 6B un portrait
bis I 4B à
Bis Montag! I 4C A lundi!
Bis dann! *(ugs.)* **II 4B, 5** A plus!
ein bisschen I 6C, 3 un peu
ein bisschen … *(bei Mengen)* **I 7B** un peu de …
ein bisschen Hunger haben II 4A avoir une petite faim
bitte *(zu jemandem, den man duzt)* **I 5B** s'il te plaît
bitte *(zu jemandem, den man siezt bzw. zu mehreren Personen)* **I 5B** s'il vous ***plaît***
bitte II 3C, 3 s.v.p. = s'il vous plaît.
blau II 3E bleu/bleue
bleiben I 5B rester
ein Blick I 6A une vue
blöd II 3A idiot/idiote
blöd II 4B nul/nulle
Das ist blöd. *(ugs.)* **II 1** C'est nul. *(fam.)*
blond II 6A blond/blonde
ein Boot I 9 un bateau
man braucht etw. II 4B il faut qc
braun *(Haarfarbe)* **II 6A, 3** brun/brune

Bravo! **I 7A**, 3 Bravo!
ein Brief II 2B une lettre
ein Brieffreund/eine Brieffreundin I 4E un correspondant/une correspondante
ein Brieffreund/eine Brieffreundin *(ugs.)* **I 4A** un/une corres *(fam.)*
eine Brieftasche I 9 un portefeuille
eine Brille II 6A, 3 des lunettes *(f.)*
etw. bringen I 7C apporter qc
das Brot II 4E le pain
ein belegtes Brot I 6B un sandwich
ein Bruder I 6C un frère
ein Buch I 8B, 3 un livre

C

campen II 1 faire du camping
ein Campingplatz II 1 un camping
eine CD I 3E un CD
eine CD-ROM I 3B un CD-ROM/des CD-ROM
das CDI I 5A le CDI
ein Cent I 7A un centime
Das ist das totale Chaos. *(ugs.)* **II 4B** C'est le bordel. *(fam.)*
(Kartoffel-)Chips I 8E des chips *(f., pl.)*
ein Clown II 3B un clown
Clownschuhe II 3B des chaussures *(f.)* de clown
ein Club I 8E un club
eine Cola I 6C un coca
ein Collège I 5E un collège
ein Comic I 2E une BD
ein Computer I 3B un ordinateur
cool *(ugs.)* **I 2B** cool *(fam.)*
Cornflakes II 4E les céréales *(f., pl.)*
ein Cousin/eine Cousine II 5E un cousin/une cousine

D

da(s) ist/sind ... I voilà ...
da/dort I 2A là
Da ist sie/er (ja)! II 5A La/Le voilà!
danach I 4B puis
danach I 6C, 4 après (ça)
Danke. I 1 Merci.
dann I 4B puis
am Tag darauf II 6E le lendemain
Das hier, das bin ich. I 3E Ça, c'est moi.
das (z. B. in «c'est ...» = das ist) I 1 ce/c'
Das ist ... I 1 C'est ...
Das ist zu doof! II 3E C'est trop nul!
dass II 6C que
er erklärt, dass ... II 6C il explique que ...
den Tisch decken I 7C mettre la table
an jdn./etw. denken I 8B penser à qn/qc
über etw. denken II 6C penser de qc
derselbe/dieselbe/dasselbe/dieselben II 3C le même/la même/les mêmes
das Deutsche/die deutsche Sprache I 4C l'allemand *(m.)*
ein Deutscher/eine Deutsche II 6A, 5 un Allemand/une Allemande
Deutsch/Deutschunterricht haben I 4C avoir allemand
ein Deutschlehrer/eine Deutschlehrerin *(ugs.)* **I 4E** un/une prof d'allemand *(fam.)*
Dezember I 8A, 4 décembre *(m.)*
ein Dialog I 2B, 2 un dialogue
dick II 6A, 3 gros/grosse
ein Dieb/eine Diebin II 2C un voleur/une voleuse
Dienstag I 5B, 4 mardi *(m.)*
dieser/diese/dieses II 3B ce/cet/cette/ces
direkt II 5B, 5 direct/directe
mit jdm. diskutieren I 8A discuter avec qn
Doch. *(Antwort auf eine verneinte Frage)* **II 3C** Si.
Donnerstag I 5B, 4 jeudi *(m.)*
doof II 3A idiot/idiote
doof II 4B nul/nulle
Das ist doof. *(ugs.)* **II 1** C'est nul. *(fam.)*
Das ist zu/total doof. *(ugs.)* **II 3E** C'est trop nul. *(fam.)*
ein Dorf I 9 un village
dort I 2A là; **II 5B** là-bas
dorthin II 5B là-bas
etw. drehen II 3C tourner qc
dünn II 6A, 3 mince/mince
durch II 6A par
Was darf es sein? I 6C Qu'est-ce que vous prenez?
man darf etw. nicht tun II 4B, 4 il ne faut pas faire qc
Durst haben I 8B avoir soif
eine Dusche I 3A une douche
eine DVD II 5E un DVD

E

eigenartig II 2A bizarre
Eigentlich ... schon. II 6A Enfin ... si.
es eilig haben II 5C être pressé(s)/pressée(s)
einige II 5B quelques
die Einkäufe I 7A les courses *(f.)*
einkaufen I 7A faire les courses
einkaufen gehen II 1E faire du shopping *(fam.)*
etw. einkaufen I 7A acheter qc
etw. günstig einkaufen II 3A faire une affaire/des affaires
ein Einkaufszettel I 7A, 5 une liste des courses
jdn. einladen I 7A inviter qn
jdn. zur Fete einladen I 8E inviter qn à la fête
jdn. auf ein Glas einladen II 7, 5 offrir un verre à qn
eine Einladung I 8A une invitation
einmal II 2C une fois
(in etw.) einsteigen II 5A monter (dans qc)
eintreten I 3B entrer
Einverstanden. I 2B D'accord.
einverstanden sein I 8B être d'accord
ein Eis I 9, 2 une glace
ein Elefant I 3A un éléphant
die Eltern I 8B les parents *(m.)*
die Großeltern II 4B, 1 les grands-parents
eine E-Mail I 8B un e-mail
eine E-Mail-Adresse I 4C, 2 une adresse e-mail
das Ende I 3E la fin
am Ende I 7B à la fin
endlich II 1 enfin
das Englische II 6B, 5 l'anglais
die Enkel(kinder) II 5A, 1 les petits-enfants *(m., pl.)*
... km entfernt von ... I 9 à ... km de ...
Entschuldigung. I 7A Pardon.
etw. entwerten II 5A composter qc
ein Ergebnis II 6C un résultat
etw. erklären I 8B expliquer qc
jdm. etw. erklären II 3C expliquer qc à qn
Ich kann's dir erklären! II 3C Je vais t'expliquer!
eine Ermäßigung II 5B, 5 une réduction
eine Ermittlung II 2E une enquête
ein Erpresser/eine Erpresserin II 6A un racketteur/une racketteuse
eine Erpressung II 6E un racket
der erste/die erste(n)/das erste ... II 5B le premier/les premiers/la première/les premières ...
der erste März I 8A, 4 le premier mars
etw. erzählen II 2C raconter qc

es gibt I 2A il y a
Es geht mir gut. I 1 Ça va.
etw. essen I 7C manger qc
eine Etage I 6A un étage
etwas II 6A quelque chose
ein Euro I 6A un euro

F

fahren I 5E aller
Wer fährt nach Toulon? I 5E Qui va à Toulon?
Mountainbike fahren II 1E faire du VTT
in (die) Ferien/(den) Urlaub fahren II 5E partir en vacances *(f., pl.)*
eine Fahrkarte II 5A un billet
eine (einfache) Fahrkarte II 5B, 5 un aller simple
eine (Metro-)Fahrkarte II 5C un ticket
der Fahrplan II 5B, 5 les horaires *(m., pl.)*
ein Fahrrad I E un vélo
ein Fahrstuhl I 6A un ascenseur
fallen I 9 tomber
falls I 9 si
eine Familie II 4E une famille
ein Fan II 5B un fan/une fan
fantastisch II 3A fantastique
die Farbe II 3A la couleur
Februar I 8A, 4 février *(m.)*
ein Fels/Felsen II 2E un rocher
die Ferien II 1E les vacances *(f., pl.)*
die Ferien verbringen II 1 passer les/ses vacances
in Ferien II 5E en vacances *(f.)*
ein Ferienlager II 1E un camp de vacances
das Fernsehen II 4B la télé *(fam.)* (= la télévision)
jdn. festnehmen II 2B arrêter qn
eine Fete I 4C; I 8E une soirée
jdn. zur Fete einladen I 8E inviter qn à la fête
eine Geburtstagsfete I 8B, 5 une fête d'anniversaire
ein Film I 5B, 4 un film
etw. finden I 3E trouver qc
um … zu finden I 7C pour trouver …
eine Flasche I 7A une bouteille
eine Flasche Öl I 7A une bouteille d'huile
ein Flur I 3A un couloir
eine Form II 1, 3 une forme
fortfahren I 4B continuer
ein Foto I 4E une photo
ein Fotoapparat II 5A un appareil photo
fotografieren I 6A prendre des photos
eine Frage I 2B, 4 une question
Fragen stellen über etw. I 6A, 4 poser des question sur qc
jdm. Fragen stellen II 6E poser des questions à qn
etw. fragen I 8A demander qc
jdn. (nach) etw. fragen II 6A demander qc à qn
fragen, ob … II 6C demander si …
das Französische I 2B le français
die Französischhausaufgaben I 4A les devoirs de français
eine Frau II 5B, 5 une femme
Frau … *(als Anrede)* I 1 madame …
Frau … I 3A, 1 Mme …
Anrede für eine junge Frau II 3C, 3 Mademoiselle
Der Eintritt ist frei. II 5B C'est gratuit.
eine Freistunde II 6B une heure de permanence
Freitag I 5B, 4 vendredi *(m.)*
ein Freund/eine Freundin I 1 un copain/une copine; II 2B un ami/une amie
eine Freundin I 1 une copine
der Freund/die Freundin (mit dem/der man „geht") II 3B, 4 le petit copin/la petite copine
eine Frucht I 7E un fruit
ein Frühstück II 2E un petit-déjeuner
frühstücken II 2E prendre son petit-déjeuner
für I 3E pour
ein Fuß II 2A, 4 un pied
zu Fuß II 5C à pied
Fußball *(als Sportart)* I 4A le foot

G

eine Gabel II 4C une fourchette
(der/die/das) ganz(e) II 7E tout le/toute la … *(Begleiter)*
den ganzen Tag II 7E toute la journée
Was gibt es? I 5B Qu'est-ce qu'il y a?
etw. geben II 4C donner qc
es gibt I 2A il y a
etw. geben II 4C, 2 passer qc
ein Geburtstag I 3A un anniversaire
Herzlichen Glückwunsch zum Geburtstag! I 3B Joyeux anniversaire!
eine Geburtstagsfete I 8B, 5 une fête d'anniversaire
ein Geburtstagsgeschenk I 3B un cadeau d'anniversaire
eine Geburtstagsparty I 8B, 5 une fête d'anniversaire
ein Gedicht I 3E un poème
gefährlich II 7 dangereux/dangereuse
jdm. gefallen II 3A plaire à qn
gegen *(zeitlich)* II 2B vers
gegen II 6A contre
gegenüber von II 5B en face de
eine Gegend I 4B une région
gehen I 5E aller
Wie geht's? I 1 Ça va?
Wohin gehst du? I 5A, 2 Tu vas où?
zu jdm. gehen II 6A aller voir qn
nach Hause gehen I 5B rentrer à la maison
einkaufen gehen II 1E faire du shopping *(fam.)*
Es geht so! II 2A, 4 Pas trop mal!
gekränkt sein II 7 être vexé/vexée
gelb II 3E jaune/jaune
das Geld II 4A l'argent *(m.)*
Geld verdienen II 7 gagner de l'argent
ein Gemüse I 7E un légume
genau II 3C, 3 exactement
genervt II 3A énervé/énervée
genial II 3A; I 4A génial/géniaux/géniale/géniales
genug II 7 assez
genug … II 7 assez de …
genug Geld II 7 assez d'argent
geradeaus II 5B tout droit
in Panik geraten II 2C paniquer
geregelt II 6B réglé/réglée
jdn./etw. gern mögen I 3E aimer qn/qc
etw. gern tun I 4C aimer faire qc
ein Geschäft II 3A un magasin
ein gutes Geschäft II 3A une affaire
ein Geschenk I 3E un cadeau
Geschenke II 3B, 4 des cadeaux
eine Geschichte I 8A, 1 une histoire
das Geschirr II 4C la vaisselle
gestern II 2E hier
die Gewalt II 6A la violence
Gewonnen! I 2B Gagné!
ein Glas I 8B un verre
ein Glas Cola I 8B un verre de coca
jdn. auf ein Glas einladen II 7, 5 offrir un verre à qn
Wer's glaubt, wird selig! *(ugs.)* II 4B Mon œil! *(fam.)*
ein Gleis II 5A une voie
Glück haben I 7C avoir de la chance
glücklich II 6C content/contente

ein Glücksbringer I 7C un porte-bonheur/des porte-bonheurs
Herzlichen Glückwunsch zum Geburtstag! I 3B Joyeux anniversaire!
grau II 3E gris/grise
groß II 3B grand/grande
die Größe II 3C, 3 la taille
die Großeltern II 4B, 1 les grands-parents *(m., pl.)*
die Großmutter I 7A la grand-mère
der Großvater II 4B le grand-père
grün II 3E vert/verte
jdn. lieb grüßen II 4C embrasser qn
eine Gruppe II 1 un groupe
günstig II 3A intéressant/intéressante
  etw. günstig einkaufen II 3A faire une affaire
gut II 4C bon/bonne
  Guten Tag! I 1 Bonjour!
  Guten Morgen! I 1 Bonjour!
  Guten Tag! *(zu einer Frau)* **I 1** Bonjour, madame!
  Guten Tag! *(zu einem Mann)* **I 1** Bonjour, monsieur!
  Guten Appetit! I 6C Bon appétit!
gut *(Adv.)* **I 8B** bien
  besser II 4C mieux
  Gut, … II 1, 2 Bon, …
  Ganz gut! II 2A, 4 Pas mal!

H

ein Haar/Haare II 6A un cheveu/des cheveux
haben I 4C avoir
ein Hähnchen I 1 un poulet
halb eins I 6B midi et demie
Hallo! *(ugs.)* **I** Salut! *(fam.)*
Hallo? *(am Telefon)* **I 4C** Allô?
eine Haltestelle I 6A une station
ein Hamburger II 4A un hamburger
eine Hand II 2A, 4 une main
Handball II 1E le handball
ein Handy I 8A un portable
eine Handynummer I 8A un numéro de portable
jdn./etw. hassen I 3A détester qn
hässlich II 3B moche/moche
ein Haus I 5B une maison
  nach Hause gehen I 5B rentrer à la maison
die Hausaufgaben I 4A les devoirs *(m., pl.)*
ein Heft I 3B, 1 un cahier
Wie heißt du? I 1 Comment tu t'appelles?
  er heißt … I 4B il s'appelle …
jdm. helfen II 4C aider qn
Kommt herein! I 8B Entrez.
Herr … *(als Anrede)* **I 1** monsieur …
  Herr … I 3A, 1 M. …
herumalbern I 9 rigoler
hervorragend II 6B excellent/excellente
heute I 7E aujourd'hui
hier I 3B ici
  Das hier, das bin ich. I 3E Ça, c'est moi.
die Hilfe II 7 l'aide *(f.)*
  jdm. seine Hilfe anbieten II 7 offrir son aide à qn
hinaufgehen II 2B monter
hinaufsteigen II 2B monter
hinausgehen II 4B sortir
hineingehen I 3B entrer
etw. hineintun I 7B mettre qc
hinter II 2B derrière
hinuntergehen II 5C descendre
etw. hinzufügen II 4A ajouter qc
der Hip-Hop II 1, 4 le hip-hop
das Hobby I 4B le hobby
eine Hohlstunde II 6B une heure de permanence
etw. holen II 1 aller chercher qc
Hör auf. I 6C Arrête.
etw. hören I 3B; II 5C écouter qc
eine Hose II 1 un pantalon
ein Hotel mit Gaststätte II 7, 2 un hôtel-restaurant
hübsch II 3B beau/bel/belle/beaux/belles
ein Hund I 1 un chien
der Hunger I 6B la faim
  Hunger haben I 6B avoir faim *(f.)*
  ein bisschen Hunger haben II 4A avoir une petite faim *(f.)*

I

ich *(betont)* **I** moi
  Ich *(betont)* **bin … II 3B,** 4 C'est moi …
eine Idee I 4C une idée
idiotisch II 3A idiot/idiote
immer noch I 8B toujours
in I à
  in I 2A dans
  in euer Heft I 3B, 1 dans votre cahier
  in der/die Stadt II 3E en ville
  im Internet I 3B sur Internet
eine Information II 6A, 4 une information
das Inlineskaten *(als Sportart)* **I 4B** le roller
interessant II 3A intéressant/intéressante
jdn. interessieren II 1 intéresser qn
  Interessiert euch das? II 1 Ça vous intéresse?
das Internet I 3B (l')Internet *(m.)*
  im Internet I 3B sur Internet
eine Internetseite I 4E une page Internet

J

Ja. I 1 Oui.
  Ja, … *(Ausdruck des Zögerns)* **II 2A** Ben, … *(fam.)*
  Ja! *(ugs.)* **II 3E** Ouais! *(fam.)*
eine Jacke II 6E un blouson
ein Jahr I 4B un an
ein Jahr *(Verlauf)* **II 6C** une année
Januar I 8A, 4 janvier *(m.)*
eine Jeans II 3E un jean
jeden Montag I 5A le lundi
jeder/jede/jedes II 6C chaque/chaque
jeder II 7 tout le monde
jetzt I 5B maintenant
ein Jogurt II 4E un yaourt
ein Jongleur I 6C un jongleur
Judo II 1E le judo
ein Jugendlicher/eine Jugendliche/Jugendliche II 1 un jeune/une jeune/des jeunes
Juli I 8A, 4 juillet *(m.)*
ein Junge I 2B un garçon
Juni I 8A, 4 juin *(m.)*

K

der Kaffee II 4E le café
der Kakao II 4E le chocolat
eine Kantine I 5E une cantine
das Kanu II 1E le canoë
  der Kanusport II 1E le canoë
  mit dem Kanu II 1 en canoë
das Karaoke I 4C le karaoké
eine Karotte I 7E une carotte
eine Karte I 3A, 5 une carte
eine Karteikarte I 3A, 5 une carte
ein Kartenspiel I 4A, 5 un jeu de cartes
(Kartoffel-)Chips I 8E des chips *(f., pl.)*
ein Karton I 3A un carton
der Käse II 4E le fromage
eine Kasse II 3C, 3 une caisse
eine Katastrophe I 8B une catastrophe/une cata *(fam.)*
eine Katze II 4B, 3 un chat
etw. kaufen I 7A acheter qc

ein Kaufhaus I 6A un grand magasin
ein Kaugummi II 4B, 4 un chewing-gum
keinen/keine/kein II 4A ne … pas de
kein/keine … mehr II 4A ne … plus de …
Keine Ahnung. I 4C Je ne sais pas.
Kein Problem! I 7A, 2 Pas de problème!
jdn./etw. kennen II 6A connaître qn/qc
für etw. bekannt sein II 6A, 5 être connu/connue pour qc
ein Kilo I 7E un kilo
ein Kilo … I 7A un kilo de …
ein Kilometer I 9 un kilomètre
ein Kind II 4B un enfant
das Kino I 4B le cinéma
eine Kirche I 6B une église
eine Kiwi I 7E un kiwi
Na klar. I 7C Ben oui.; **II 5E** Bien sûr.
eine Klasse I 4E une classe
eine Klassenarbeit *(ugs.)* **I 4C** une interro *(fam.)*
der Klassenlehrer/die Klassenlehrerin II 6A le professeur principal/la professeur principale
(eine) Klassen(lehrer)stunde II 6A Vie de classe *(f.)*
ein Kleid II 3A une robe
Kleider II 3A des vêtements *(m., pl.)*
sich modisch kleiden II 3C, 2 être à la mode
ein Kleidungsstück/Kleidungsstücke II 3A un vêtement/des vêtements
klein II 3B petit/petite
Klick! II 5C Clic!
auf etw. klicken I 4B cliquer sur qc
klingeln I 4C sonner
bei jdm. klingeln I 4C sonner chez qn
Es (jemand) klingelt. II 4A On sonne.
kochen II 4C faire la cuisine
ein Kochrezept I 7A une recette
ein Kollege/eine Kollegin II 2A un collègue/une collègue
komisch II 2A bizarre
(an)kommen I 5A arriver
kommen (nach) II 5B venir (à)
kommen (aus) II 5B venir (de)
ein Kommissar/eine Kommissarin II 2E un/une commissaire
die Konfitüre II 4E la confiture
etw. tun können I 9 pouvoir faire qc
können I 9 pouvoir
ein Kontakt II 6A, 4 un contact
mit jdm. Kontakt aufnehmen II 6A, 4 prendre contact avec qn
ein Kopf I 5B une tête
Kopfschmerzen haben I 5B avoir mal à la tête
die Körpergröße II 3C, 3 la taille
kosten II 3C, 3 coûter
Was kostet die Ananas? I 7A C'est combien, l'ananas?
viel Geld kosten II 7 coûter cher
kostenlos II 5B gratuit/gratuite
krank I 5B malade
ein Krankenhaus I 2A un hôpital
ein Krankenzimmer *(einer Schule)* **I 5E** une infirmerie
eine Küche I 3A une cuisine
ein Kühlschrank II 4A un frigo
ein Kunde/eine Kundin I 7A, 6 un client/une cliente
jdn. küssen II 4C embrasser qn

L

Willst du mal was zu lachen haben? *(ugs.)* **II 3C** Tu veux rigoler un peu? *(fam.)*
der Laden II 3A le magasin
lassen I 7B laisser
jdn./etw. lassen II 2C laisser qn/qc
das Radio laut stellen II 4A mettre la radio fort
läuten I 4C sonner
etw. legen I 7B mettre qc
ein Lehrer/eine Lehrerin *(ugs.)* **I 4E** un/une prof *(fam.)* = un/une professeur
leicht II 3B facile/facile
(die) Leichtathletik II 1E l'athlétisme *(m.)*
Leichtathletik machen II 1E faire de l'athlétisme
Es tut mir leid! II 7, 10 Désolé!/Désolée!
leiser II 4A moins fort
eine Lektion I 1 une leçon
etw. lernen I 7C apprendre qc
eine Lerntechnik I 1, 5 une stratégie
etw. lesen II 6B lire qc
die Leute II 5B les gens *(m., pl.)*
Liebe auf den ersten Blick I 8B le coup de foudre
jdn./etw. lieben I 3E aimer qc/qn
jdn./etw. (sehr) lieben I 4B adorer qn/qc
etw. lieber tun I 7C préférer qc
Lieber/Liebe … *(in der Anrede)* **II 4C** Cher/Chère …
die Lieblingssportart II 1 le sport préféré
der Lieblingscomic II 5B la BD préférée
ein Lied II 5C une chanson
(nach) links II 5B à gauche
eine Liste I 7A, 5 une liste
ein Löffel II 4C, 2 une cuillère
der Look II 3E le look
Los! I 7E Allez!
lügen II 4B mentir
Lust haben I 6A avoir envie *(f.)*
lustig I 4A; II 3A marrant/marrante

M

etw. machen I 4A faire qc
wir machen I 2B on fait
Was machen … ? I 3A Que font …?
Was macht das? I 7A Ça fait combien?
sich Notizen machen II 6B prendre des notes
Fotos machen I 6A prendre des photos
Das macht … I 6B Ça fait …
ein Mädchen I 4B une fille
mager II 6A, 3 mince/mince
Mai I 8A, 4 mai *(m.)*
die Majonäse I 3E la mayonnaise
ein Maler I 6B un peintre
Mama I 3A maman
Mami I 3A maman
man sagt I 1, 4 on dit
ein Mann II 5B, 5 un homme
eine Mannschaft II 5B une équipe
eine Marinade I 7B une marinade
ein Markt I 7E un marché
auf dem Markt I 7E au marché
März I 8A, 4 mars *(m.)*
Mathe = Mathematik I 5A les maths *(f., pl.; fam. = les mathématiques)*
das Meer II 2B la mer
megacool II M3 mégacool
mehr I 7A, 3 plus
mehrere II 6C plusieurs
eine Meinung II 6C, 2 un avis
Ich bin deiner Meinung. II 6C, 2 Je suis de ton avis.
meiner Meinung nach II 6C, 2 à mon avis
seine Meinung sagen II 6C, 2 donner son avis
ein Messer II 4C un couteau/des couteaux
die Metro I 6A le métro
die Metro nehmen I 6A prendre le métro
die Milch II 4E le lait
ein Minirock II 3E une minijupe
eine Minute I 3B une minute

mit mir I 3E avec moi
bei mir I 4C chez moi
Mist! *(ugs.)* **I 1** Zut! *(fam.)*
mit I 1 avec
mit mir I 3E avec moi
mit dem Kanu II 1 en canoë
etw. mitbringen I 7C apporter qc
mittags I 5A à midi
Mittwoch I 5B, 4 mercredi *(m.)*
die Mode II 3C, 2 la mode
modern sein/sich modisch kleiden II 3C, 2 être à la mode
jdn./etw. gern mögen I 3E aimer qn/qc
jdn./etw. überhaupt nicht mögen I 3A détester qn/qc
jdn./etw. mögen I 4B adorer qn/qc
ich möchte I 7E je voudrais
ich möchte gern … (+ Infinitiv) **I 8B** je voudrais bien … *(+ infinitif)*
eine Möhre I 7E une carotte
Einen Moment! I 6A Une minute!
(am) Montag I 4C lundi *(m.)*
montags/jeden Montag I 5A le lundi
Montagnachmittag I 5B lundi après-midi
morgen I 4A demain
ein Morgen I 5A un matin
Guten Morgen! I 1 Bonjour!
ein Motorroller II 7E un scooter
ein Mountainbike II 1E un VTT
Mountainbike fahren II 1E faire du VTT
müde II 4B fatigué/fatiguée
Müsli II 4E des céréales *(f., pl.)*
die Musik I 4E la musique
die Musik ausmachen I 7C arrêter la musique
ein Musiker I 6C un musicien
eine Musikgruppe II 5B un groupe
eine Musikschule I 4E une école de musique
etw. tun müssen II 4A devoir faire qc
man muss etw. tun/wir müssen etw. tun II 4B il faut faire qc
die Mutter I 6E la mère

N

Na ja! *(ugs.)* **I 4C** Bof! *(fam.)*
Na klar. I 7C Ben oui.
Na/Ja und? II 3C Et alors?
nach *(zeitlich)* **I 5A** après
nach *(+ Ortsname)* **I 5E** à
ein Nachbar/eine Nachbarin II 4A un voisin/une voisine
eine Nachforschung I 4A une recherche
ein Nachmittag I 5B un après-midi
heute Nachmittag II 3B cet après-midi
eine Nachricht II 4B un message
die Nachrichten II 4C les infos *(f., pl.) (= les informations)*
nächster/nächste/nächstes II 5C prochain/prochaine
am nächsten Sonntag I 4C dimanche *(m.)*
ein Nachtisch I 7A un dessert
nahe bei etw. II 5C près de qc
ein Name I 4B un nom
die Nase von etw. voll haben *(ugs.)* **II 3C** en avoir marre de qc *(fam.)*
nass I 9 mouillé
Natürlich! II 5E Bien sûr!
neben I 8B à côté de
neben etw. II 5C près de qc
etw. nehmen I 6A prendre qc
Platz nehmen II 5B prendre place
die Metro nehmen I 6A prendre le métro
Nein. I 1 Non.
jdn. nerven II 4C énerver qn
eine Nervensäge II 3B une petite peste
nett *(ugs.)* **I 2B** sympa *(fam.)*
Sind eure Lehrerinnen und Lehrer nett? I 6E Vos profs sont sympas?
nett II 4C gentil/gentille
neu II 3B nouveau/nouvel/nouvelle/nouveaux/nouvelles
ein neuer Schüler I 5E un nouveau
nicht I 4B ne … pas
…, nicht wahr? I 2B …, non?
noch nicht II 2C ne … pas encore
Nicht schlecht! II 2A, 4 Pas mal!
Oh nein, bloß nicht die schon wieder! *(ugs.)* **II 3A** Oh non, pas elle! *(fam.)*
nicht mehr II 3C ne … plus
überhaupt nicht II 6C, 2 pas du tout
auch nicht II 7 ne … pas non plus
ein Nichtraucher II 5B, 5 un non-fumeur
nichts II 2C ne … rien
nie II 7 ne … jamais
niemals II 7 ne … jamais
noch I 6B encore
eine Note I 7C une note
eine Supernote I 7C une super note
sich Notizen machen II 6B prendre des notes
November I 8A, 4 novembre *(m.)*
eine Nummer I 5A, 6 un numéro
eine Telefonnummer I 5A, 6 un numéro de téléphone
Nur so. I 8B Comme ça.
nützlich II 6C utile/utile

O

das Obst I 7E les fruits *(m., pl.)*
ein Obstsalat I 7B une salade de fruits
öde II 4B nul/nulle
Das ist öde. *(ugs.)* **II 1** C'est nul. *(fam.)*
oder I 3A, 3 ou
…, oder? I 2B …, non?
offen II 6C ouvert/ouverte
etw. öffnen II 7 ouvrir qc
oft I 7C, 3 souvent
ohne II 2B sans
ohne Absender II 2B anonyme
o.k. I 2B; I 8E D'accord.
Oktober I 5B, 4 octobre *(m.)*
das Öl I 7A l'huile *(f.)*
eine Flasche Öl I 7A une bouteille d'huile *(f.)*
Oma *(ugs.) (Anrede für die Oma)* **I 7E** mamie *(ugs.)*
die Oma I 7A la grand-mère
ein Onkel II 5C, 3 un oncle
der Opa II 4B le grand-père
Opa *(ugs.) (Anrede für den Opa)* **II 4B** papi *(fam.)*
ein Opfer II 6B une victime
Opfer sein II 6B être victime
eine Orange I 2A une orange
der Orangensaft I 8A, 3 le jus d'orange
etw. organisieren I 8E organiser qc
Ostern II 5E Pâques *(f., pl.)*

P

in Panik geraten II 2C paniquer
Papa I 3A papa
ein Park I 2B un parc
eine Partie I 2B une partie
Spielen wir eine Partie? I 2B On fait un match?
eine Party I 4C; I 8E une fête
jdn. zur Party einladen I 8E inviter qn à la fête
jdm. passen II 3A aller à qn
die (Schul-)Pause II 4E la récré *(fam.)*
eine Person I 6A une personne
ein Personalausweis II 5A une carte d'identité
der Pfeffer I 7B le poivre

ein Pferd/Pferde II 1E un cheval/ des chevaux
ein Picknick I 9 un pique-nique
ein Piercing II 6A, 3 un piercing
ein Pilz I 7E un champignon
eine Pizza I 6A, 3 une pizza
ein Plakat I 8E une affiche
ein Plan I 2E un plan
Platsch! I 9 Plouf!
ein Platz I 6B une place
Platz nehmen II 5B prendre place
plötzlich I 6C tout à coup
der Po II 2A, 4 les fesses *(f., pl.)*
die Polizei II 2E la police
ein Polizeirevier II 2B un commissariat de police
eine Polizeistation II 2B un commissariat de police
ein Polizist I 2A un agent
Pommes Frites I 7C, 2 des frites *(f., pl.)*
Porträt I 6B un portrait
die Post II 7, 10 la poste
ein Preis II 3A un prix/des prix
etw. probieren II 3A essayer qc
ein Problem I 3B un problème
ein Projekt I 4E un projet
ein Prozent II 6C un pour cent
ein Pulli I 2E un pull
das Püree II 4A la purée

Q

eine Quiche I 1 une quiche

R

ein Rabatt II 5B, 5 une réduction
das Radio II 4A la radio
der Rap I 3E le rap
ein Rathaus *(einer größeren Stadt)* **II 7, 4** un hôtel de ville
ein Raum I 5A une salle
eine Recherche I 4A une recherche
Recht haben II 3B avoir raison
(nach) rechts II 5B à droite
mit jdm. reden I 8A discuter avec qn
ein Referat II 6B un exposé
eine Regel I 4E une règle
eine Region I 4B une région
etw. reichen II 4C, 2 passer qc
der Reis I 7A le riz
eine Reise II 5A un voyage
ein Reisender/eine Reisende II 5B, 5 un voyageur/une voyageuse
reiten II 1E faire du cheval
ein Rektor/eine Rektorin *(am Collège)* **II 6A** un principal/ une principale
ein Reporter/eine Reporterin I 3B, 2 un reporter/une reporter
eine Reservierung II 5B, 5 une réservation
jdn./etw. respektieren II 6C respecter qn/qc
ein Resultat II 6C un résultat
eine Richtung II 5A une destination
der TGV Richtung Paris II 5A le TGV à destination de Paris
die Richtung II 5B la direction
riechen II 4C sentir
Das riecht aber gut! II 4C Ça sent bon!
ein Rock II 1 une jupe
ein Roller II 7E un scooter
rot II 3E rouge/rouge
der Rücken II 2A le dos
eine Rückfahrkarte II 5B, 5 un aller-retour
ein Rucksack I 2E un sac; **II 3A, 4** un sac à dos
die Rücksichtnahme II 6C le respect
das Rugby(-Spiel) II 1E le rugby
eine Rugbymannschaft II 5B une équipe de rugby
eine Runde I 2B un match

S

ein Saal I 5A une salle
die Sachen II 3A les affaires *(f.)*
ein Saft I 7B un jus
jdm. etw. sagen II 6B dire qc à qn
Sag mal, ... I 8A Dis donc, ...
Also, sag' mal! II 4B Ça alors! *(Ausdruck der Entrüstung/des Erstaunens)*
seine Meinung sagen II 6C, 2 donner son avis
ein Skaterclub I 8E un club de roller
ein Salat I 7B une salade
das Salz I 7B le sel
(am) Samstag I 4C samedi *(m.)*
ein Sandwich I 6B un sandwich
ein Satz I 2E une phrase
ein Satzteil II 3B, 1 un élément
der Schalter II 5B, 5 le guichet
ein Schaufenster II 3C, 3 une vitrine
schaukeln I 9 bouger
jdm. etw. schenken II 7 offrir qc à qn
ein Schiff I 9 un bateau
der Schinken II 4E le jambon
schlafen II 4B dormir
ein Schlafzimmer I 2E une chambre
ein Schlag II 6E un coup
schlecht II 6A mauvais/mauvaise
Nicht schlecht. II 3E Pas mal.
etw. schließen II 4B fermer qc
etw. wieder schließen II 3B refermer qc
schlimm I 9 grave/grave
ein Schlüssel II 6B une clé
ein Schlüsselwort II 6B un mot-clé/ des mots-clés
der Schluss II 6C, 4 la conclusion
zum Schluss II 6C, 4 en conclusion *(f.)*
zum Schluss I 7B à la fin
die Schlussfolgerung II 6C, 4 la conclusion
der Schlussverkauf II 3A les soldes *(m., pl.)*
ein Schnäppchen II 3A une affaire
ein Schnäppchen machen II 3A faire une affaire
schnell I 5A vite
die Schokolade II 4E le chocolat
schön II 3B beau/bel/belle/beaux/ belles; **II 3A** sympa/sympa
Schönes Wochenende! I 7A Bon week-end!
schon I 4C déjà
jdm. etw. schreiben II 6B écrire qc à qn
schreien II 5C crier
jdn. schubsen II 2A pousser qn
ein Schuh II 3E une chaussure
Clownschuhe II 3B des chaussures *(f.)* de clown
die Schuhgröße II 3C, 3 la pointure
Welche Schuhgröße haben Sie? II 3C, 3 Quelle est votre pointure?
eine Schulaufgabe *(ugs.)* **I 4C** une interrro *(fam.)*
ein Schulbibliothekar/eine Schulbibliothekarin I 5A un documentaliste/une documentaliste
eine Schule I 2A une école
ein Schüler/eine Schülerin I 4A un élève/une élève
ein neuer Schüler I 5E un nouveau
ein Schüleraustausch II 6A, 4 un échange scolaire
einen Schüleraustausch machen faire un échange scolaire **II 6A, 4**
schulisch II 6A, 4 scolaire/scolaire
eine Schulnote I 7C une note
eine Schulpartnerschaft mit ... haben II 5A, 5 être jumelé(e) avec ...
schwarz II 3E noir/noire

eine Schwester I 4C une sœur
schwimmen II 1 nager
das Schwimmen II 1E la natation
segeln II 1E faire de la voile
jdn./etw. sehen II 3A voir qn/qc
  Sieh mal einer an. II 3A Tiens.
  Ich will/kann dich nicht mehr sehen! II 3C Je ne veux plus te voir!
sehr I 4A très
sein I 2B être
  sein aus I 2B être de
  Ich bin dran. I 7A C'est à moi.
  Da bist du ja! II 6B Te voilà!
  Wer ist das? I 1 Qui est-ce?
seit II 3A pendant
eine Seite I 4E une page
seltsam II 2A bizarre
September I 5A septembre *(m.)*
etw. setzen I 7B mettre qc
das Shoppen *(ugs.)* **II 1E** le shopping *(fam.)*
  shoppen gehen *(ugs.)* **II 1E** faire du shopping *(fam.)*
etw. signieren II 5C signer qc
singen I 3A chanter
eine Situation I 6C, 2 une situation
eine Skatertour I 8B une rando roller
ein Sketsch II 6C un sketch
der Ski II 1E le ski
das Skifahren II 1E le ski
so I 7C comme ça
  Nur so. I 8B Comme ça.
  Es geht so. II 2A, 4 Pas trop mal.
eine Socke II 3E une chaussette
sofort I 7C tout de suite
ein Sohn II 2E un fils
man soll etw. nicht tun II 4B, 4 il ne faut pas faire qc
(am) Sonntag I 4C dimanche *(m.)*
Sonst noch etwas? I 7A Et avec ça?
Spaß haben I 9 rigoler
spät I 3B tard
  später I 3B plus tard
  eine Stunde später I 3B une heure plus tard
  Wie spät ist es? I 5B Il est quelle heure?
  spät dran sein II 5A être en retard
  zu spät II 5C trop tard
  Bis später! II 4B, 5 A plus!
das Speiseöl I 7A l'huile *(f.)*
ein Spiegel II 3B une glace
ein Spiel I 2B un match
mit jdm./etw. spielen I 4C, 4 jouer avec qn/qc
  Spielen wir eine Partie? I 2B On fait un match?
Du spinnst wohl! *(ugs.)* **II 4B** Tu rigoles! *(fam.)*
(der) Sport/die Sportart II 1E le sport
  Sport treiben II 1E faire du sport
eine Sprache II 6C une langue
mit jdm. (über etw.) sprechen II 6B parler (de qc) à qn/avec qn
eine Stadt II 3E une ville
eine Städtepartnerschaft mit ... haben II 5A, 5 être jumelé(e) avec...
ein Stadtviertel I 2A un quartier
ein Star II 3B une star
die Statistik II 6C, 4 les statistiques *(f., pl.)*
jdm. stehen II 3A aller à qn
etw. stehlen II 2E voler qc
Fragen stellen über etw. I 6A, 4 poser des question sur qc
  jdm. Fragen stellen II 6E poser des questions à qn
Das stimmt. I 6E C'est vrai.
eine Stimmung I 8B une ambiance
ein Stockwerk I 6A un étage
stolz II 5C fier/fière
jdn. stören II 2A déranger qn
jdn. stoßen II 2A pousser qn
ein Strand II 2B une plage
eine Straße I 2A une rue
eine Strategie I 1, 5 une stratégie
etw. (durch)streichen II 4A barrer qc
ein Streit II 2A une dispute
ein Strumpf II 3E une chaussette
eine Stunde I 3B une heure
  eine Stunde später I 3B une heure plus tard
stundenlang II 3A pendant des heures
ein Stundenplan I 5A un emploi du temps
etw. suchen I 3E; II 1 chercher qc
super *(ugs.)* **I 2A** super *(fam.)*
ein Supermarkt I 2A un supermarché
eine Supernote I 7C une super note
ein Superstar I 4A une superstar
eine Superstimmung I 8B une ambiance d'enfer
die Suppe II 4A la soupe
surfen I 4A surfer
das Surfen II 1E le surf
eine Szene II 6C une scène

T

ein Tag II 2C un jour
  ein Tag *(im Verlauf)* **I 9** une journée
  ein Tag der offenen Tür II 6C une journée portes ouvertes
  den ganzen Tag II 7E toute la journée
ein Tagebuch II 4C, 3 un journal intime
eine Tante II 5C, 3 une tante
der Tanz II 1E la danse
tanzen I 8A danser
das Tanzen II 1E la danse
eine Tasche I 2E un sac
  eine (Hosen-)Tasche II 7 une poche
das Taschengeld II 7 l'argent *(m.)* de poche
der Tee II 4E le thé
etw. teilen II 2B partager qc
  um etw. zu teilen II 2C pour partager qc
das Telefon I 4C le téléphone
eine Telefonnummer I 5A, 6 un numéro de téléphone
mit jdm. telefonieren I 8A téléphoner à qn
ein Teller II 4C une assiette
das Tennis II 1E le tennis
eine Terrasse I 6A une terrasse
teuer I 6A cher
  Das ist zu teuer. I 6B C'est trop cher!
  teuer II 3A cher/chère
  teuer sein II 7 coûter cher
ein TGV II 5A un TGV
ein Thema II 6C, 4 un sujet
ein Tisch I 3B une table
  den Tisch decken I 7C mettre la table
(das) Tischtennis I 4B le ping-pong
ein Titel II 6A un titre
eine Tochter II 5A, 1 une fille
die Toiletten I 5E les toilettes *(f., pl.)*
toll II 3A; fantastique/fantastique **II 3A**; sympa/sympa **II 3A**; génial **I 4A; II 3A**
eine Tomate I 7E une tomate
eine Tour *(ugs.)* **I 8B** une rando *(fam.)*
die Tour de France II 1 le Tour de France
ein Tourist/eine Touristin I 6B un touriste/une touriste
etw. tragen II 3E porter qc
von etw. träumen I 5B, 3 rêver de qc
traurig II 7 triste/triste
jdn. treffen I 7A rencontrer qn
  sich mit jdm. treffen I 4C avoir rendez-vous avec qn
  jdn. (wieder) treffen II 2C retrouver qn
ein Treffen I 4C un rendez-vous
die Treppe I 6A l'escalier *(m.)*
  die Treppe nehmen I 6A prendre l'escalier *(m.)*

Tschüs! *(ugs.)* **I 1** Salut! *(fam.)*; **II 4B,** 5 A plus! *(fam.)*
ein T-Shirt II 3E un T-shirt
etw. tun I 4A faire qc
  etw. gern tun I 4C aimer faire qc
  etw. tun werden I 8E aller faire qc
  Aber was (kann/soll man) tun? I 8B Mais que faire?
eine Tür II 2B une porte
ein Turm I 6A une tour
eine Turnhalle I 5E un gymnase
Turnschuhe II 5E des baskets *(f., pl.)*
eine Tüte I 2E un sac

U

die U-Bahn I 6A le métro
über I 6A, 4 sur
überall II 6C partout
überhaupt nicht II 6C, 2 pas du tout
etw. überqueren II 5C traverser qc
ein Übersichtsplan I 9 un plan
eine Übung I 1 un exercice
am Ufer (der/des) … II 1 au bord de …
Uff! I 9 Ouf!
um (etw. zu tun) II 2A pour (faire qc)
Um wie viel Uhr? I 5B, 1 A quelle heure?
jdn. umarmen II 4C embrasser qn
etw. umdrehen II 3C tourner qc
eine Umkleidekabine II 3C, 3 une cabine
umsteigen II 5A changer (de train)
und I et
ein Unfall II 4A, 4 un accident
unter II 5E sous
eine Unterrichtsstunde II 6A un cours
etw. unterschreiben II 5C signer qc
eine Untersuchung II 2E une enquête
der Urlaub II 1E les vacances *(f., pl.)*
  in Urlaub II 5E en vacances *(f.)*

V

der Vater I 6E le père
etw. verändern II 6C changer qc
etw. verbringen II 1 passer qc
  (die Ferien) verbringen II 1 passer (les/ses vacances)
Geld verdienen II 7 gagner de l'argent
ein Verein I 8E un club
Verflixt! *(ugs.)* **I 1** Zut! *(ugs.)*
(eine) Verfügungsstunde II 6A Vie de classe *(f.)*
etw. vergessen II 4A oublier qc
etw. verkaufen II 7 vendre qc
ein Verkäufer/eine Verkäuferin I 7A, 6 un vendeur/une vendeuse
  eine Verkäuferin I 6C une vendeuse
jdn. verlassen II 2C quitter qn
  Du hast mich verlassen. II 2C Tu m'as quitté.
ein Verletzter/eine Verletzte II 2E un blessé/une blessée
etw. verlieren II 5C perdre qc
jdn. vernehmen II 2A interroger qn
etw. verpassen II 5C, 3 rater qc
die Verspätung II 5A le retard
jdm. versprechen etw. zu tun II 3A promettre à qn de faire qc
  Versprochen! II 3A Promis!
etw. verstehen I 6C comprendre qc
  Ich verstehe dich nicht. II 1 Je ne te comprends pas.
etw. versuchen II 3A essayer qc
ein Videofilm I 5A une vidéo
ein Videoraum I 5A une salle vidéo
viel I 7B beaucoup
  viel *(bei Mengen)* **… I 7B** beaucoup de …
vielleicht II 4B peut-être
ein Viertel I 2A un quartier
um Viertel nach vier I 5A à quatre heures et quart
  Viertel vor vier I 5B quatre heures moins le quart
die Nase von etw. voll haben *(ugs.)* **II 3C** en avoir marre de qc *(fam.)*
Volleyball *(als Sportart)* **I 4B** le volley
von I 1 de
  von … aus I 6A de
vor allem II 6C surtout
vor *(örtlich)* **I 4A,** 3 devant
vor *(zeitlich)* **I 8A** avant
  zehn vor vier I 5B quatre heures moins dix
etw. vorbereiten I 3A préparer qc
ein Vorname I 4B un prénom
Vorsicht bei der Abfahrt! II 5A Attention au départ!
etw. vorstellen II 5B présenter qc
ein Vortrag II 6B un exposé
vorziehen etw. zu tun I 7C préférer faire qc

W

ein Wahnsinnslook II 3C un look d'enfer
wahr II 3C vrai/vraie
  Das ist wahr. I 6E C'est vrai.
  Das darf doch wohl nicht wahr sein! II 3C Ce n'est pas vrai!
die Wahrheit II 2B la vérité
während II 3A pendant
währenddessen II 6B pendant ce temps
eine Wanderung *(ugs.)* **I 8B** une rando *(fam.)*
Wann? I 5B, 1 A quelle heure?
wann I 6C, 4 quand
auf jdn./etw. warten II 5C attendre qn/qc
Warum …? I 8A Pourquoi …?
Was …? I 2B Qu'est-ce que …?
  Was ist das? I 2B Qu'est-ce que c'est?
  Was … ? I 3A Que …?
Was macht das? I 7A Ça fait combien?
Was? II 3C Quoi?
Was für ein Tag! II 5C, 5 Quelle journée!
was … angeht II 6A pour …
das Wasser I 9 l'eau *(f.)*
Wau! I Ouah!
wegen jdm./etw. II 2C à cause de qn/qc
  wegen dir II 2C à cause de toi
  Von wegen! *(ugs.)* **II 4B** Mon œil!
weggehen II 4B; II 4B sortir
jdm. etw. wegnehmen II 6E prendre qc à qn
Das tut mir weh! II 2A J'ai mal!
weil I 8A parce que
weiß II 3E blanc/blanche
Ich weiß (es) nicht. I 4C Je ne sais pas.
  Ich weiß (es). II 2E Je sais.
weit II 5C loin
  von weitem II 5C de loin
weitermachen I 4B continuer
welcher/welche/welches II 5B quel/quelle/quels/quelles
  Welche Größe haben Sie? II 3C, 3 Quelle est votre taille?
die Welt II 7 le monde
ein wenig … I 7B un peu (de) …
weniger I 7A, 3 moins
wenigstens II 4E au moins
wenn I 9 si; **II 7** quand
Wer …? I 3B Qui …?
  für wen I 4A, 3 pour qui
  Wem … ? II 6A A qui est-ce que… ?
  mit wem I 5B, 4 avec qui
  Wer ist dran? I 7A C'est à qui?
eine Werkstatt II 7 un garage
wichtig II 6C important/importante
wie I 4B comme
  wie du I 4B comme toi
  wie Hund und Katze II 4C, 4 comme chien et chat
  Wie … ? I 1 Comment … ?

Wie heißt du? I 1 Comment tu t'appelles?
Wie alt sind sie? I 4C, 2 Elles ont quel âge?
Wie spät ist es? I 5B Il est quelle heure?
etw. wieder schließen II 3B refermer qc
Auf Wiedersehen! I 1 Au revoir!
wie viel I 7A combien
wie viel(e) ... I 7A combien de ...
wirklich I 8B vraiment
Wisst ihr was? II 3C Vous savez quoi?
Ich weiß (es) nicht. I 4C Je ne sais pas.
Ich weiß (es). II 2E Je sais.
witzig I 4A; II 3A marrant/marrante
wo I 2A où
Wo ist das? I 2A C'est où?
Wo ist ... ? I 3A Où est ... ?
eine Woche I 8E une semaine
ein Wochenende I 6E un week-end
Schönes Wochenende! I 7A Bon week-end!
woher I 2B d'où
Woher seid ihr?/Woher sind Sie? I 2B Vous êtes d'où?
wohin I 2A où
Wohin gehst du? I 5A, 2 Tu vas où?
wohnen I 4B habiter
eine Wohnung I 3A, 8 un appartement
ein Wohnzimmer I 3A un salon
etw. wollen I 9 vouloir qc
etw. tun wollen I 9 vouloir faire qc
ein Wort I 1, 6 un mot
ein Wortspiel I 4E un jeu de mots
wovon II 6B de quoi
Wow! I 8B Waouh!
etw. wünschen II 3C, 3 désirer qc
ein Würfel I 3A, 5 un dé
die Wut II 4B la colère
wütend sein II 4B être en colère

Y

ein Yassa I 7A un yassa

Z

eine Zahl I 3E un nombre
ein Zahn II 2A, 4 une dent
eine Zeichnung I 7C, 1; **II 1E** un dessin
etw. zeigen I 4E montrer qc
eine Zeile II 6A, 1 une ligne
die Zeit I 6B le temps
Zeit haben I 6B avoir le temps
eine Zeitschrift II 5B un magazine
ein Zeitungsartikel I 4E un article
ein Zelt II 1 une tente
zelten II 1 faire du camping
ein Ziel II 5A une destination
ein (Schlaf-)Zimmer I 2E une chambre
eine Zitrone I 7E un citron
der Zitronensaft I 7B le jus de citron
zu *(+ Personen)* **I 5E** chez
zu 30 € II 3 à 30 €
zum Beispiel II 6A par exemple
zu viel I 6B trop
zu/zu viel I 6B trop de
etw. zubereiten I 3A préparer qc
der Zucker II 4C, 2 le sucre
zuerst I 2 d'abord
zufrieden II 6C content/contente
mit jdm./etw. zufrieden sein II 6C être content de qn/qc
ein Zug I 9 un train
jdm. zuhören II 4B, 4 écouter qn
zunächst I 2 d'abord
zurückkehren I 5B rentrer; **II 4A** retourner
jdn./etw. zurücklassen II 2C laisser qn/qc
zurzeit II 3C, 3 en ce moment
zusammen I 9 ensemble
eine Zusammenfassung I 7A, 1 un résumé
der/die/das zweite ... II 5B, 5 le/la deuxième ...
eine Zwiebel I 7E un oignon
zwischen II 2B entre

Bildquellen
Agence Vu, Paris: 72.3 – Arco Digital Images, Lünen: 23.4 (Dieterich) – Bleu Blanc Foot, n°37, FBN Editions, 2004: 72.1 – BMG France, Paris Cedex 02: 47.1 – Philippe Bordas: 47.5 – Nathalie Canguilhem/Pierre Terrasson: 46.4 – Corbis, Düsseldorf: U1.2 (Franken); U1.1, 7.1 (Forman/Eye Ubiquitous); 8.1 (Lisle); 8.2 (Rabinowitz); 8.3 (Stadler); 8.5 (Sygma/Van Hasselt); 8.6 (Seguin/TempSport); 9.5 (Martin); 9.6 (Bland/Eye Ubiquitous); 9.7 (RF); 23.1 (Michael St. Maur Sheil); 23.3 (Sygma); 59.2 (Sygma/Lio); 67.2 (Busselle); 25.2 (De Waele/Isosport); 26.1 (De Waele/Isosport); 26.2 (Sygma/Iundt); 26.3 (Reuters); 26.4 (Chiesa/NewSport); 28.1 (Clopet); 46.1 (Vallon/Kipa); 46.3 (Sygma/Amet); 47.2 (Cardinale); 47.4 (Vallon/Cub Sept); 198.1-2 (O'Rear); 199.1 (Blair); 199.2 (Sygma/Serra) – Ouest France, Rennes cedex 9: 16.3 – DER-Voyages, Paris: 197 – Editions Gallimard, Paris: 72.2 – Claude Gassian: 46.2 – Editions Glénat, Issy-Les-Moulineaux: 72.5, 77.2-7, 83.1 (ZEP) – Anne-Sophie Guirlet-Klotz, Stuttgart: 39.2 – Hachette Jeunesse, Paris: 72.4 – Pierre Javelle, Paris: 38, 39.1, 39.3, 41, 43.1-6, 52, 53.1-2, 55.1, 57.1-2 – Klett-Archiv, Stuttgart: 9.1, 59.1, 67.1, 196 – Mario Kreß, Fürth: 84.3 – Le Ny Gilles, commisariat de Saint-Malo: 20.1 – Lolie magazine, Milan Presse: 72.6 – Marco Polo Agence Photographique (F. Bouillot), Paris: 14.1, 14.3-5, 15.1-3, 31.1-2, 33, 35.1-2, 74.1-2, 75.1-3, 76, 77 – Mauritius, Mittenwald: 9.2 (age fotostock) – Modular (Steinle), Stuttgart: 10.1-2, 11.1-3, 12.1-6, 14.2, 16.1-2, 17.1-3, 19, 20.2, 24.2, 40.1-2, 45.2, 60.1-3, 61, 63.1-2, 65.1-3, 66.1-2 – Sinan Narin, Trier: 23.2 – Polo Garat-design, G. Kashima: 57.3 – RMN, Paris: 25.1 (Lewandowski) – SCOPE, Paris: 27 (Guillard) – Christine Séguret, Stuttgart: 24.1 – Laurent Seroussi, Paris 2004: 47.3 – Sipa Press, Paris: 8.4 (Dubrocas); 9.3 (Fautre); 84.1 (Fayolle); 84.2 (Setboun) – SNCF, Paris: 58.1-2 – Stockfood Photo Stock Agency, München: 45.1, 67.3 – Transglobe Agency, Hamburg: 9.4 (Foc Photo)

On fait des révisions. (Seite 26–28)

1 En français
Toi
1. Salut, Arthur.
2. Non, ça ne va pas [très] bien.
3. Hier, j'ai fait du VTT. Je suis tombé et maintenant, j'ai mal à la jambe. J'ai aussi mal aux fesses. Aïe!
4. Non. Aujourd'hui, je ne veux pas faire du cheval. Je préfère rester au camp de vacances.
5. Faire du canoë de mer? Oui, ça m'intéresse beaucoup. Je trouve ça super.
6. Ça m'est égal. Après, on peut faire du shopping à Saint-Malo ou manger une glace sur la plage/au bord de la mer.

Arthur
1. Salut, ...! Oh là là, ça ne va pas aujourd'hui?
2. Mais pourquoi?
3. Ah, je comprends. Alors, tu ne peux pas faire du cheval avec moi aujourd'hui ...
4. Dommage. Mais demain, on peut faire du canoë de mer ensemble, si tu veux.
5. Mais ... on peut tomber dans l'eau! Et tu vas avoir mal aux bras ...
6. D'accord. Alors, je te retrouve demain, à neuf heures, au bord de la mer.

2 Qu'est-ce qu'ils font?
1. Richard et Patrice font du VTT. 2. David fait du judo. 3. Eunice fait de l'athlétisme. 4. Laure fait de la natation.

3 Les mots
a) les vacances: la mer, un maillot de bain, la natation, une rando, la plage, un camping, une tente
une enquête: un voleur, un commissariat, interroger, accuser, un blessé, une lettre anonyme, la vérité

b) Le samedi après-midi, Anne et Frédéric font souvent des randos en vélo. Ils ont toujours rendez-vous devant le cinéma. Aujourd'hui, Anne est déjà là : elle est arrivée avant le rendez-vous. D'abord, ils font du vélo. Puis, ils vont à la plage et (ils) font de la natation. A la fin, ils mangent une glace.

4 Ils veulent bien, mais est-ce qu'ils peuvent?
a) 1. ils ne peuvent pas 2. tu peux 3. je ne peux pas 4. vous pouvez aller 5. on ne peut pas 6. nous ne pouvons rien manger

b) 1. Léa veut 2. Qui veut faire ... 3. je veux faire du shopping ... 4. Nous voulons acheter 5. vous voulez faire 6. ils veulent faire 7. nous voulons faire

5 Pas de vacances pour la commissaire!
1. elles ont rendez-vous au bord de l'eau 2. une rando en canoë 3. elles mettent leurs maillots de bain 4. il y a beaucoup de touristes 5. elles prennent leurs sacs 6. elle veut téléphoner à son fils Yann. 7. où est son portable? 8. on a volé son portable 9. elle commence l'enquête

6 Les maths? Pas de problème!
je vous dérange; tu ne nous déranges pas; tu me regardes; je te rencontre; tu peux m'expliquer; ça ne m' intéresse pas; je ne te comprends pas; je t'explique l'exercice

7 Un samedi à Saint Malo
vous êtes arrivés; on est arrivés; nous avons fait du shopping; qu'est-ce que vous avez acheté; j'ai acheté; je n'ai rien trouvé; vous êtes allés; on est allés; nous sommes restés; vous avez déjà mangé; nous avons fait

8 La journée d'Isa
1. Je suis rentrée à la maison à deux heures. 2. J'ai mangé avec maman. 3. A trois heures, Sarah est arrivée. 4. On a fait du shopping. 5. Puis, on est allées chez Sarah. 6. Nous avons écouté un CD de Manau. 7. Après, on a vite fait nos devoirs. 8. A 7 heures, je suis rentrée à la maison. 9. Un peu plus tard, tu es aussi arrivé.

9 Le cadeau de Yann
2. Non, elle n'a pas encore trouvé le cadeau de Yann. 3. Non, elle n'est pas allée au commissariat aujourd'hui. 4. Elle n'a rien acheté. 5. Elle n'a rien trouvé.

On fait des révisions. (Seite 48–50)

1 En français
Toi
1. Je voudrais acheter des nouvelles chaussures. Est-ce que tu veux faire les courses avec moi?
2. Regarde ces chaussures bleues. La couleur bleue est à la mode en ce moment.
3. Je voudrais essayer les/ces chaussures. «Madame, vous avez ces chaussures en 37? »
4. C'est exactement ma pointure. Mais les chaussures coûtent 120 €. Non, je ne les achète pas.
5. Je ne sais pas ... Je déteste la couleur grise. ... Merci, madame. Mais ... je n'ai rien trouvé.
6. (Chez Nadia) Est-ce que je peux aider?
7. Où sont les couteaux et les fourchettes?
8. Mmm ... ça sent vraiment bon ici!

Nadia
1. J'ai le temps cet après-midi. On va au magasin «C'est le pied», d'accord? Ils ont des chaussures cool.
2. Tu as raison. Ces chaussures bleues sont fantastiques.
3. Ah, elles te vont bien. ...Madame, elles coûtent combien, les/ces chaussures?
4. Tu as raison. 120 €, c'est trop cher. Tu as déjà vu les chaussures grises? Elles ne sont vraiment pas chères: 45 €.
5. On peut aller au magasin «Choose», demain après le collège. C'est un nouveau magasin dans la grande rue. ... Mais, maintenant j'ai faim et je voudrais rentrer à la maison.
6. Merci, c'est sympa. Tu peux mettre la table.
7. Les couteaux et les fourchettes sont dans la cuisine et les assiettes sont dans le salon.
8. Papa fait toujours des bonnes pizzas!

2 Sel et sucre
devant et derrière; avant et après; blanc et noir; le chat et le chien; grand et petit; sans et avec; hier et demain; beau et moche; la faim et la soif; partir et arriver; le pied et la tête; le client et le vendeur; le fils et la fille; la question et la réponse; la télé et la radio; la fourchette et le couteau

3 Lucie et Clément partent en week-end.
Lucie prend son jean bleu, sa minijupe grise, ses chaussettes blanches et son maillot de bain jaune. Clément prend sa casquette verte, ses chaussures bleues et son anorak rouge.

4 M. Marot, un homme d'affaires
des affaires intéressantes; des prix fantastiques; ce nouveau pull; ce pull génial; ces belles chaussures; cette casquette blanche; un beau bracelet; ce T-Shirt marrant; une robe sympa; cette grande robe

5 Les nouveaux verbes

voir	sortir	dormir
je vois	tu sors	il dort
nous voyons	vous sortez	nous dormons
ils voient	elles sortent	vous dormez

mentir	partir	devoir
il/elle ment	je pars	il doit
vous mentez	nous partons	nous devons
ils mentent	vous partez	ils doivent

6 Les Garnier rentrent à la maison …
1. Il faut ranger le salon. 2. Il faut faire la vaisselle. 3. Il faut aller à la boulangerie. 4. Il faut aller au supermarché. 5. Il faut acheter du jambon, du fromage et des tomates. 6. Il faut (acheter) des pommes, des bananes, des oranges et des kiwis. 7. Il faut ranger tes chaussettes. 8. Il faut mettre la table.

7 Mamie est devant la porte … et les Garnier paniquent.
tu as vu; il dort; M. Garnier et Julie partent; nous devons; ils doivent; j'ai oublié; ils ne peuvent rien acheter; elles rangent; il sort; il doit; tu sors; qui met; ils sortent; je vois; elle sort; vous sortez; nous mangeons

8 Cherchez l'intrus.
1 l'intrus: un look; le thème général: les vêtements
2 l'intrus: fantastique; le thème général: les couleurs
3 l'intrus: le voisin; le thème général: la famille
4 l'intrus: le répondeur; le thème général: la vaisselle

9 Après le match de volley
du coca; il n'y a plus de coca; de l'eau; du jus; un yaourt; de la salade; du pain; du chocolat; des fruits; des pommes; des oranges; pas de bananes; une pomme

On fait des révisions. (Seite 69 – 71)

1 En français
1. Bonjour, monsieur/madame. Je voudrais un billet pour (aller à) Cologne, s'il vous plaît.
2. Un aller simple en deuxième classe, s'il vous plaît.
3. Je ne sais pas encore. Je voudrais arriver à Cologne vers 19 heures.
4. Pardon … le train part à quelle heure?
5. Est-ce qu'il y a une réduction pour les jeunes?
6. Est-ce qu'il y a (encore) des places non-fumeurs?
7. Est-ce que je dois changer?
8. Merci, monsieur/madame. Au revoir.

1. Bonjour.Vous voulez un aller simple ou un aller-retour?
2. D'accord. Et vous voulez partir à quelle heure?
3. Alors, vous pouvez prendre le TGV à 14 h 55. Il arrive à Cologne à 18 h 49. D'accord?
4. Le TGV part de Paris à 14 h 55.
5. Oui, bien sûr. Vous avez une réduction de 25 %. Il faut une réservation.
6. Oui.
7. Non, c'est un train direct. Alors, ça fait 49 €. Voilà votre billet.
8. Au revoir et bon voyage.

2 Au voleur!
C'est un garçon avec un/mon sac à dos. Il a les cheveux bruns, il est grand et mince. Il porte un jean bleu, un blouson blanc et vert, des baskets noires et une casquette verte.

3 Ma famille
a) la mère et le père; la fille et le fils/la fille et le garçon; l'oncle et la tante; le cousin et la cousine; le frère et la sœur; la grand-mère et le grand-père
b) 1. Le frère de mon père est mon oncle. 2. Les parents de ma mère sont mes grand-parents. 3. La sœur du fils de mes grand-parents est ma tante ou ma mère. 4. J'appelle mes grands-parents mamie et papi ou grand-mère et grand-père. 5. Mon frère et moi, on est les petits-enfants de mamie et de papi. 6. Ma tante est la sœur de mon père. 7. La fille et le fils du frère de ma mère sont mes cousins.

4 Quels vêtements est-ce que je mets?
1. Théo a quel âge aujourd'hui? 2. Tu vas mettre quel T-Shirt avec ta jupe? 3. Et quelles chaussures? 4. Il a invité quels copains, Théo? 5. Tu vas rentrer à quelle heure?

5 Où est le chat de Naïma?
1. Le chat est à gauche du lit. 2. Le chat est sous le lit. 3. Le chat est sur le lit. 4. Le chat est devant le lit. 5. Le chat est derrière le lit. 6. Le chat est à droite du lit/à côté du lit.

6 Toulouse – Paris – Bruxelles
2. Avec qui est-ce qu'ils sont allés à la gare? – Ils sont allés à la gare avec leur mère. 3. A qui est-ce qu'ils ont parlé dans le train? – Ils ont parlé à Emma et Antoine. 4. Avec qui est-ce qu'Emma est allée à Paris?

– Elle est allée à Paris avec Antoine. 5. De quoi est-ce qu'Antoine a parlé d'abord? – D'abord, il a parlé du rugby. 6. A qui est-ce qu'il a expliqué comment on va au Virgin? – Il a expliqué à Thomas comment on va au Virgin. 7. De qui est-ce que Thomas a pris une photo au Virgin? – Il a pris une photo de Zebda au Virgin. 8. Pour qui est-ce que Zebda a signé un CD? – Zebda a signé un CD pour Thomas. 9. A qui est-ce qu'ils ont téléphoné? – Ils ont téléphoné à leurs cousins. 10. A qui est-ce que Thomas a écrit une carte de Bruxelles? – Il a écrit une carte de Bruxelles à Emma.

7 Voyages, voyages
il l'attend déjà; Julien lui apporte ses devoirs et l'aide; il lui raconte aussi et lui montre; Thomas leur a écrit … et ils lui ont déjà répondu; on va les inviter; Julien la donne; Thomas l'adore; il leur explique; on leur a apporté la vidéo

8 On joue avec les verbes.
Um die Verbformen zu überprüfen, schaut euch die Grammatikparagraphen 24, 27, 29, 30 an.

9 Emma écrit à Thomas.
je vous réponds; je pars; il dit; il lit un livre; je ne connais pas; il m'écrit des e-mails; vous dites; vous avez vu; un musicien du groupe a écrit; j'ai lu; j'ai entendu; nous ne connaissons pas encore; Antoine préfère rester; mes parents me disent toujours; tu viens; on ne te voit pas souvent; elle dit toujours qu'elle perd; vous venez; j'attends

10 Quel bordel!
1. Jean: Oui, je lui ai parlé du racket hier. 2. Jean: Non, mais elle va leur téléphoner. 3. Jean: Non, je ne l'ai pas encore lu. 4. Fanny: Non, mais je lui ai écrit un mail. 5. Fanny: Non, il ne m'a pas encore répondu. 6. Fanny: Mais si, je lui ai laissé un message sur son portable.

Un jeu: La rando de «Tous ensemble» (Lektion 1, Seite 14–15)

1. quatre-vingt-dix-sept / vingt
2. tu veux, nous voulons, ils veulent / je cherche, nous cherchons, vous cherchez
3. C'est le Centre Pompidou / C'est la tour Eiffel.
5. Aujourd'hui, les copains vont au cinéma. / A midi, les élèves vont à la cantine.
7. Le gris-gris, c'est un porte-bonheur./ Léo est un chien.
8. mercredi, jeudi, vendredi, samedi, dimanche. / mardi, mercredi, jeudi.
9. C'est un supermarché. / C'est un sandwich.
10. 48, 60, 72
12. je fais, nous faisons, ils font / je trouve, vous trouvez, ils trouvent
13. J'achète une bouteille d'huile. / Au marché, j'achète un ananas.
14. Pour le yassa au poulet, madame Sakho achète dix citrons, un kilo d'oignons et un poulet./ Dans la salade de fruits, je mets deux bananes et quatre pommes.
16. La Samaritaine, qu'est-ce que c'est? / Qui est-ce?
17. Il prend une photo du collège, de la salle vidéo et de l'infirmerie. / Il prend une photo de la tour Eiffel.
18. Il est quatre heures moins cinq./ Il est 5 heures cinq.
20. Tu es d'où? / Comment tu t'appelles?
21. Maintenant, je vais faire mes devoirs. / Marine prend un café sur la terrasse.
23. Ça fait combien? / Une baguette, s'il vous plaît.
24. Voilà un poulet, des frites, une pomme et des citrons. / Voilà une casquette et un CD.
26. J'aime/adore le foot, mais je déteste/n'aime pas l'école. / Le Sport, c'est super / cool / génial.
27. Le lundi, j'ai musique, maths et géographie. / Le midi, Charlotte et Nicolas mangent à la cantine.
28. Samedi, je vais au cinéma, et je vais faire les courses. / Samedi, je vais écouter des CD.
29. Charlotte ne prend pas l'escalier; elle prend l'ascenseur. / Marine et Charlotte surfent sur Internet pour trouverun corres sympa.
31. Ça fait soixante-seize euros quatre-vingt-douze./ Ça fait quinze euros vingt.

Résultats du test (Lektion 3, Seite 37)

a) **Tu as une majorité de a:** Tu fais très attention à ton look! Tu connais toutes les marques. Mettre un pantalon de l'année dernière, pour toi, c'est la cata! Tu es un peu la star de la classe, non?

b) **Tu as une majorité de b:** Tu fais attention à ton look parce que tu aimes plaire mais tu préfères rester toi-même. Tu as ton style bien à toi! L'important, c'est d'être bien dans ses vêtements.

c) **Tu as une majorité de c:** La mode? Bof, ça ne t'intéresse pas. L'important pour toi, c'est de rigoler avec les copains, tu aimes les sorties et les fêtes. Avec toi, il y a toujours de l'ambiance!

Résultats du test (Lektion 7, Seite 79)

Majorité de A: L'argent n'a pas d'odeur. L'argent, tu adores ça! – Peut-être un peu trop?

Majorité de B: L'argent ne fait pas le bonheur. Pour toi, il n'y a pas que l'argent dans la vie.

Majorité de C: Les bons comptes font les bons amis! L'argent, c'est important pour toi: tu le prêtes volontiers, mais tu veux aussi qu'on te le rende.

Pour faire les exercices du livre

Hier findest du das vollständige Vokabular der **Übungsanweisungen**.

A	à deux	zu zweit
	à haute voix	laut
	à propos du texte	zum Text
	A vous.	Jetzt seid ihr dran.
	les activités préférées	die Lieblingsbeschäftigungen
	Apprenez le poème par cœur.	Lernt das Gedicht auswendig.
B	le bon ordre	die richtige Reihenfolge
C	un cahier	ein Heft
	Calculez.	Rechnet.
	une carte	eine (Kartei-)Karte
	chaque partie	jeder Teil
	Cherchez des mots avec …	Sucht Wörter mit …
	une chanson	ein Lied/Chanson
	Choisissez une situation.	Wählt eine Situation.
	Cochez.	Kreuzt an.
	Combinez …	Verbindet …
	Comparez …	Vergleicht …
	Complétez.	Vervollständigt./Füllt aus.
	Complétez et comparez.	Vervollständigt und vergleicht.
	Complétez la grille dans votre cahier.	Vervollständigt die Tabelle in eurem Heft.
	Complétez les phrases avec l'information correcte.	Vervollständigt die Sätze mit der richtigen Information.
	Continuez.	Macht weiter.
	Corrigez les phrases 1–6.	Korrigiert die Sätze 1–6.
D	un dé	ein Würfel
	Décrivez les dessins.	Beschreibt die Zeichnungen.
	un dessin	eine Zeichnung
	Devinez les nombres.	Erratet die Zahlen.
	un dialogue	ein Dialog/Gespräch
E	Ecoutez.	Hört zu.
	Ecoutez et écrivez.	Hört zu und schreibt auf.
	Ecoutez le texte une première fois … une deuxième fois … une troisième fois …	Hört den Text ein erstes Mal … ein zweites Mal … ein drittes Mal …
	Ecrivez les phrases dans votre cahier.	Schreibt die Sätze in euer Heft.
	Ecrivez l'histoire dans votre cahier.	… die Geschichte in euer Heft.
	Ecrivez sur des cartes.	… auf Karten.
	un exemple	ein Beispiel
	Employez …	Gebraucht …
F	Faites deux paquets.	Macht zwei Stapel.
	Faites des dialogues.	Macht Dialoge.
	Faites la liaison.	Macht die Bindung.
	Faites la liste de vos activités préférées.	Erstellt eine Liste mit euren Lieblingsbeschäftigungen.
	Faites des phrases.	Bildet Sätze.
	Faites une ou deux phrases pour chaque partie.	Bildet ein bis zwei Sätze zu jedem Abschnitt.
	faux	falsch
	Formulez …	Formuliert …
	en français	auf Französisch
H	une histoire	eine Geschichte
I	Imaginez d'abord une suite.	Denkt euch zunächst eine Fortsetzung aus.
	l'information *(f.)*	die Information
	l'intrus *(m.)*	der Eindringling
J	un jeu de cartes	ein Kartenspiel
	un jeu de dés	ein Würfelspiel
	un jeu de sons	ein Spiel mit Lauten
	Jouez à quatre.	Spielt zu viert.
	Jouez la scène.	Spielt die Szene.
L	une liaison	eine Bindung
	Lisez et traduisez.	Lest und übersetzt.
	Lisez le poème à deux.	Lest das Gedicht zu zweit.
	Lisez les mots à haute voix et trouvez l'intrus.	Lest die Wörter laut vor. Welches Wort unterscheidet sich von den anderen?
M	Mettez les phrases dans le bon ordre.	Bringt die Sätze in die richtige Reihenfolge.
	un message	eine Nachricht
N	le nombre	die Zahl
O	On dit …	Man sagt …
	On fait des rimes.	Wir machen Reime.
P	une phrase	ein Satz
	Posez des questions et répondez.	Stellt Fragen und antwortet.
	Prenez des notes.	Macht euch Notizen.
	Présentez vos résultats.	Stellt eure Ergebnisse vor.
Q	Quel titre va avec quelle partie du texte?	Welcher Titel passt zu welchem Textteil?
R	Racontez.	Erzählt.
	Racontez au passé composé.	Erzählt im *passé composé.*
	la règle	die Regel
	Regardez le texte.	Schaut euch den Text an.
	Relisez.	Lest noch einmal.
	Remplacez les mots soulignés par le/la/l'/les.	Ersetzt die unterstrichenen Wörter durch …
	Répétez.	Wiederholt.
	Répondez.	Antwortet.
	Résumez le texte avec les expressions suivantes.	Fasst den Text mit den folgenden Ausdrücken zusammen.
	une rime	ein Reim
S	une scène	eine Szene
	une situation	eine Situation
	un son	ein Laut/Klang
	une stratégie	eine Lerntechnik/Arbeitstechnik
	une suite	eine Fortsetzung
	sur place	an Ort und Stelle
T	un texte	ein Text
	le texte suivant	der folgende Text
	un titre	ein Titel
	Traduisez.	Übersetzt.
	Trouvez la règle.	Findet die Regel.
	Trouvez le message.	*hier:* Entziffert die Nachricht.
	Trouvez les mots qui vont ensemble.	Findet die Wörter, die zueinander gehören.
	Trouvez les mots qui riment.	Findet die Wörter, die sich reimen.
U	Utilisez …	Gebraucht …
V	Vrai ou faux?	Richtig oder falsch?

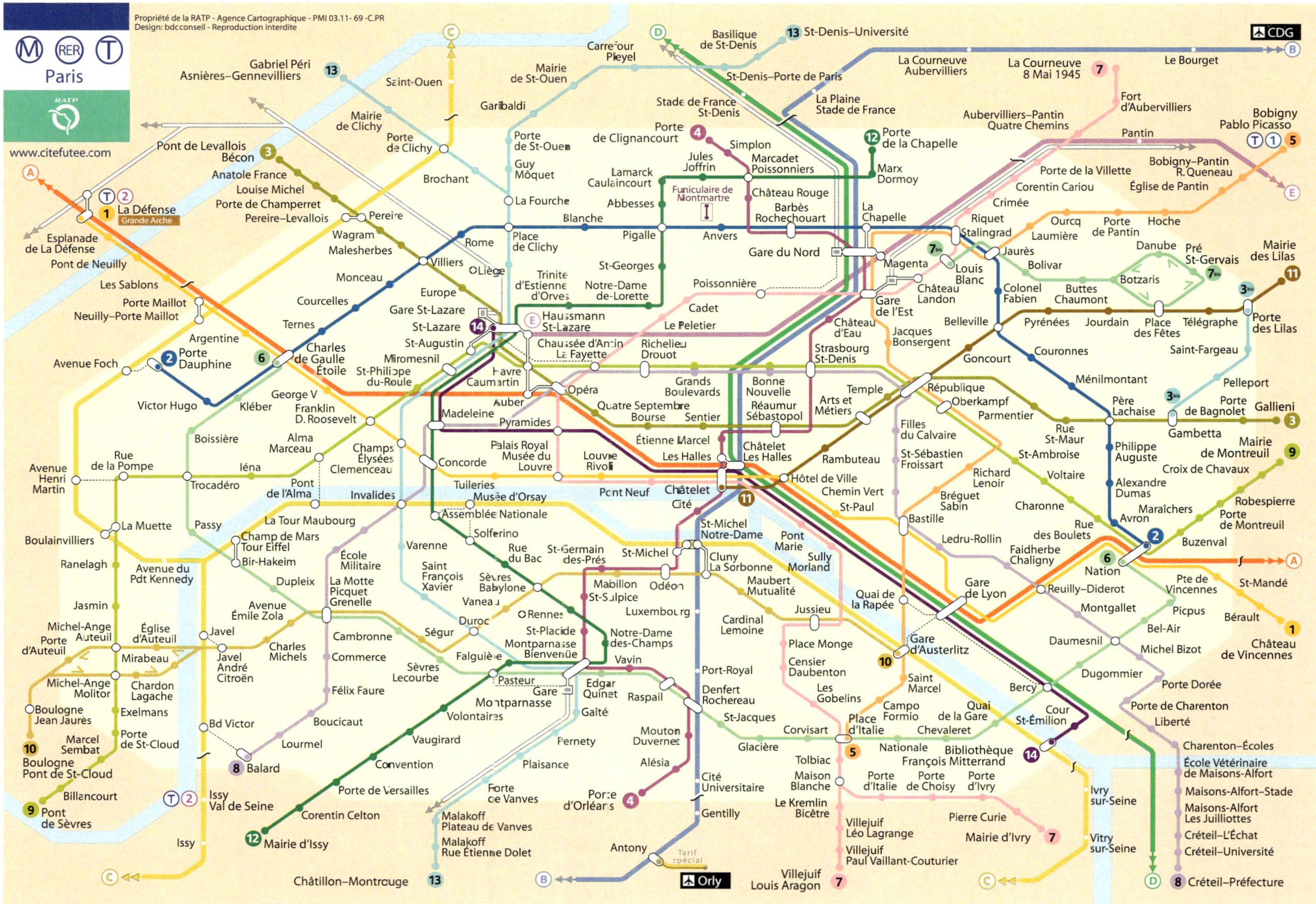

Propriété de la RATP - Agence Cartographique - PMI 03.11- 69 -C.PR
Design: bdcconseil - Reproduction interdite
M RER T
Paris
RATP
www.citefutee.com
CDG
Orly
Tarif spécial
La Défense
Grande Arche
Esplanade de La Défense
Pont de Neuilly
Les Sablons
Porte Maillot
Neuilly–Porte Maillot
Argentine
Charles de Gaulle Étoile
George V
Franklin D. Roosevelt
Champs Élysées Clemenceau
Concorde
Tuileries
Palais Royal Musée du Louvre
Louvre Rivoli
Châtelet
Hôtel de Ville
St-Paul
Bastille
Gare de Lyon
Reuilly–Diderot
Nation
Porte de Vincennes
St-Mandé
Bérault
Château de Vincennes
Pont de Levallois Bécon
Anatole France
Louise Michel
Porte de Champerret
Pereire–Levallois
Pereire
Wagram
Malesherbes
Villiers
Europe
St-Lazare
Havre Caumartin
Opéra
Quatre Septembre
Bourse
Sentier
Réaumur Sébastopol
Arts et Métiers
Temple
République
Parmentier
Rue St-Maur
Père Lachaise
Gambetta
Porte de Bagnolet
Gallieni
Porte Dauphine
Victor Hugo
Kléber
Boissière
Iéna
Trocadéro
Passy
Bir-Hakeim
Dupleix
La Motte Picquet Grenelle
Cambronne
Sèvres Lecourbe
Pasteur
Montparnasse Bienvenüe
Edgar Quinet
Raspail
Denfert Rochereau
St-Jacques
Glacière
Corvisart
Place d'Italie
Nationale
Chevaleret
Quai de la Gare
Bercy
Quai de la Rapée
Gare d'Austerlitz
Jussieu
Place Monge
Censier Daubenton
Les Gobelins
Tolbiac
Maison Blanche
Porte d'Italie
Porte de Choisy
Porte d'Ivry
Le Kremlin Bicêtre
Villejuif Léo Lagrange
Villejuif Paul Vaillant-Couturier
Villejuif Louis Aragon
Pierre Curie
Mairie d'Ivry
Saint Marcel
Campo Formio
Bibliothèque François Mitterrand
Cour St-Émilion
Ivry sur-Seine
Vitry sur-Seine
Basilique de St-Denis
St-Denis–Université
St-Denis–Porte de Paris
Stade de France St-Denis
La Plaine Stade de France
La Courneuve Aubervilliers
La Courneuve 8 Mai 1945
Le Bourget
Fort d'Aubervilliers
Aubervilliers–Pantin Quatre Chemins
Bobigny Pablo Picasso
Bobigny–Pantin R. Queneau
Église de Pantin
Pantin
Porte de la Villette
Corentin Cariou
Crimée
Riquet
Stalingrad
Jaurès
Laumière
Ourcq
Porte de Pantin
Hoche
Danube
Pré St-Gervais
Botzaris
Bolivar
Colonel Fabien
Buttes Chaumont
Place des Fêtes
Télégraphe
Porte des Lilas
Mairie des Lilas
Pyrénées
Jourdain
Saint-Fargeau
Pelleport
Belleville
Couronnes
Ménilmontant
Goncourt
Louis Blanc
Château Landon
Gare de l'Est
Magenta
Gare du Nord
La Chapelle
Marx Dormoy
Porte de la Chapelle
Simplon
Marcadet Poissonniers
Château Rouge
Barbès Rochechouart
Anvers
Pigalle
Abbesses
Lamarck Caulaincourt
Jules Joffrin
Porte de Clignancourt
Funiculaire de Montmartre
Blanche
Place de Clichy
Rome
Liège
La Fourche
Guy Môquet
Porte de St-Ouen
Garibaldi
Mairie de St-Ouen
Carrefour Pleyel
Saint-Ouen
Mairie de Clichy
Porte de Clichy
Brochant
Gabriel Péri
Asnières–Gennevilliers
Monceau
Courcelles
Ternes
Gare St-Lazare
St-Augustin
Miromesnil
St-Philippe du-Roule
Trinité d'Estienne d'Orves
Notre-Dame de-Lorette
St-Georges
Haussmann St-Lazare
Chaussée d'Antin La Fayette
Richelieu Drouot
Grands Boulevards
Bonne Nouvelle
Strasbourg St-Denis
Château d'Eau
Jacques Bonsergent
Poissonnière
Cadet
Le Peletier
Madeleine
Auber
Pyramides
Étienne Marcel
Les Halles
Châtelet Les Halles
Rambuteau
Chemin Vert
Filles du Calvaire
St-Sébastien Froissart
Oberkampf
Richard Lenoir
Bréguet Sabin
St-Ambroise
Voltaire
Charonne
Rue des Boulets
Philippe Auguste
Alexandre Dumas
Avron
Maraîchers
Buzenval
Croix de Chavaux
Mairie de Montreuil
Robespierre
Porte de Montreuil
Faidherbe Chaligny
Ledru-Rollin
Montgallet
Daumesnil
Michel Bizot
Porte Dorée
Porte de Charenton
Liberté
Charenton–Écoles
École Vétérinaire de Maisons-Alfort
Maisons-Alfort-Stade
Maisons-Alfort Les Juilliottes
Créteil–L'Échat
Créteil–Université
Créteil–Préfecture
Picpus
Bel-Air
Dugommier
Pont Neuf
Cité
St-Michel Notre-Dame
St-Michel
Cluny La Sorbonne
Maubert Mutualité
Cardinal Lemoine
Pont Marie
Sully Morland
Odéon
Mabillon
St-Sulpice
Luxembourg
St-Germain des-Prés
Rue du Bac
Sèvres Babylone
Solférino
Assemblée Nationale
Musée d'Orsay
Invalides
Varenne
Saint François Xavier
Vaneau
Duroc
Rennes
Notre-Dame des-Champs
St-Placide
Vavin
Port-Royal
Falguière
Ségur
Montparnasse
Gare Montparnasse
Volontaires
Vaugirard
Convention
Porte de Versailles
Corentin Celton
Mairie d'Issy
Gaîté
Pernety
Plaisance
Porte de Vanves
Malakoff Plateau de Vanves
Malakoff Rue Étienne Dolet
Châtillon–Montrouge
Mouton Duvernet
Alésia
Porte d'Orléans
Cité Universitaire
Gentilly
Antony
Alma Marceau
Pont de l'Alma
La Tour Maubourg
École Militaire
Champ de Mars Tour Eiffel
Avenue du Pdt Kennedy
Avenue Émile Zola
Charles Michels
Commerce
Félix Faure
Boucicaut
Lourmel
Balard
Javel
Javel André Citroën
Bd Victor
Issy Val de Seine
Issy
Avenue Foch
Avenue Henri Martin
Rue de la Pompe
La Muette
Boulainvilliers
Ranelagh
Jasmin
Michel-Ange Auteuil
Église d'Auteuil
Porte d'Auteuil
Mirabeau
Michel-Ange Molitor
Chardon Lagache
Exelmans
Porte de St-Cloud
Boulogne Jean Jaurès
Marcel Sembat
Boulogne Pont de St-Cloud
Billancourt
Pont de Sèvres

D'autres expressions utiles en classe

• Pour parler au professeur

Je ne comprends pas le mot …/l'expression …/ la phrase … à la ligne …
Qu'est-ce que cela veut dire?
Que veut dire le mot …/l'expression …/la phrase …?
Je ne sais pas.
Pardon? Comment?
Est-ce que vous pouvez répéter, s'il vous plaît?
Est-ce que vous pouvez expliquer … encore une fois, s'il vous plaît?
Est-ce que vous pouvez parler moins vite, s'il vous plaît?
Comment est-ce qu'on dit … en français?
Est-ce qu'on peut dire aussi …?
Comment est-ce qu'on prononce …?
Comment est-ce qu'on écrit …?
Est-ce que vous pouvez traduire …, s'il vous plaît?
Qu'est-ce qu'on a comme devoirs?
J'ai encore une question.
Je n'ai pas fait mes devoirs.
J'ai oublié mon cahier/mon livre/mes affaires de français à la maison.

• Pour parler à ses camarades

Nous en sommes à quelle leçon/à quel paragraphe?
On en est à quelle page/à quelle ligne?
C'est quelle leçon?
C'est à quelle page?
Est-ce que tu peux m'aider?
Est-ce que tu peux me donner …?
Est-ce que tu as … pour moi?
Comment est-ce qu'on fait cet exercice?
Quel rôle est-ce que tu prends?
Tu commences/continues/distribues les cartes?
Qui commence à jouer/à poser des questions?
C'est à toi maintenant.
Et puis, c'est à …

• Pour corriger les fautes

Il y a une faute.
Tu as fait une faute/une faute de grammaire/ de prononciation/de vocabulaire/d'accord.

Corrigez (la faute).
Répète la phrase/le mot, s'il te plaît.
Répète encore une fois, s'il te plaît.
Fais la liaison, s'il te plaît.
Est-ce que c'est juste?
Non, c'est faux/ce n'est pas juste.
Révisez le vocabulaire de la leçon 9 B.
Comment est-ce qu'on écrit ce mot?
Ça s'écrit en/avec …

• Le professeur parle aux élèves

C'est bien, c'est super.
C'est juste./C'est faux.
Corrigez la faute.
Vous avez une idée?
Ecoute ton camarade de classe.

Weitere Redewendungen, die im Unterricht nützlich sind

Ich verstehe das Wort …/den Ausdruck …den Satz …in der Zeile … nicht.
Was heißt das?
Was heißt das Wort …/der Ausdruck …/der Satz …?
Ich weiß nicht.
Wie bitte?
Können Sie bitte wiederholen?
Können Sie bitte … noch einmal erklären?

Können Sie bitte langsamer sprechen?
Wie sagt man … auf Französisch?
Kann man auch … sagen?
Wie spricht man … aus?
Wie schreibt man …?
Können Sie bitte … übersetzen?
Was haben wir als Hausaufgabe auf?
Ich habe noch eine Frage.
Ich habe meine Hausaufgaben nicht gemacht.
Ich habe mein Heft/mein Buch/meine Französischsachen zu Hause vergessen.

Bei welcher Lektion/welchem Abschnitt sind wir?
Auf welcher Seite/Bei welcher Zeile sind wir?
Welche Lektion ist das?
Auf welcher Seite ist das?
Kannst du mir helfen?
Kannst du mir … geben?
Hast du … für mich?
Wie macht man diese Übung?
Welche Rolle übernimmst du?
Beginnst du/Machst du weiter/Teilst du die Karten aus?
Wer beginnt zu spielen/Fragen zu stellen?
Jetzt bist du dran.
Und dann ist … dran.

Da ist ein Fehler.
Du hast einen Fehler/einen Grammatikfehler/einen Aussprachefehler/einen Wortschatzfehler/einen Angleichungsfehler gemacht.
Verbessert (den Fehler).
Wiederhole bitte den Satz/das Wort.
Wiederhole bitte noch einmal.
Mach bitte die Bindung.
Ist das richtig?
Nein, das ist falsch/das ist nicht richtig.
Wiederholt das Vokabular der Lektion 9 B.
Wie schreibt man dieses Wort?
Das schreibt man in/mit …

Das ist gut/super.
Das ist richtig/falsch.
Verbessert den Fehler.
Habt ihr eine Idee?
Hör deinem Klassenkameraden zu.

Plan du centre de Paris

0
30 km
60 km
Midi-Pyrénées
Paris
Toulouse
la Gironde
Bordeaux
Périgue
l'Isle
LA DORDOGNE
la Dordogne
Le bassin d'Arcachon
Arcachon
La dune du Pilat
la Garonne
LA GIRONDE
Le Canal de la Garonne
Agen
L'AQUITAINE
L'océan Atlantique
LES LANDES
Mont-de-Marsan
Les trois Mousquetaires
Auch
Bayonne
Biarritz
La pelote basque
Saint-Sébastien
Pau
Tarbes
LE BÉARN
Le pic du Midi
Pampelune
Le tunnel du Somport
PARC NATIONAL DES PYRÉNÉES
Le cirque de Gavarnie
Le tunnel de Bielsa
Jaca
Les Pyrénées
L'ESPAGNE
Le pic du Midi

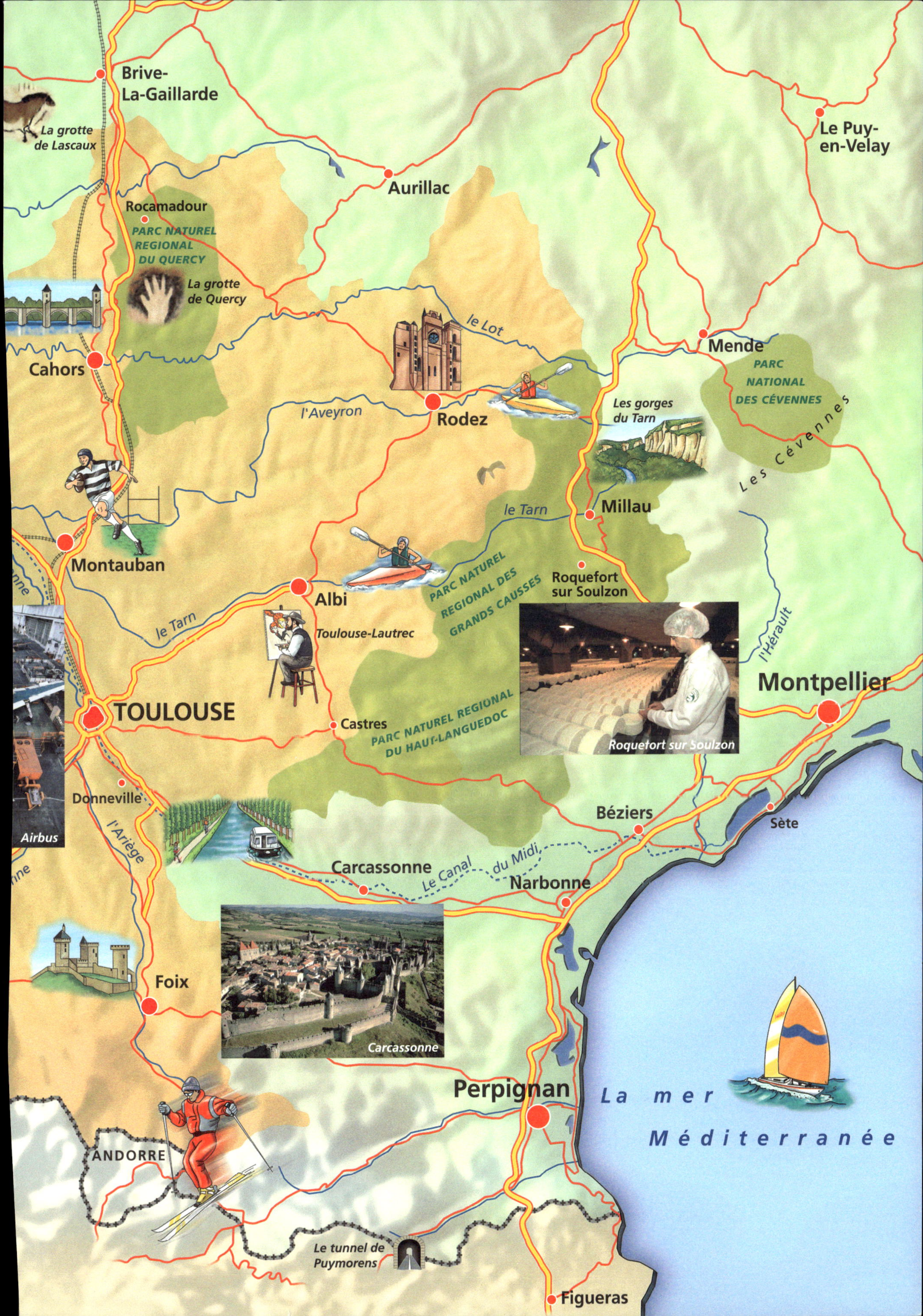

Brive-La-Gaillarde
La grotte de Lascaux
Le Puy-en-Velay
Aurillac
Rocamadour
PARC NATUREL REGIONAL DU QUERCY
La grotte de Quercy
le Lot
Mende
PARC NATIONAL DES CÉVENNES
Cahors
l'Aveyron
Rodez
Les gorges du Tarn
Les Cévennes
le Tarn
Millau
Montauban
Roquefort sur Soulzon
Albi
PARC NATUREL REGIONAL DES GRANDS CAUSSES
le Tarn
Toulouse-Lautrec
l'Hérault
Montpellier
TOULOUSE
Castres
PARC NATUREL REGIONAL DU HAUT-LANGUEDOC
Roquefort sur Soulzon
Donneville
Airbus
l'Ariège
Béziers
Sète
Carcassonne
Le Canal du Midi
Narbonne
Foix
Carcassonne
Perpignan
La mer Méditerranée
ANDORRE
Le tunnel de Puymorens
Figueras